国家社会科学基金青年项目（14CGL063）最终成果

浙江大学"优势特色学科建设计划——全球创新人才培养"项目成果

浙江大学"经典文化传承与引领——教科书整理与研究"项目成果

RESEARCH SERIES
OF GLOBAL INNOVATIVE TALENT
DEVELOPMENT
———
全球创新人才培养
研究丛书

高校创业教育的
组织模式与运行机制创新研究

梅伟惠◎著

Innovation of Organizational Models and
Operational Mechanism of Entrepreneurship
Education

in Higher Educational Institutions

ZHEJIANG UNIVERSITY PRESS
浙江大学出版社

"全球创新人才培养研究丛书"编委会

主　编：顾建民

编　委：（以姓氏笔画为序）

刘正伟　孙元涛　李　艳　肖　朗

吴巨慧　吴雪萍　汪　辉　周谷平

徐小洲　徐琴美　眭依凡　阚　阅

总　序

创新是民族进步之魂。实施创新驱动发展战略,建设创新型国家,是时代赋予我们的历史使命。2013 年,习近平总书在甘肃调研考察的讲话中强调指出:"必须紧紧抓住科技创新这个核心和培养造就创新型人才这个关键"。2017 年,习近平总书记在十九大报告中再次明确指出,创新是引领发展的第一动力,要培养一大批具有国际水平的创新人才。随着全球化进程的不断推进,国际竞争日趋激烈,迫切需要培养越来越多具有国际视野的拔尖创新人才。因此,顺应国家战略需求,对接国际学术前沿,加快培养更多具有创新意识、创新思维和创新能力的拔尖创新人才,成为当下教育面临的重大课题。

高校是培养创新人才的重要基地。2015 年,国务院发布的《统筹推进世界一流大学和一流学科建设总体方案》明确规定,坚持立德树人,突出人才培养的核心地位,着力培养具有历史使命感和社会责任心,富有创新精神和实践能力的各类创新型、应用型、复合型优秀人才,是各高校"双一流"建设的核心任务,也是各高校在新时代里肩负的重要使命。创新人才培养,既是高等教育内涵发展的题中应有之义,也是高校实现高质量内涵发展的重要途径。但"钱学森之问"仍不时在拷问每位教育工作者。理性辩证地看,我国拔尖创新人才培养不足,不仅是教育问题,也是社会问题,需要运用整体思维,开展多学科、多层面、多维度的协同创新研究。

基于上述历史方位和现实背景,浙江大学教育院确立了"全球创新人才培养"作为"双一流"背景下学校优势特色学科建设计划教育学的主攻方向。其中的"全球"涵盖了"基于全球视野,在全球化背景下,培养具有全球竞争力的创新人才"等要义。这一高远的目标,既是高校"双一流"建设的重要任务,也是教育现代化的出发点和归宿,同时也是教育研究应当为创新型国家建设所做的智力支持与知识贡献。本丛书围绕"全球创新人才培养"展开多学科、多层面和多维度的专题研究,具有包括基于教育神经科学的创新人才核心素养和学习机制研究,近代中国拔尖创新人才成长机制研究,全球创新人才培养的国际经验与发展趋势研究,创新人才培养的课程改革、教学设计和信息化教育资源开发研究以及高校创新人才培养战略与制度保障研究。

"基于教育神经科学的创新人才核心素养和学习机制研究"专题,依循 E—B—M—I—E(Education—Brain—Mind—Information—Education)的逻辑线索,对我国教育在培养创新型人才方面的欠缺,进行教育学、心理学、文化人类学的剖析;依托浙江大学—牛津大学学习与认知科学实验中心,借助实验研究,从脑科学、学习与认知科学的多维视角,透析创新人格和成长型心智模式的生成、培育和改进机制;依托当代以数据为核心表征的信息科学研究,对创新型人才的内隐结构和外隐结构和外显征象进行聚类分析;尝试开展基于人工智能的精准化教育改革实验,构建基于个性化、精准化的新教育形态。

"近代中国拔尖创新人才成长机制研究"专题,以近代中国拔尖创新人才培养的思想基础、制度建设和实践案例三大板块为基本架构,重点问题包括蔡元培的人才观及其影响、竺可桢的大学人才培养目标及活动、钱锺书的成才之路、"庚款"留美学生群体分析、北京大学物理系人才培养制度研究、大学与民族救亡,西南联大的人才培养理念与实践等,旨在通过探索近代中国人文大师和科学巨擘的培养机制来为当前一流大学及一流学科如何造就拔尖创新人才提供历史的经验和借鉴。

"全球创新人才培养的国际经验与发展趋势研究"专题,以"国际经验"和"发展趋势"为导引,以全球层面(即联合国教科文组织、经合组织等重要国际组织)以及国家层面(包括英国、美国、芬兰等代表性的发达国家"一带一路"国家,尤其是"金砖国家"等新兴市场转型国家)为主要维度,以国际组织战略和国家政府改革与政策的目标、举措和实施为重心,着力探讨创新人才培养的思想基础与动力机制,政策话语的形成与扩散,政策理念与实践在全球、国家和地方层面的互动与作用等。

"创新人才培养的课程改革、教学设计和信息化教育资源开发研究"专题,在剖析创新人才特点的基础上,根据国家关于课程与教学改革的重大需求和国际教育发展的趋势,建构向内和向外两条研究路径,从课程变革、教学设计和信息化资源开发三个视角来支持创新人才的培养。具体研究内容包括:课程史与教科书研究(近现代与新中国课程史系列研究、20 世纪教科书整理研究等),全球化背景下的课程理论与实践革新(比较课程理论研究、课程政策与伦理研究、素养导向下的课堂教学变革、STEAM 研究、教育评价研究),信息时代的学习与教学设计(教学设计理论与设计前沿研究、大数据背景下精准教学的实践研究、信息时代的教学设计等)。

"高校创新人才培养战略与制度保障研究"专题,重点分析探讨双一流背景下,如何通过政策设计与实施,有计划、有重点地选拔与培养创新人才,为其成长提供有效的制度与环境保障,助推人才强国战略的实现。具体研究内容包括:战略实施的顶层设计与领导体制建设,大学治理机制与文化环境建设,人才战略的实施重点与方向研究,创新人才培养的评价与监督机制研究,资源投入与保障机制研究等。

本丛书是上述"全球创新人才培养培养"五大专题的研究成果。这些研究工作旨在从教育神经科学、哲学研究、历史研究、比较研究、课程研究、政策研究、人工智能等多学科视角探讨高校"全球创新人才培养"的学理基础和机制体制问题,以期对我国各高校当下的"全球创新人才培养"有所助益。我们真诚期待同仁不吝指正,共同推进"双一流"建设过程中的创新人才培养。

"全球创新人才培养研究丛书"编委会

2018 年 11 月于杭州

目录
CONTENTS

绪 论 ……………………………………………………………… 1

一、研究缘起与意义 ……………………………………………… 1

二、国内外研究现状 ……………………………………………… 3

三、核心概念界定 ………………………………………………… 7

四、研究方法 ……………………………………………………… 13

五、研究思路与内容 ……………………………………………… 14

第一章　全球高校创业教育的发展基础与现实需求 ………… 17

第一节　全球高校创业教育的发展基础 ……………………… 17

一、早期创业教育的发展与争论焦点 ………………………… 17

二、21世纪以来全球格局的新变化 …………………………… 19

第二节　21世纪以来各国创业教育的新进展 ………………… 24

一、国际组织的推动和努力 …………………………………… 24

二、欧美国家创业教育的进展 ………………………………… 27

三、亚洲国家创业教育的进展 ………………………………… 38

第三节　中国社会经济转型对创业教育的现实需求 ………… 42

一、经济转型驱动创新型国家建设战略出台 ………………… 42

二、科技迅猛发展对创新创业人才的战略需求 ……………… 45

三、创业教育是高等教育机构自身变革的需求 ……………………… 46

第二章 高校创业教育组织的核心要素与支撑体系 ……… 50

第一节 高校创业教育组织的核心要素 ……………………… 50

一、建设创业课程 …………………………………………… 50

二、组织创业实践与竞赛 …………………………………… 59

三、开展创业孵化 …………………………………………… 61

第二节 高校创业教育组织的支撑体系 ……………………… 64

一、利益相关者的相互协同 ………………………………… 64

二、创业教育资源的合理配置 ……………………………… 67

三、创业教育文化的营造 …………………………………… 67

第三章 西方高校创业教育组织与运行的学院主导模式 …… 69

第一节 传统学院主导模式 …………………………………… 69

一、商学院与创业教育发展 ………………………………… 69

二、工程学院与创业教育发展 ……………………………… 71

三、艺术学院与创业教育发展 ……………………………… 77

第二节 创业学院主导模式 …………………………………… 80

一、创业学院主导模式的发展现状 ………………………… 80

二、实体学院：俄克拉荷马州立大学创业学院 …………… 81

三、虚体学院：耶鲁大学创业学院 ………………………… 82

第三节 学院主导模式的优势与挑战 ………………………… 82

一、学院主导模式的优势 …………………………………… 82

二、学院主导模式的挑战 …………………………………… 83

第四章 西方高校创业教育组织与运行的学科渗透模式 …… 86

第一节 学科渗透模式的内涵与现状 ………………………… 86

一、学科渗透模式的内涵 …………………………………… 86

二、美国高校学科渗透模式的多样化探索 ………………… 88

三、欧盟高校学科渗透模式的发展现状…………………… 106

第二节　学科渗透模式的运行机制 …………………………… 107

一、教育决策与管理机制 …………………………………… 109

二、课程开发与实施机制 …………………………………… 110

三、资源整合机制 …………………………………………… 110

第三节　学科渗透模式的优势与挑战 ………………………… 111

一、学科渗透模式的优势 …………………………………… 111

二、学科渗透模式的挑战 …………………………………… 112

第五章　中国高校创业教育组织与运行的现状 …………… 114

第一节　中国高校创业教育组织与运行的历史变迁 ………… 114

一、高校自主探索背景下的酝酿期(1997—2002) ………… 114

二、教育行政部门引导下的多样化探索期(2002—2015) …… 116

第二节　中国高校创业教育组织与运行的实证调研 ………… 117

一、实证调研设计与实施过程 ……………………………… 118

二、实证调研结果 …………………………………………… 120

第三节　中国高校创业教育组织与运行的核心问题 ………… 128

一、高校创业教育的组织目标与领导力 …………………… 128

二、中国高校创业教育的组织模式 ………………………… 129

三、中国高校创业教育的运行机制 ………………………… 132

第六章　中国高校创业学院的兴起与发展 ………………… 140

第一节　中国高校创业学院兴起的动因 ……………………… 140

一、政策动因 ………………………………………………… 140

二、组织动因 ………………………………………………… 147

第二节　中国高校创业学院的主要进展 ……………………… 148

一、创业学院的类型 ………………………………………… 148

二、创业学院的创业班建设 ………………………………… 150

第三节　中国高校创业学院:制度同形还是制度创业? ……… 150

一、同形压力与创业学院的创建 …………………………… 150

二、制度创业与创业学院的革新 …………………………… 154

第四节　中国高校创业学院改革的风险与策略 ……………… 165

一、创业学院改革的风险 …………………………………… 165

二、创业学院改革的策略 …………………………………… 168

第七章　高校创业教育组织变革的影响因素与未来展望 ……… 171

第一节　高校创业教育组织变革的影响因素 ………………… 171

一、创业教育驱动力 ………………………………………… 171

二、创业教育发展阶段 ……………………………………… 174

三、大学与区域文化 ………………………………………… 177

第二节　中国高校创业教育组织变革的深层次问题 ………… 178

一、构建创业教育学科体系 ………………………………… 178

二、推动创业教育与专业教育相结合 ……………………… 181

第三节　中国高校创业教育组织变革的未来展望 …………… 183

一、坚持顶层设计与自下而上的统一 ……………………… 184

二、探索多样化的创业教育组织模式 ……………………… 189

三、搭建内外融通的运行机制 ……………………………… 190

参考文献 …………………………………………………………… 196

（一）中文文献 ……………………………………………… 196

（二）英文文献 ……………………………………………… 202

附　录 ……………………………………………………………… 211

附录1：2008年度人才培养模式创新实验区名单（创业教育方向）… 211

附录2：2016—2018年教育部"全国创新创业典型经验高校" ……… 213

附录3：2016年和2017年国务院双创示范基地名单（高校部分）… 214

附录4：访谈提纲 …………………………………………… 214

附录5：调查问卷 …………………………………………… 215

后　记 ……………………………………………………………… 218

表 目 录

表 0.1　对创业的四种理解 …………………………………………　10

表 1.1　欧盟创业教育政策 …………………………………………　26

表 1.2　美国与其他国家大学创业中心经费来源比较 ……………　29

表 1.3　"创业美国计划"的主要领域与行动(公共部门) ………　32

表 1.4　英国科学创业中心一览表 …………………………………　34

表 1.5　马来西亚创业教育战略与规划 ……………………………　41

表 1.6　中国全球竞争力排名分指标情况(2016—2017) ………　44

表 2.1　创业教育的核心内容 ………………………………………　51

表 2.2　全球创业教育项目发展状况($N=321$) …………………　52

表 2.3　创业体验学习例举 …………………………………………　59

表 2.4　美国主要的全国性和国际性创业计划大赛一览表 ………　61

表 3.1　创业型工程思维与技能 ……………………………………　75

表 3.2　STVP 本科生课程列表 ……………………………………　76

表 4.1　商学院之外提供创业教育项目的学院($N=321$) ………　89

表 4.2　哈佛大学开设的部分社会创业课程 ………………………　90

表 4.3　"来自校长的挑战"历年遴选主题 ………………………　92

表 4.4　康奈尔大学与专业领域相结合的创业课程 ………………　95

表 4.5　"考夫曼校园计划"受资助高校 …………………………　98

表 4.6　"考夫曼校园计划"实施前后创业教育项目发展对比 …　99

表 4.7　欧盟高校创业教育的战略与组织 …………………………　106

表 5.1 受访者基本情况 ……………………………………………… 118

表 5.2 地域(东部、中部、西部)与政府经费占比的交叉表 ………… 125

表 5.3 地域(东部、中部、西部)与政府经费占比的卡方检验 ………… 126

表 5.4 地域与是否设置独立创业教育机构的交叉表 ……………… 127

表 5.5 地域与是否设置独立创业教育机构的卡方检验 …………… 127

表 5.6 九所试点院校创业教育组织管理机构的变迁 ……………… 133

表 5.7 我国主要的高校创业教育联盟一览表 ……………………… 137

表 6.1 地方政府关于高校创业学院建设的政策内容 ……………… 144

表 6.2 浙江大学在 QS"世界大学排名"的表现(2012—2018) ……… 156

表 6.3 浙江大学创业教育发展大事记 ……………………………… 159

表 7.1 欧洲和美国创业教席资助不同来源比较 …………………… 173

表 7.2 全校性创业教育发展阶段及其特征 ………………………… 176

表 7.3 滑铁卢大学独特创业型大学实施计划(2013—2018) ………… 184

图 目 录

图 1.1 世界不同区域的高等教育毛入学率(2000—2012) ……………… 20

图 2.1 创业体验学习的四象限 …………………………………………… 57

图 3.1 Epicenter 本科工程人才培养的核心素质观 ……………………… 73

图 3.2 KEEN 创业型工程师框架图 ……………………………………… 74

图 3.3 基于商学的艺术创业课程设计思路 ……………………………… 78

图 3.4 基于情境的创业教育项目设计逻辑 ……………………………… 79

图 3.5 基于情境的艺术创业课程设计思路 ……………………………… 80

图 3.6 俄克拉荷马州立大学创业学院的组织与运行 …………………… 81

图 4.1 哈佛大学社会创业教育共同体 …………………………………… 93

图 4.2 科尔曼基金会"创业教育影响力计划" …………………………… 101

图 4.3 "一中心、多学院"的创业教育组织框架 ………………………… 108

图 4.4 康奈尔大学创业教育的运行与管理 ……………………………… 109

图 4.5 学科渗透模式创业教育的运行机制 ……………………………… 111

图 5.1 高校设立双创教育领导小组情况 ………………………………… 119

图 5.2 创业教育组织结构类型分布图 …………………………………… 121

图 5.3 高职院校中来自政府的创业教育经费情况 ……………………… 123

图 5.4 清华大学创业教育的组织与运行 ………………………………… 130

图 6.1 浙江大学创新创业学院的运行机制 ……………………………… 157

图 7.1 MIT 不同创业阶段的支持组织 …………………………………… 186

图 7.2 全校性创业教育的核心要素 ……………………………………… 188

图 7.3 高校创业教育组织模式分类图 …………………………………… 190

图 7.4 全球创业观察(2017—2018)中国与亚太国家比较情况 ……… 192

绪 论

一、研究缘起与意义

过去 20 年里,全球高校创业教育的理念、模式、实施路径都发生了巨大的变化。全校性创业教育的兴起和发展,不仅使参与学生数量显著增加,而且推进了创业教育课程的多元化和评价的复杂化。组织结构与运行机制层面的变革对于成功实施全校性创业教育具有关键作用。[①] 从早期发展历史看,商学院或管理学院是开展高校创业教育的主要基地。[②] 由于商学院是围绕日益专门化的功能领域(如市场营造、金融、人力资源等)进行组织的,而创业教育却往往要求跨越这些功能领域边界,越来越多学者提出应该将创业教育拓展至其他学院。此外,随着"模式 II"知识生产方式的兴起和社会对跨学科人才需求的增加,成功创业者往往并非毕业于商学院;创新和可行的创意,更有可能来源于技术、科学以及创造性的学术领域。[③] 与此同时,社会创业、数字创业、内创业和知识创业等新型创业现象纷纷涌现,创业逐渐超越了传统的创建企业的概念,可能出现在各种形式、各个阶段的公司和组织中。五大趋势促成全校性创新创业教育的发展:一是创业者在全球知识经济中发挥越来越重要的作用;二是鼓励创业成为各国推动技术创新、提升经济活力的重要政策;三是新技术显著降低了创业门槛,为将

[①] Volkmann, C., & Audretsch, D. Entrepreneurship Education at Universities: Learning from Twenty European Cases[M]. Cham,Switzerland: Springer, 2017:4.

[②] Katz, J. A. The Chronology and Intellectual Trajectory of American Entrepreneurship Education 1876—1999[J]. Journal of Business Venturing, 2003,(18):283-300.

[③] European Commission. Entrepreneurship in Higher Education, Especially Within Non-business Studies[R]. Brussels: European Commission, 2008:97.

创意转化为创业行动提供了技术保障；四是各种利益相关者，如非政府组织、慈善基金会、创业者积极促进创业的发展；五是创业获得了越来越多的社会文化支持，提升了大学生成为创业者的兴趣。① 为培养多样化的创业型人才，全球高校创业教育已经呈现出快速向全校拓展的趋势，对传统的高校创业教育组织模式及其运行产生了重大挑战。构建"全校性创业教育"（university-wide EE）②、"跨校区创业教育"（cross-campus EE）③、"所有学生有机会接触创业教育"（make EE available to all students）④等理念逐渐被广为接受。

长期以来，我国高校创业教育被视为"学生工作"的一部分，主要依托团委、学工处、就业处等相关部门来管理。⑤ 尽管教育部从 2012 年就指出应该面向全体学生提供创业教育，但是在这个过程中，政府政策却因为高校创业教育定位不清晰，管理部门归属不明确，以及缺乏学科支撑而出现了一定程度上的"失灵"状况。⑥ 有学者指出，应切实增强高校创新创业教育发展的内生动力，防止出现名义上"加强"，实际上"虚化"乃至"落空"的现实问题。⑦ 在政府营造良好创新创业氛围的基础上，如何完善高校内部创新创业教育组织与运行机制，成为当前我国高校面临的重要挑战。

高校创业教育组织与运行的问题不仅困扰我国高校，也是国外高校创业教育发展过程中的重要议题。合理的组织结构能够将零散的创业教育要素紧密结合，有效整合各方面资源推进创业教育实践，从而切实完成创业教育的组织目标。无论是国外还是国内，随着高校创业教育理念的变革和全校性创业教育的涌现，很多高校对创业教育的组织结构和运行机制开展了有益的探索。但是，理论研究却远远落后于实践的发展。因此，本研究尝试从组织模式与运行机制创

① Sá, C. M., & Kretz, A. J. The Entrepreneurship Movement and the University[M]. New York：Palgrave MacMillan, 2015：4-8.

② Morris, N. M., Kuratko, D. F., & Pryor, C. G. Building Blocks for the Development of University-Wide Entrepreneurship[J]. Entrepreneurship Research Journal, 2014,4(1)：45-68。

③ Katz, J. A. et al. Perspectives on the Development of Cross Campus Entrepreneurship Education[J]. Entrepreneurship Research Journal, 2014, 4(1)：13-44.

④ Ellermann, L. University of Osijek：Developing Entrepreneurship Education from Scratch over Time[A]. In Volkmann, C. K., & Audretsch, D. B. Entrepreneurship Educaiton at Universities：Learning from Twenty European Cases[C]. Cham,Switzerland：Springer, 2017：276.

⑤ 黄兆信,王志强.地方高校创业教育转型发展研究[M].杭州：浙江大学出版社,2013：150.

⑥ 梅伟惠,孟莹.中国高校创新创业教育：政府、高校和社会的角色定位与行动策略[J].高等教育研究,2016(8)：9-15.

⑦ 王占仁.中国高校创新创业教育的学科化特性与发展取向研究[J].教育研究,2016(3)：56-63.

新角度开展高校创业教育研究,具有重要的理论价值和现实意义。首先,通过系统开展比较研究,提炼西方国家高校创业教育组织模式创新的主要类型,剖析不同组织模式下高校创业教育如何有效运行,为高校创业教育研究提供新的思路。其次,梳理中国高校创业教育组织与运行的独特模式和机理。各国高校创业教育组织与运行的发展基础、约束条件、体制机制、文化土壤有着重要差别,研究将分析影响高校创业教育组织与运行的核心因素。通过研究高校组织模式和运行机制的创新,为中国高校创业教育提供对策建议,从而更好地释放中国大学生创业潜能,提升中国创业的整体水平。

二、国内外研究现状

(一)国外研究现状

1.关于高校创业教育重要性的研究

创业活动通过提供工作岗位、开展创新以及经济重建,对社会和经济产生重要影响。库拉特科(Kuratko)指出,美国 1995—2005 年间,平均每年创建的新企业为 60 万家,雇员少于 500 人的小公司雇佣了 53％的劳动力,并且创造了 51％的国民生产总值。[1] 随着创业日益成为可持续经济发展和竞争力优势的关键动力,世界各国对于高质量创业教育的需求也与日俱增。[2] 研究表明,创业教育项目的毕业生和其他专业毕业生相比,创办企业可能性高出三倍,工资收入增加 27％,并且对自身工作的满意度更高。[3]

从国际高校创业教育发展轨迹看,各国发展进程不一。美国高校早在 20 世纪 40 年代就陆续开设一些创业课程,但是直到 20 世纪 70 年代若干高校提供硕士和本科阶段的创业方向(concentration),美国高校创业教育项目数量才出现快速增长的态势。根据库拉特科的研究,到 2005 年美国超过 1600 所大学以各

① Kuratko, D. F. The Emergence of Entrepreneurship Education: Development, Trends, and Challenges[J]. Entrepreneurship Theory and Practice. 2005,(9):577-597.

② Matlay, H. The Impact of Entrepreneurship Education on Entrepreneurial Outcomes [J]. Journal of Small Business and Enterprise Development, 2008, 15(2):382-396.

③ Charney, A. H., & Libecap, G. D. The Impact of Entrepreneurship Education: An Evaluation of the Berger Entrepreneurship Program at the University of Arizona, 1985-1999[R]. Tucson, Arizona: University of Arizona, 2000.

种形式提供 2200 门左右的创业课程。①而欧盟、亚洲各国创业教育的繁荣则出现在 21 世纪之后。

2.关于高校创业教育组织模式变迁的研究

通过追溯美国高校创业教育的历史,莫里斯(Morris)等发现,高校创业教育组织经历了开设单一课程、设立创业中心、系统开发创业课程、成立学位项目、提供跨学科与全校性创业教育项目以及成立专门的创业学院等发展阶段。② 实践中的美国高校创业教育组织创新具有多样性,包括由工程学院、教育学院、文理学院等提供创业教育;将创业精神培养渗透进全校不同学科;③成立专门的创业学院,通过整合全校资源和增强自治性来培养创业型人才等。英国高校创业教育在传统商学院模式基础上开展了有效创新,通过将高校创业教育和创业型大学建设有机结合,英国一方面将高校创业教育作为推进大学变革的杠杆;另一方面以创业型大学建设为载体,为高校创业教育提供开放的文化氛围和强有力的组织保障。④ 芬兰近年来不仅提出国家创业教育战略,而且构建了纵横交错的创业教育网络,并组建以创业为导向的新大学来探索创业型人才培养的新型模式。⑤

(二)国内研究现状

国内开展创业教育研究的人员主要有两类:一是具有教育学或管理学背景的理论研究队伍;二是广大创业教育的管理者和实践工作者。两类研究人员各有优势和劣势。前者偏向于理论研究,主要对国内外高校创业教育的政策、院校实践、支撑体系等内容开展比较研究;对创业教育的理念、课程、教学方法、大学生创业能力等维度进行理论建构;或者开展我国大学生的创业意向、创业决策逻

---

① Kuratko, D. F. The Emergence of Entrepreneurship Education: Development, Trends, and Challenges[J]. Entrepreneurship Theory and Practice. 2005,(9):577-597.

② Morris, M. H., Kuratko, D. F., & Cornwall, J. R. Entrepreneurship Programs and the Modern University[M]. Northampton,MA: Edward Elgar, 2013:20-36.

③ Streeter, D. H., Kher, R., & Jaquette, Jr. J. P. University-wide Trends in Entrepreneurship Education and the Rankings: a Dilemma [J]. Journal of Entrepreneurship Education, 2011(1):75-92.

④ Gibb, A., Haskins, G, & Robertson, I. Leading the Entrepreneurial University: Meeting the Entrepreneurial Development Needs of Higher Education Institutions [A]. In Altmann, A., & Ebersberger, B. Universities in Change[C]. New York: Springer, 2013.

⑤ 任之光,张志旻. 创业型大学发展范式:阿尔托大学的实践与启示[J]. 高等教育研究,2012(6):101-106.

辑等方面的实证研究。但是此类研究过于注重学理上的建构,缺乏将国外创业理论或经验和中国创业教育实践相结合。后者更加了解中国高校创业教育的实际情况,他们往往是本校创业教育的设计者、推动者和践行者。但是由于缺乏系统的学术训练,他们的研究偏向于经验总结,很多研究类似工作报告而缺乏学术内涵。随着越来越多接受过规范学术训练的研究者充实到高校一线的创业教育实践与研究中,两类研究人员在团队构建方面具有整合之势。在研究内容上,针对创业教育的组织与运行,我国学者仅仅开展了初步的探索。

1. 关于国外高校创业教育组织与运行的经验研究

梅伟惠结合案例剖析了美国高校创业教育组织的聚焦模式、磁石模式和辐射模式。[①] 聚焦模式指的是传统的创业教育组织模式,在这种模式中,教师、学生、经费等主要来自商学院或管理学院,课程内容呈现出高度系统化和专业化的特征。磁石模式的创业教育虽然仍旧主要依托某个特定学院,但是向全校不同专业的学生开放。辐射模式强调发挥各个院系的主动性,由各个学院分别负责实质性的创业教育和活动,将创业教育与专业教育相结合,因此涉及了管理体制、师资、经费筹集等各方面的改革。胡瑞认为,英国高校创业教育在传统商学院基础上,衍生出整合运行方式、中介运行方式和外部支持方式三种互动模式。[②] 徐小洲等指出,目前国际上主要的组织模式包括商学院/管理学院模式、创业学院模式、团队学园模式(Team Academy)、模拟公司模式等。[③] 卓泽林选取美国实施全校性创业教育的 6 所高校,对其中 20 位直接参与全校性创业教育的学校领导、行政人员和创业教育教师进行深度访谈,提出学校领导层的支持、充裕的资金和资源投入、前沿的创业理念推广、加强沟通与宣传力度是主要的经验,而非商学院教师对创业教育抵制(创业认知)、创业仍未成为很多教师群体优先事项(学科地位)、学校领导层或项目主任任期的不稳定性(岗位流动)以及高度分权化的高校内部运作结构(简仓结构)等因素,则是阻碍全校性创业教育发展的重要因素。[④]

2. 关于国内高校创业教育组织与运行的现状研究

有学者提出了我国高校创业教育组织的创新理念,如黄兆信提出"岗位创

① 梅伟惠. 美国高校创业教育模式研究[J]. 比较教育研究,2008(5):52-56.
② 胡瑞. 新工党执政时期英国高校创业教育研究[M]. 北京:高等教育出版社,2013:160.
③ 徐小洲,梅伟惠. 高校创业教育体系建设战略研究[M]. 杭州:浙江教育出版社,2015:86-101.
④ 卓泽林. 全校性创业教育:以美国六所高校为样本[J]. 教育研究,2018(12):142-148.

业"理念,把当前高等教育面临的创业教育和专业人才培养两个热点问题紧密结合,紧扣大学生成长成才的特点和规律,通过创业类通识课程培育、专业类创业课程创新与渗透以及岗位创业实践教学衔接等方面进行创业教育的整体构建。① 王占仁提出"广谱式"理念,认为创业教育应该从整体上进行顶层设计,分层次、分阶段、分群体具体推进,包括"通识型"创新创业启蒙教育、与相关专业结合的"嵌入型"教育、"专业型"创业管理教育以及"职业型"创新创业继续教育。②

在中国高校创业教育组织与运行的实践分析方面,徐小洲等认为,我国高校创业教育的发展呈现出明显的东西部差异。他们以江浙地区高校为例,提出当前主要的创业教育组织模式包括创业学院模式、创业园模式、创业班模式、创业实训基地模式、研究咨询中心模式和项目团队模式。③ 王占仁在系统梳理中国高校创新创业教育历史的基础上,从管理机制和保障机制两个角度分析了我国9所试点院校创业教育的运行机制。④ 他指出,这9所院校主要形成了三类创业教育管理机制:一是建立学校行政部门统一领导,多部门协调合作的管理机制;二是尝试建立多部门、多单位联合实施的"流程化"管理机制;三是尝试建立专门性创业教育管理机构协调合作的管理机制。同时,这些院校构建了制度保障机制和基金管理制度来保障创业教育的顺利运行。王占仁还通过对26所调研高校进行分析,指出目前各个高校在机构设置方面主要有创新创业领导小组负责制、多部门联合负责制、专门创新创业教育机构负责制三种类型。⑤ 朱家德通过对首批深化创新创业教育改革示范高校进行实证分析,提出我国高校创业学院的组织特征。⑥

(三)现有研究分析

随着中国高校创业课程和创业教育项目快速增长,诸多"瓶颈"问题也逐渐显露,制约了高校创业教育的持续发展。比如,大学传统组织与跨学科推进创业教育项目存在矛盾;现有创业教育组织难以满足体验学习的需求;各利益相关者

---

① 黄兆信,等. 以岗位创业为导向:高校创业教育转型发展的战略选择[J]. 教育研究,2012(12):46-52.
② 王占仁. "广谱式"创新创业教育的体系架构与理论价值[J]. 教育研究,2015(5):56-63.
③ 徐小洲,梅伟惠. 高校创业教育体系建设战略研究[M]. 杭州:浙江教育出版社,2015:101-112.
④ 王占仁. 中国创新创业教育史[M]. 北京:社会科学文献出版社,2016:98-102.
⑤ 王占仁. 中国创新创业教育史[M]. 北京:社会科学文献出版社,2016:126-127.
⑥ 朱家德. 高校创业学院的组织特征分析——基于首批深化创新创业教育改革示范高校的实证数据[J]. 中国高教研究,2017(11):49-53.

难以有效融入高校创业教育过程等,这些都亟需高校从组织和运行层面进行创新。但是,目前我国高校创业教育研究较多关注开设创业课程、开展基础设施建设、提供创业基金等"硬实力"方面,而缺少对高校组织和运行等"软环境"的关切;我国创业教育的比较研究成果卓著,但缺乏本土理论创建;现有研究过多关注创业教育体系等显性问题,忽视理念与制度等深层问题的探究。[①]

我国高校创业教育的组织与运行处于不断变革当中,但是理论研究远远落后于实践发展。例如,针对当前很多高校采取的创业学院模式,尚无系统研究。中国的创业学院模式和西方创业学院模式有何不同;不同高校的创业学院有何特色;该组织模式有何优劣;如何通过创业学院推动创业教育与专业教育的融合;除了创业学院模式,我国还可以探索哪些组织模式;这些研究都有必要深入开展。此外,我国对国外高校创业教育组织模式和运行机制创新的研究只是进行零星的个案介绍,缺乏对其影响因素、组织模式类型以及运行机制的系统分析;对国内现有的高校创业教育组织实践创新没有进行系统整理和理论提升。如何构建院校两级的协同机制,如何健全理论教学和实践相融合的创业教育体系,如何保障这种覆盖面广、牵涉面大的创业教育有效运行,无论是理论还是实践层面,都还缺乏深入的探讨。

三、核心概念界定

(一)创业与创业教育

目前国内外学者主要从特质论、过程论、能力论以及思维模式论等四个维度来理解创业与创业教育的内涵。

1.特质论

早期关于创业的研究主要围绕创业作为一种特质进行,目前仍有诸多研究认为创业者与非创业者在个人特质上存在显著差别。布罗克豪斯和霍维茨(Brockhaus and Horwitz)通过对早期有关创业者特质的文献进行梳理,提出创业者与非创业者的特质主要在成就需求、内在控制、高风险承担倾向以及对模糊

---

① 王志强,杨庆梅.我国创业教育研究的知识图谱——2000—2016年教育学CSSCI期刊的文献计量学分析[J].教育研究,2017(6):58-64.

性的容忍等四个方面存在差异。① 吉布(Gibb)认为创业者具有主动性、灵活性、成就需求、适中的冒险性、自我掌握命运的信念等特质。② 但是关于特质论的研究往往缺乏实证研究的支撑；有些即使开展了实证研究，但是在方法论上很难进行一般化和普遍化。③ 特质论研究的主要问题在于：①人格特质并非稳定的状态，它会随着时间的改变而改变；②衡量与评判带有主观性；③忽略文化与环境的影响；④忽略创业过程中的教育、学习与训练的作用；⑤未考虑到各种人口统计变化对形成企业家精神倾向的影响。④

将创业作为一种特质的研究认为创业品质是天生的，而不是后天可以培养的，创业者具有某种超级英雄的色彩。以特质论为基础的创业教育主要针对创办企业的教育，具有精英性、排他性等特点。

2. 过程论

将创业理解为一个过程是目前国际上商学院创业教育的主流观点。丘吉尔和刘易斯(Churchill & Lewis)提出了创业的五阶段模型，将创业型企业的生命周期分为创立阶段、生存阶段、发展阶段、起飞阶段和成熟阶段等五个阶段，每个阶段需要不同的课程支撑。⑤ 内克等(Neck)对美国市场上的 45 种创业教育教材进行研究，发现大约 80% 强调了创业的过程，主题包括机会评估、商业计划制订、营销计划制订、资源获取、管理新企业和退出等。⑥

过程论视角下的创业课程关注过程中的重要问题、要求和工具等。这些学者将创业理解为一个线性的、可以预测的过程。在预成立阶段，课程主要强调创造力和创意形成，关注机会识别和机会评估。课程需要引导学生思考市场未被满足的需求有哪些，是否能够吸引足够的消费者，是否有足够的能力以及资源来成功创办企业。创立阶段(生存阶段)课程主要包括创业计划、融资模式、整合资

① Brockhaus, R. & Horwitz, P. The Psychology of the Entrepreneur[A]. In D. Sexton and R. Smilor. The Art and Science of Entrepreneurship[C]. Cambridge, MA: Ballinger. 1986:25-48.

② Gibb, A. A. Entreprenerurship and Intrapreneurship: Exploring the Difference[A]. In R. Donkels & A. Miettinen. New Findings and Perspectives in Entrepreneurship[C]. Aldershot: Gower, 1990:38.

③ Neck, H. M., & Greene, P. G. Entrepreneurship Education: Known Worlds and New Frontiers[J]. Journal of Small Business Management, 2011, 49(1):55-70.

④ 徐小洲. 创业概论[M]. 北京：教育科学出版社，2017:4.

⑤ 龙静. 创业关系网络与新创企业绩效——基于创业发展阶段的分析[J]. 经济管理，2016(5):40-50.

⑥ 海迪·M. 内克，等. 如何教创业：基于实践的百森教学法[M]. 薛红志，等译. 北京：机械工业出版社，2015:4.

源与创建团队。需要引导学生思考是否有足够的现金流保证创业的可持续性，是否有足够的市场保证经济回报。成长阶段的课程需要引导创业者从创业向专业化管理转型，包括应对复杂融资、构建组织机构等挑战。成熟阶段的课程引导创业者如何持续利用机会保证发展和创新，同时考虑能够收获创业价值的退出计划。

3.能力论

将创业理解为一种能力的研究认为，创业是识别机会，整合资源，将创意付诸实施的一种精神和能力。要求创业教育重视培养学生识别机会、把握机会和创造机会，并承受一定风险的能力。机会往往隐藏在混乱无序的环境中，或者难以辨认，或者没有足够的资源将其付诸实施，或者因为各种迟疑让机会稍纵即逝。因此，哈佛大学商学院史蒂文森（Stevenson）教授认为，创业精神是"不顾及现有资源限制追逐机会的精神"，具体包括把握机会的能力、快速适应的能力、团队合作管理以及基于价值创造的奖励等。库里尔斯基（Kourilsky）指出，创业能力主要体现在三个方面：识别市场机会并产生商业创意（服务或者产品）；冒风险的情况下整合资源；创办商业组织以执行机会驱动下的创意。① 美国考夫曼基金会指出：创业教育提供给学生创业所需的观念和技能，使他们辨认出别人可能忽视的机会，并且使他们拥有洞察力和勇气采取别人可能迟疑的行动；它包括机会识别、整合资源以及主动进行商业冒险等方面的指导。欧盟认为："创业教育的益处并不仅仅局限于创办企业和提供新的工作岗位。创业指的是个人将创意转化为行动的能力。它包括创造力、创新和风险意识，以及计划和管理项目从而达到目标的能力。"②因此，创业是所有人应该掌握的关键能力。

4.思维模式论

近期的研究成果表明，创业者较非创业者在风险偏好、创造性、成就欲望等人格心理特征方面不存在差异，但创业者和管理者，或者说成功创业者和一般创业者之间在思维方式、认知风格等方面却存在着明显差异。③ 因此，关于创业思

① Kourilsky，M. L. Entrepreneurship Education：Opportunity in Search of Curriculum［R］. http://www. eric. ed. gov/PDFS/ED389347. pdf，1995：10-11.

② European Commission. Entrepreneurship in Higher Education，Especially Within Non-business studies［R］. Brussels：Ewropean Commission，2008：7.

③ 海迪·M.内克，等.如何教创业：基于实践的百森教学法［M］.薛红志，等译.北京：机械工业出版社，2015：XIII.

维模式的研究成为近年来学者关注的热点,也为跨学科开展创业教育、推动创业教育与专业教育相结合提供了理论依据。

百森商学院的蒂蒙斯认为:"创业是一种思考、推理和行动的方法,它不仅受机会的制约,还要求创业者有完整缜密的实施方法和讲求高度平衡技巧的领导艺术。"[1]清华大学经济管理学院院长钱颖一教授也表达了类似的观点:"高校创新创业教育的目的不是帮助学生创业,而是育人;高校创新创业教育要解决的核心问题,不是创业技能等方面,而是创造性思维的开发。"[2]莎拉斯瓦蒂(Sarasvathy)通过对 45 位创业者进行有声实验和口头报告分析,在因果逻辑(causation)的基础上,提出了创业的效果逻辑(effectuation)。因果逻辑是目标导向的创业思维模式,即在既定的目标基础上选择一种成本最低、效率最高的方法;效果逻辑是在目标不确定、未来不可预测的情况下,创业者根据手边的资源作出判断的资源导向性思维。[3] 莎拉斯瓦蒂认为,具有效果逻辑的创业者将世界视为有多种可能性,创造并重组机会,创造而不是寻找市场,接受并利用意外,并且与大量利益相关者进行交互。[4]

表 0.1　对创业的四种理解

	主要观点	对创业教育的影响	对创业教育组织的影响
特质论	创业者是天生的	对创业是否可教持怀疑态度	商学院内部
过程论	创业是一个线性的、可以预测的过程	创业教育面向少数商学院学生	商学院内部
能力论	创业是识别机会,整合资源,将创意付诸实施的一种精神和能力	创业教育应该面向所有学生	全校性创业教育
思维模式论	创业是一种思考、推理和行动模式	创业教育应该面向所有学生	全校性创业教育

资料来源:作者整理。

---

① 杰弗里·蒂蒙斯,小斯蒂芬·斯皮内利. 创业学(第六版)[M].周伟民,吕长春,译.北京:人民邮电出版社,2005:23.

② 易鑫.创新创业教育重在培养有创造力的人才[N].中国教育报,2015-5-27.

③ Sarasvathy, S. D. Causation and Effectuation: Toward a Theoretical Shift From Economic Inevitability to Entrepreneurial Contingency [J]. Academy of Management Review, 2001, 26(2):243-263.

④ Sarasvathy, S. D. Effectuation: Elements of Entrepreneurial Expertise[M]. Northampton, MA: Edward Elgar, 2008.

　　除了对创业内涵的理解,学者们尤其强调创业的价值属性。创业是脚踏实地、从无到有的开拓过程。创业价值既包括经济价值,也包括社会价值。经济价值体现在创造工作岗位,提升经济活力,促进经济发展;社会价值体现在服务弱势群体,促进社会公正。在创业教育的时间上,各国学者普遍认为越早接受创业教育,越有可能成为某种形式的创业者。研究发现,父母为创业者的青少年更有可能开展创业活动,通过观察父母的创业行为以及参与家庭的商业活动,他们从小就发展创业认知以及培养相关的创业技能。为了保证学生在最初的发展阶段就有机会接受创业教育,美国构建了涵盖基础阶段、能力意识阶段、创造性实践阶段、创业阶段和成长阶段等五个阶段的终身创业教育模型。[①] 这一模型指导各级各类学校根据学生的特点开展创业教育。欧盟将"主动性和创业精神"列为终身学习的八大关键能力之一,通过构建贯穿中小学教育、高等教育和继续教育的创业教育战略,营造良好的创业教育氛围,培养年轻人创业意识和创业能力。从国际经验看,高校创业教育被认为是终身创业教育体系的重要一环。

　　本研究认为,创业研究的特质论和过程论将创业教育作为一个独立的学科发展。主要体现在创业系科的发展、课程的系统化、创业学与商学院内部其他学科澄清边界的努力、捐赠席位的产生与发展、创业博士学位项目发展、专门的创业学刊物以及研究成果的大量涌现、管理学会建立创业学分部等。创业学科的合法性不断提升。据统计,美国管理学会(Academy of Management)创业学分会的会员目前已经超过 2400 人,人数位居各分会第一。[②] 创业研究的能力论和思维模式论将创业教育作为每个学生都必须掌握的一种思维和能力,从而为创业教育向全校拓展提供了理论依据,不仅促使创业教育从传统的商学院向全校拓展,也推动了创业教育与专业教育的融合。

(二)组织结构

　　组织结构是为了有效实现高校创业教育的目标而建立起的"由多种要素组成,并带有某种持久性关系的形式"。[③] 斯蒂芬·P. 罗宾斯认为,组织结构是组

---

① Consortium for Entrepreneurship Education. National Content Standards for Entrepreneurship Education[EB/OL]. http://www. education. ne. gov/wp-content/uploads/2017/07/Standards Tollkit. pdf,2004-06-27.

② 海迪·M. 内克,等. 如何教创业:基于实践的百森教学法[M]. 薛红志,等译. 北京:机械工业出版社,2015:2.

③ 吴志功. 现代大学组织结构设计[M]. 北京:北京师范大学出版社,1998.

织中正式确定的,使工作任务得以分解、组合和协调的框架体系。高校创业教育的组织结构涵盖范围广泛的组织问题,处在最核心位置的议题包括:创业教育项目由哪个部门开展,谁处于领导地位,如何确定组织机构以及项目运行过程中的预算问题等。[①]

1.组织目标

高等教育机构是由各个学科组成的松散耦合组织。"虽然随着社会历经巨变和科学的持续分化与发展,大学的组织、结构与功能都发生了很大变化,但是按照学科进行人才定向培养的传统至今并未改变,只是学科门类越来越多,学科划分越来越细而已。"[②]创业教育组织需要明确发展目标与核心任务。目前,国内外高校创业教育的组织目标,有些是基于系统性创业教育课程的,包括课程与项目(辅修、主修、创业方向等),有些聚焦于支持学生创业实践(如创业计划大赛、孵化器等),或者主要关注社区服务。

2.组织要素

高校创业教育组织的核心要素包括创业教育课程、实践和孵化等活动;支撑要素包括教师、管理者、学生、创业者等利益相关者,创业教育资源以及创业文化。这些要素成功运行需要强有力的领导。目前国际上有些创业教育项目由具有终身教职的教授来领导;也有些创业教育项目由行政人员或成功的校友创业者来领导。

3.组织结构

创业教育项目是设置在传统的专业学院(如商学院、工程学院等)内部,还是建立跨校园的创业教育中心或学院?将创业教育项目设置在传统的商学院或工程学院内部比较容易获得师资和经费资源,招收到优质的学生,但是很难与其他专业相结合,让更多具有创业意向的学生受益;建设跨校园的创业教育项目则需要各个部门、学院的统筹安排,能否成功在很大程度上取决于项目是否能够吸引其他学院的专业教师的支持,各个学院的院长是否支持以及学校层面是否有专门的领导大力推动并保障足够的资源支持等。

---

① Morris, M., & Kuratko, D. Building University 21st Century Entrepreneurship Programs that Empower and Transform[A]. In Hoskinson, S., & Kuratko, D. F. Innovative Pathways for University Entrepreneurship in the 21st Century[C]. Bingley, UK:Emerald Group Publishing Limited, 2014:4.

② 罗芸.中国重点大学与学科建设[M].北京:中国社会科学出版社,2005:34.

4.组织预算

不同的组织模式将影响创业教育项目经费的来源。创业教育组织可以依托某个传统的系或学院,也可以依托独立的创业中心或创业学院。创业教育的经费来源应该多元化:一是政府经费支持;二是通过基金与合同、捐赠、社区服务等方式获得运作经费。

(三)运行机制

"机制"(mechanism)概念已经从早期特指机器构造与工作原理,衍生为社会科学研究广泛使用的术语。本书认为,运行机制是研究创业教育运行过程中各要素的结构、功能及其相互关系,以及这些要素产生影响、发挥功能的作用过程、运行方式以及制约机制。高校创业教育的运行机制具有以下特点:一是整体性。高校创业教育组织运行的要素既包括创业课程、创业实践、创业研究等核心要素,也包括利益相关者、创业资源和创业文化等外部支撑体系。[①] 这些内外要素之间的相互关系构成了完整的创业教育运行体系。二是稳定性。高校创业教育的运行机制是各要素相互联系和相互作用而形成的因果关系,一旦形成,就具有一定的稳定性。三是自组织性。高校是围绕知识生产和知识传输的松散耦合组织,各基层组织具有较强的独立性和自主性。面向全校学生的创业教育的顺利运行,需要充分发挥各基层组织的积极性。创业教育运行的自组织性也为各个高校开展具有特色的创业教育组织模式提供了可能性。

四、研究方法

本研究综合采用文献法、案例研究法、问卷调查与专家访谈等方法,对高校创业教育的组织模式与运行机制进行深入分析。文献法依托国内外一手文献,深入探究全球高校创业教育组织模式创新的历史演变和发展现状,并提出"学院主导模式"与"学科渗透模式"两种创业教育组织模式。案例研究法选取国内外在创业教育组织与运行方面具有典型意义的高校,从而获得多样化的解释性和探索性分析。问卷调查主要了解过去 20 年中国高校创业教育组织模式的变迁

---

① Brush, C. G. Exploring the Concept of An Entrepreneurship Education Ecosystem[A]. In Hoskinson, S., & Kuratko, D. F. Innovative Pathways for University Entrepreneurship in the 21st Century[C]. Bingley, UK: Emerald Group Publishing Limited, 2014:31.

过程、发展现状以及创业教育项目运行过程中的挑战,并着重对普通高校和高职院校的不同状况进行比较。专家访谈侧重于了解创业教育组织结构调整的影响因素、不同学校在调整过程中的主要做法与问题、对我国高校建立创业学院情况的评价以及对未来创业教育组织与运行的建议等。

五、研究思路与内容

本研究尝试回答如下问题:(1)全球高校创业教育的发展态势是什么? 为什么创业教育组织模式与运行机制调整十分必要?(2)西方高校创业教育组织模式经历了怎样的变迁? 目前主要的组织模式是哪些? 它们分别是如何运行的? 不同组织模式有何优势和劣势?(3)我国高校创业教育组织与运行的总体状况如何?(4)我国当前兴建创业学院的动因是什么? 有哪些主要类型? 有何主要风险?(5)高校创业教育组织变革的影响因素是什么?

本著作除了绪论之外,共包括七章。

绪论部分首先提出研究的缘起与意义,随后从国外研究现状和国内研究现状两个维度对已有文献进行系统综述,回顾了学者对创业教育从商学院拓展至其他学院的原因、高校创业教育组织模式变迁、高校创业教育组织与运行的比较等相关研究。随后,从特质论、过程论、能力论和思维模式论等四个维度探讨了创业和创业教育的内涵,并剖析了不同维度对创业教育组织的影响。

第一章探讨了全球高校创业教育发展的新态势以及对高校创业教育组织与运行进行变革的迫切需求。全球高校创业教育历经了 70 多年的发展历程,呈现出显著的地理分化特征。进入 21 世纪之后,无论是高等教育后大众化引发的就业危机、第四次工业革命带来的挑战与机遇,还是世界经济转型发展对创新创业人才的热切期望,都驱动各国政府将创新创业教育纳入政策议程。国际组织将创业教育看作是缓解全球青年失业压力、提升各国经济发展活力、促进创新创业发展的重要手段,因此不遗余力推动创业教育向终身学习发展;欧美国家(美国、英国、丹麦)和亚洲国家(韩国、印度、马来西亚)的高校创业教育持续推进,不断获得政策话语。中国高校创业教育发展有其独特的经济、科技以及高等教育背景。伴随着中国经济转型升级对创新创业型人才的需求,以及中国高校在世界高等教育舞台上扮演更重要角色的愿景,创业教育正在成为中国高校人才培养、科学研究、社会服务三大核心职能的"黏合剂",以及深化高校自身改革的"突破口"。创业教育的组织与运行机制革新,是实现创业教育历史使命的重要前提。

第二章分析高校创业教育组织与运行的核心要素与支撑体系。高校创业教育的核心要素包括设立创业课程、组织创业活动与竞赛、开展创业孵化。利益相关者的相互协同、创业资源的合理配置以及创业文化的营造,是支撑这些创业活动顺利开展的重要条件。有效的创业教育组织,为凝聚这些核心要素、调动支撑体系提供了组织上的保证。

第三章系统梳理了西方高校创业教育组织的学院主导模式。该模式指的是由一个或若干个学院为主导开展创业教育的模式,分为传统学院主导和创业学院主导两种形式。在传统学院中,商学院、工程学院和艺术学院是提供创业教育的主力。商学院是西方高校创业教育的发端学院,其创业教育组织经历了开设创业课程、建立创业课程群、设立创业教育项目、建立独立的创业系等渐进式发展。工程学院也是最早开展创业教育的专业学院之一,通常与商学院教师紧密合作为学生提供创业教育机会。目前,培养具有"扎实的工程相关知识与技能(技术基础)、为解决实际问题而进行创造性设计(创新能力)、挖掘市场机会和顾客需求的创业意识与技能(创业能力)"已经成为很多工程学院的人才培养理念。艺术学院也越来越重视培养创业型艺术人才,为学生提供多样化的出路。创业学院是当前全球高校创业教育新的组织形式,既包括集创业教育正规课程体系、跨学科创业教育项目以及跨校创业活动于一体的实体性创业学院,也包括统筹和整合全校创业教育资源,支持各学院学生创业实践的虚拟性创业学院。

第四章系统分析了西方高校创业教育组织的学科渗透模式。该模式指的是创业教育渗透到各个专业学院的辐射式发展模式,反映了西方高校创业教育组织的重要趋势。学科渗透模式突破创业教育仅仅在一个或者少数几个学院开展的局限,调动不同专业学院教师参与创业教育的积极性,将创业教育与专业教育相结合,从而使创新创业逐渐成为全校的 DNA。结合哈佛大学、康奈尔大学、罗切斯特大学、亚利桑那州立大学等案例以及欧盟的发展现状,剖析学科渗透模式的不同发展形态,并详细阐述了学科渗透模式的教育决策与管理机制、课程开发与实施机制和资源整合机制。学科渗透模式有利于促进校园文化的改变、创业教育与专业教育的融合、拓展学生参与创业教育的机会、吸引校友的广泛参与以及推动跨学科交流,但是在保证项目的深度发展、协同发展、可持续发展等方面存在较大挑战。

第五章通过实证研究分析中国高校创业教育组织形式运行的现状、特点、面临的主要挑战。从组织变迁角度看,中国高校创业教育经历了自主探索背景下高校创业教育组织变革的酝酿期(1997—2002)、教育行政部门引导下高校创业教育组织变革的多样化探索期(2002—2015)以及"双创"战略下高校创业教育组织的反思调整期(2015年以后)。《国务院办公厅关于深化高等学校创新创业教育改革的实施意见》(国办发〔2015〕36号)的出台对于我国高校创业教育组织与运行具有重大影响。本章通过对高校创业教育负责人进行问卷调查和访谈,剖析我国高校创业教育组织的进展与挑战。

第六章着重探讨了创业学院这一典型模式在中国的发展。创业学院的兴起,既是中央政府和各级政府推动的结果,也是高校层面追求创业教育合法性、传统"层级式"组织管理思路影响的结果。目前我国的创业学院主要可以分为协调型、依托型、独立型三种类型。协调型创业学院是虚拟的学院,发挥全校创业教育的统筹规划、资源调配和督促落实等职能,旨在全校范围内形成对创业教育齐抓共管的局面。依托型创业学院指的是依托校内已有机构成立的创业学院,如依托荣誉学院(Honors College)、商学院、特色学科基地等。独立型创业学院指的是独立建制、实体化运作的创业学院。根据新制度组织理论,本研究认为,尽管我国高校创业学院的发展存在资源依赖与追求合法性的强制性同形、目标模糊和技术不确定性下的模仿性同形、历史积累与专业化不足导致的规范性同形,但是在制度创业理论(institutional entrepreneurship)下,创业学院发展过程中仍旧存在形式同质、内容多样的发展现状,体现出我国高校结合自身专业特点和区域发展特征进行组织创新的过程。创业学院作为一种我国创业教育特有的"增量改革",尽管规避了大规模变革可能造成的问题,也存在一定的风险。高校需要在洞察风险的基础上,采取适当的策略,促进创业学院的良性发展。

第七章探讨了高校创业教育组织变革的影响因素与未来展望。创业教育驱动力、创业教育发展阶段以及大学/区域文化都在很大程度上影响高校创业教育的组织模式与运行机制。中国高校创业教育的组织变革,需要在学科建设和将创业教育与专业教育相结合两条路径上同时发力。同时,从推进顶层设计与自下而上的统一、探索多样化的创业教育组织模式以及搭建内外融通的运行机制三方面着手,切实促进高校创业教育的转型升级。

第一章

全球高校创业教育的发展基础与现实需求

受到各国政治体制、经济发展水平和教育制度的影响,全球高校创业教育的发展以及组织变革水平参差不齐。[①] 美国高校创业教育受市场需求影响,于1947年由哈佛大学商学院提供了第一门创业教育课程。而亚洲国家、拉美国家从20世纪90年代末以来对创业教育的重视,则与全球化背景下各国竞争加剧、后大众化时代大学生就业难题猛增、知识创新创业对于经济转型升级的重要性凸显等复杂背景密切相关。欧洲各国传统上的福利国家制度抑制了创新创业,直到欧盟"里斯本战略"提出就业与经济发展,"欧盟2020战略"提出智慧型增长、可持续增长和包容性增长发展目标,创新创业教育才引起足够的重视。

第一节　全球高校创业教育的发展基础

一、早期创业教育的发展与争论焦点

(一)早期创业教育发展的主要特征

早期创业教育主要呈现以下三个特征:首先,发展较为缓慢。以美国为例,尽管哈佛大学商学院在1947年就提供第一门创业课程,但是很长一段时间里其他高校并没有跟进。20世纪50年代,仅有纽约大学(1953)、斯坦福大学(1954)

---

① Mars, M. M., & Rios-Aguila, C. Academic Entrepreneurship(re)Defined: Significance and Implications for the Scholarship of Higher Education[J]. Higher Education, 2010(59):441-460.

和麻省理工学院(1958)陆续开设了创业教育相关的课程。直到 20 世纪 70 年代,创业教育才逐渐在商学院获得一定地位。1971 年,南加州大学设立了第一个 MBA 创业方向,并于 1972 年设立第一个本科创业方向。到 20 世纪 80 年代,共有 300 多所大学提供创业相关的课程,到 20 世纪 90 年代,提供创业课程的高校数量增加到 1050 所。[①] 其次,商学院是创业教育的主要提供机构,工程学院次之。早期的创业教育组织结构较为简单,主要由商学院教授开设相应的课程并提供必需的资源。一些工程学科较强的大学,如斯坦福大学和麻省理工学院,也由一些具有创业型思维的工程学教授提供了若干课程,为后续跨学科、跨校区的创业教育奠定基础。第三,创业教育目标与对象的排他性。早期创业教育主要培养创办企业的人才,并且仅针对本学院的学生。

(二)早期创业教育发展的争论焦点

20 世纪 70 年代末是美国创业教育发展的重要分水岭。作为具有典型跨学科性质的领域,管理学、经济学、教育学、法学、政治学、心理学等不同学科的学者都从各自领域对创业教育开展研究。20 世纪 70 年代末以来,创业活动率从长时间的低迷向较高水平转变,创业型经济初见端倪,人们对创业的观念、态度等也发生重大改变。在此背景下,无论是经济领域还是教育领域,很多问题亟需厘清,需要政府、企业、高校等不同利益相关者开展有效的争论,从而明确新的发展方向。这段时期的争论主要集中在以下几个方面:中小企业和大企业孰轻孰重?创业教育是否可教? 可以说,这些问题能否得到妥善回答,在很大程度上决定了创业教育在整个高等教育体系中的地位以及创业教育组织形式的特征。

1. 中小企业和大企业孰轻孰重?

长期以来,大型企业都被认为是一个国家经济发展的支柱和创造新就业机会的主体,中小企业发展属于从属地位。麻省理工学院大卫·伯奇(David Birch)教授于 1979 年出版了一份具有里程碑意义的研究报告《工作产生过程》(*The Job Generation Process*),揭示创业对创造新工作机会、推动经济发展的重大意义。该报告指出,从 1969 年到 1976 年,新的成长型企业创造了美国经济 81.5% 的新就业机会;到 1980 年,美国中小企业创造了 3400 万个新的就业机

---

① Morris, M. H., Kuratko, D. F., & Corneall, J. R. Entrepreneurship Programs and the Modern University [M]. Northampton, MA: Edward Elgar, 2013:9-10.

会,而财富 500 强企业却减少了 500 万个就业机会。① 该报告的发表引起美国政府、高校、企业对中小企业重要性的广泛讨论,在很大程度上扭转了传统上"中小企业属于从属地位"的认知。

2.创业教育是否可教?

早期关于创业者特质的研究认为,有些人天生倾向于成为创业者。随着传统的个性特质研究转向创业过程和创业能力研究,研究者指出,的确存在一些与创业者相关联的个性特征,如冒风险倾向、创新、成就动机、内在控制等;但是,创业者是环境(家庭)、生活经历(教育)、个人选择的结果,创业教育能培养个体创业所需的态度和技能。吉布(Gibb)指出,每个学生身上都在某种程度上存在着可以培养成为创业者的天赋。② 美国管理学之父彼得·德鲁克则认为:"创业不是魔法,也不神秘。它与基因没有任何关系。创业是一门学科,而就像任何学科一样,人们可以通过学习掌握它。"③

二、21 世纪以来全球格局的新变化

(一)高等教育后大众化时代的就业危机

近半个世纪以来,全球高等教育规模不断扩张,这种扩张趋势在过去 20 表现得尤为明显。据联合国教科文组织统计研究所的统计,2012 年,世界平均高等教育毛入学率为 32.15%,欧洲国家平均高等教育毛学率为 69.17%(见图1.1),而且这种增长还在持续。按照美国学者马丁·特罗的高等教育"精英化、大众化和普及化"三阶段来划分,世界上已有许多国家和地区已经进入高等教育的后大众化时代甚至普及化时代。

后大众化时代的高等教育面临许多新的挑战,如:教育内容与市场需求的关联性、区域及全球范围内的师生流动、教育质量保障等等。其中,大学生就业危机也是被广为关注的挑战之一。大学生毕业人数的成倍增长已经让劳动力市场趋于饱和,而全球性金融危机与欧元区债务危机的接踵而至,更是加剧了这一问

---

① 梅伟惠.美国高校创业教育[M].杭州:浙江教育出版社,2010:33.

② Gibb, A. A. Enterprise Culture and Education: Understanding Enterprise Education and Its Links with Small Business, Entrepreneurship and Wider Educational Goals[J]. International Small Business Journal, 1993, 11(3):11-34.

③ Drucker, P. F. Innovation and Entrepreneurship[M]. New York: Harper & Row, 1985.

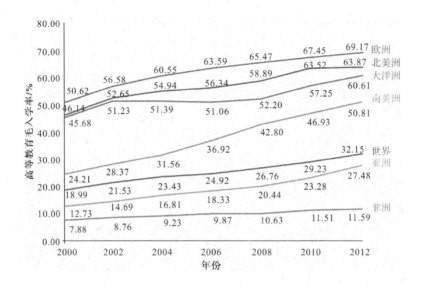

图 1.1　世界不同区域的高等教育毛入学率(2000—2012)

资料来源：UNESCO Institute for Statistics(data. uis. unesco. org)

题的严重程度。国际劳工组织在《全球青年就业趋势 2013》报告中指出，全球青年(15～24 岁)失业率在 2007 年为 11.5％，到 2013 年增长到 12.6％，青年失业人口达 7340 多万。报告的副标题更是罕见地将这一代年轻人形容为"危机中的一代"(a generation at risk)。[1]

就业的危机感促使更多学生在毕业后选择自主创业，这类学生群体来源从一开始的以商科学生为主转向几乎涵盖所有专业的学生。创业不仅仅是商科学生的专利，更是所有学生都有机会参与，并且为了实现个人价值、创造更大的社会价值，而应该参与的一项活动。这种观念的盛行，以及非商科专业学生对创业活动的热衷，成为创业教育从商学院向其他学院拓展的重要动力。

(二)第四次工业革命的挑战与机遇

第四次工业革命(The 4th Industrial Revolution)是以互联网与大数据、云计算、物联网、移动互联网和人工智能等新一代信息技术应用为主要特征的新工

---

[1]　International Labor Organization. Global Employment Trends for Youth 2013 [R]. Geneva：ILO，2013：3.

业革命。^① 在第四次工业革命背景下,物理技术、数字技术和生物技术不断融合,深刻影响所有产业转型,现有商业模式被颠覆,技术、运输和交付体系被重塑。^② 高校创新创业教育面临重大挑战与机遇。

1. 挑战:技术创新、自动化与工作岗位的变化

在新一轮工业革命下,重复性的、机械性的工作将可能被人工智能所代替。1920 年,当捷克作家卡尔·恰佩克(Karel Čapek)发明出"机器人"(斯拉夫语:robota)这一词时,就将其理解为"替代工人的机器"(worker-replacing machine)。随着人工智能的进步,机器人成本降低的同时生产能力不断提升。国际机器人联盟(International Federation of Robotics,IFR)的统计显示,2014 年到 2019 年,全球制造业将有 140 万台新的工业机器人投入使用,届时全球的工业机器人总数将达到 260 万台;^③目前,中国的自动化水平远低于发达国家,每一万个工人中,中国企业仅平均使用了 68 个工业机器人,远远低于韩国(631 个)、新加坡(488 个)、德国(309 个)、日本(303 个)和美国(189 个)。^④ 这就意味着,如果未来中国企业大幅度提高自动化水平,将有大量的技术工人可能被机器人取代。以富士康为例,随着将机器人应用于生产过程,公司雇佣的工人数量从 2012 年的 130 万减少到了 2016 年的 87.3 万,削减了近 30%。^⑤

牛津大学马丁学院通过量化技术创新对失业的潜在影响,对 702 个职业的自动化风险进行了排名,该研究提出:新的工业革命将导致就业市场两极分化趋势更为严重,认知性和创造性强的高收入工作机会和体力性的低收入工作机会都会增加,但是常规性和重复性的中等收入工作机会将会大幅度减少。^⑥ 这一预测与 OECD 对技能工作的统计数据相吻合:1995—2015 年几乎在所有国家中,中等技能工作的数量平均减少了 10%,高技能工作约增加 8%,低技能工作平均增加 2%。^⑦ 但是目前我国技能劳动者比例偏低且结构不合理,高技能人才

① 杜传忠,许冰.第四次工业革命对就业结构的影响及中国的对策[J].社会科学战线,2018(2):68-74.

② 克劳斯·斯瓦布.第四次工业革命:转型的力量[M].李菁,译.北京:中信出版社,2016:IX.

③ World Bank. World Development Report 2019:The Changing Nature of Work [R]. Washington:World Bank,2019:16.

④ International Federation of Robotics. Executive Summary World Robotics 2017 Industrial Robots[R]. https://ifr.org/downloads/press/Executive_Summary_WR_2017_Industrial_Robots.pdf,2017.

⑤ Chan, J. Robots, Not Humans:Official Policy in China[N]. New Internationalist,2017-11-01.

⑥ 克劳斯·斯瓦布.第四次工业革命:转型的力量[M].李菁,译.北京:中信出版社,2016:40-41.

⑦ 玛雅·比亚利克,查尔斯·菲德尔.人工智能时代的知识:核心概念与基本内容[J].开放教育研究,2018,24(3):27-37.

相对匮乏。根据清华大学和复旦大学联合发布的《2016 中国劳动力市场技能缺口研究报告》，技能要求越高的岗位劳动力缺口越大，高级技师的缺口最大，初级技能和中级技能的劳动力需求和供给基本平衡。[①]

此外，在新一轮产业革命背景下，中国还面临来自发达国家和新兴国家的双重压力。一方面，发达国家的"制造业回归"战略，通过利用更加经济的机器人取代发展中国家的人力资源，逐渐将生产线从国外搬迁回国内，同时创建了新的、更为有效的价值链；另一方面，随着劳动力成本的提升，很多企业流向了人力更加便宜的东南亚地区。这些挑战都应该引起足够的重视。

2.机遇：技术与数字化催生新的创业机遇与运营模式

和前三次工业革命一样，新型技术创新体系尽管在短期内促使大量人工劳动被机器替代，在长期则将催生大量新产业、新业态、新模式，由此创造更多工作机会和创业机会。[②] 第一，技术进步将会显著降低创业门槛，减少从发明到市场的障碍。一方面，由于数字企业的边际成本几近为零，创造单位财富所需的员工数量减少。在数字时代，对于许多供应"信息商品"的新兴公司而言，其产品的存储、运输和复制成本几乎为零；另一方面，通过增材制造（3D 打印）、大规模定制、更经济的自动化和日益降低的投入成本等，小企业主能快速建立自己的高度自动化工厂，大幅度降低成本，提高竞争力和效率。第二，技术进步通过创造技术部门的工作岗位，增加在线工作岗位，提升工作生产率，创建新的、有效的价值链。1999—2016 年，欧洲的新技术变革创造了超过 2300 万个工作岗位，几乎是同期新增工作岗位的一半。[③] 第三，创新型技术促进不同科学和技术领域的深度融合，尤其是"物理技术、数字技术和生物技术的融合"，从而带给消费者新型商业模式，包括提供新的产品及服务，建立和发展共享型经济，提供数字服务和出口等。新一代信息技术的广泛应用以及平台经济、网络经济、数字经济的发展，为劳动力多元化就业创业提供了新的空间和载体。[④] 第四，第四次工业革命通过推动"智能工厂"的发展，在全球范围内实现虚拟和实体生产体系的灵活协

---

① 清华大学，复旦大学.2016 中国劳动力市场技能缺口研究报告[R].2016.

② 杜传忠，许冰.第四次工业革命对就业结构的影响及中国的对策[J].社会科学战线，2018(2)：68-74.

③ World Bank. World Development Report 2019：The Changing Nature of Work [R].Washington：World Bank，2019：16.

④ 杜传忠，许冰.第四次工业革命对就业结构的影响及中国的对策[J].社会科学战线，2018(2)：68-74.

作。这有助于实现产品生产的彻底定制化,并催生新的运营模式。

(三)全球复杂性难题对高校的新期望

1.高校创业教育作为破解社会经济问题的"金钥匙"

当今世界处于结构重组和发展转型的时期,科技的发展与创新为未来世界的繁荣稳定奠定基础的同时,也带来了不少全球性的发展难题。例如,随着经济水平与医疗技术的稳步提高,全球人口从 1922 年的 20 亿,增长到 2013 年的 70亿。联合国预计到 21 世纪中叶,全球人口将超过 90 亿;在受教育方面,2012年,全球尚有小学教育适龄人口失学人数 5800 万,还有 7.81 亿成年人和 1.26亿青年人(15～24 岁)没有掌握读写技能;全球成年文盲率尽管从 2000 年的18%降低到了 2015 年的 14%,但 7.81 亿的全球文盲成年人数,离《达喀尔行动框架》制定的发展目标尚有距离;[①]此外,我们还面临着人口老龄化趋势加剧、全球失业人口有增无减、经济发展水平上南北差距悬殊、暴力冲突所产生的局势动荡等复杂性发展难题。

创新与创业是新的时代话题,也被视为破解社会发展难题的一把"金钥匙"。培养具有创造力和社会情怀的社会创业者,成为高校新的使命。培养一批以商业运作为手段,以消除和缓解社会问题为宗旨的社会创业者,需要高校在创业课程设置、组织模式等方面做出调整。因为社会创业者不仅需要掌握创业知识与原理,也需要掌握某些社会问题所在学科的基础知识,例如大气环境测量、健康与营养管理、课程与教学设计、弱势群体心理辅导等。事实也表明,社会问题往往颇为复杂,并非仅仅通过加大投入或者技术更新就能彻底解决,这就对高校创业型人才培养提出了新的要求。

2.学生高涨的创业热情对高校的期望

自 20 世纪 90 年代以来,世界政治环境动荡不安,经济与社会问题日益凸显,信息技术更新换代,这让大学生普遍感到他们所面临的世界与以往的不复相同,复杂、多变、迅速、模糊成了对他们所处时代的精要概括。越来越多的年轻人希望能够学习创新与创业的知识和技能,毕业后选择自我雇佣,自主创业。社会创业之父格雷格・迪斯教授(Greg Dees)在其回忆中坦言:强烈的学生需求是社会创业课

---

① UNESCO. Education for All 2000-2015: Achievements and Challenges[R]. Paris: UNESCO, 2015.

程开发背后的驱动力。[①] 学生学习创业的热情在美国这个崇尚创业的社会中更加明显,越来越多的非商学院和工程学院的学生对创业感兴趣,他们希望"成为自己职业生涯的唯一经营者",同时也意识到"用创业型视角进行思维"的重要性。[②] 伴随学生创业热情的高涨,政策制定者和高校领导者同样寄希望于更大范围的学生创业。许多高校将培养创新创业者、国际领导者作为人才培养目标,希望学生通过创业活动,在日后成为富有创新意识的企业领导者,引领行业发展,同时通过创业活动进一步紧密高校与企业的联系,共同培育时代人才。

第二节　21世纪以来各国创业教育的新进展

进入21世纪以来,创业教育不再是美国一枝独秀,后发国家的创业教育在国际组织和各国政府大力推动与支持下,出现井喷式发展。

一、国际组织的推动和努力

随着技术发展和全球化的推进,国际组织不断调整自身定位以应对外部环境变化,通过国际会议、报告、能力建设等多种机制,对教育进行"全球治理"。无论是以公平为导向的联合国教科文组织(UNESCO)和国际劳工组织(ILO),还是经济效益优先的经济合作与发展组织(OECD),都将创业教育看作是缓解全球青年失业压力、提升各国经济发展活力、促进创新创业发展的重要手段。

首先,国际组织出台的大量政策报告、召开的各类创业教育会议,提升了创业教育在各国政策议程中的地位,也影响各国政府出台了一系列相关的创业教育政策。1998年,联合国教科文组织在法国巴黎召开首届世界高等教育大会,会议通过了《21世纪高等教育宣言:展望与行动》以及《高等教育改革与发展的优先行动框架》两份重要报告。宣言指出"高等教育应主要关心培养创业技能与主动精神;毕业生将越来越不再仅仅是求职者,而首先将成为工作岗位的创造者"。行动框架也表明:"必须以适当的形式参照小额信贷制度和其他奖励措施

---

① Worsham, E. L. Reflections and Insights on Teaching Social Entrepreneurship: An Interview with Greg Dees [J]. Academy of Management Learning & Education, 2012,11(3):442-452.

② 梅伟惠. 美国高校创业教育[M]. 杭州:浙江教育出版社,2010:144.

的经验,支持大学毕业生开办中小型企业。必须将培养创业技能和创业精神作为高等教育的重要问题,使毕业生不仅成为求职者,而且逐渐成为工作岗位的创造者。"

2015 年 9 月 25 日,联合国 193 个成员国在"联合国可持续发展峰会"上通过了《改变我们的世界——2030 年可持续发展议程》(Transforming our World: The 2030 Agenda for Sustainable Development)。会议提出 17 项可持续发展目标(SDG),其中"提升创业"是教育(SDG 4.4)和经济发展(SDG 8.3)的共同目标。SDG 4.4 提出,"到 2030 年,大幅增加掌握就业、体面工作和创业所需相关技能,包括技术性和职业性技能的青年和成年人数";SDG8.3 指出,要"推行以发展为导向的政策,支持生产性活动、体面就业、创业精神、创造力和创新;鼓励微型和中小型企业通过获取金融服务等方式实现正规化并成长壮大"。① 欧盟的"里斯本战略"和"欧洲 2020 战略"都将创业作为缓解青年失业压力、重振欧洲经济的重要方式。欧盟从 1998 年至今先后发布了《培育欧洲创业精神:未来的优先内容》(1998)、《欧洲创业绿皮书》(2003)、《欧洲创业行动计划》(2004)、《欧洲创业教育:通过教育和学习加强创业精神培养》(2006)、《欧洲高等教育创业调察》(2008)、《2020 创业行动计划——重燃欧洲创业精神》(2013)等政策与行动计划(如表 1.1),有效地推动了欧盟成员国创业政策的制定和创业教育的发展。2016 年,欧盟发布《创业能力框架》(EntreComp: The Entrepreneurship Competence Framework),旨在为欧盟创业教育提供共享的概念模型,促进欧盟范围内更好地理解创业能力。在欧盟政策的影响下,已经有英国、芬兰、丹麦、比利时、立陶宛、荷兰、挪威、葡萄牙和瑞典等 9 个国家制定了专门的或独立的全国性创业教育战略。②

---

① 联合国. 变革我们的世界:2030 年可持续发展议程[R]. https://sustainabledevelopment.un. org/content/documents/94632030%20Agenda_Revised%20Chinese%20translation.pdf,2017-07-20.

② 梅伟惠. 欧盟高校创业教育政策分析[J]. 教育发展研究,2010(9):77-81.

表 1.1 欧盟创业教育政策

序号	颁布时间	名　称	形式	内　容
1	1998	《培育欧洲创业精神:未来的优先内容》	咨询报告	创业精神
2	2002	《创业教育和培训》	研究报告	创业教学
3	2003	《欧洲创业绿皮书》	绿皮书	创业的重要性
4	2004	《通过初等和中等教育促进创业态度和技能的发展》	研究报告	初等、中等教育对创业态度和技能的影响
5	2004	《欧洲创业行动计划》	行动计划	推进创业发展
6	2004	《帮助营造创业型文化》	行动指导	创业教育实践
7	2005	《中等教育中的迷你公司》	研究报告	中等教育中的创业教育
8	2006	《执行里斯本计划:通过教育和学习培育创业精神》	行动计划	创业精神
9	2006	《创业行动计划执行报告》	研究报告	创业行动
10	2006	《欧洲创业教育:通过教育和学习加强创业精神培养》	研究报告	初等、中等、高等教育中的创业教育
11	2008	《高校创业教育:尤其在非商学领域》	调查报告	高校非商学领域创业教育
12	2008	《欧洲高等教育创业调查》	调查报告	欧洲高校创业教育的发展现状
13	2009	《职业教育和培训中的创业》	调查报告	职业教育和培训中的创业教育
14	2010	《迈向更大合作和一致性的创业教育》	行动计划	创业教育合作
15	2011	《使教师成为关键的成功要素》	行动计划	创业教育师资
16	2012	《高等教育中创业计划的效果和影响》	研究报告	高等教育中创业教育效果
17	2012	《欧洲学校中的创业教育》	研究报告	基础教育中的创业教育
18	2013	《2020 创业行动计划——重燃欧洲创业精神》	行动计划	基础教育和高等教育中创业教育的行动计划
19	2016	《创业能力框架》	指导文件	提出具体的创业能力指标

资料来源:作者根据欧盟官网信息整理。

　　其次,国际组织通过组织会议与合作项目,邀请各国创业教育政策制定者和研究者分享经验,交流创业教育的主要经验和问题,同时为跨国之间的合作提供了平台。在亚太地区,从2011年至2019年,联合国教科文组织亚太局先后组织召开了8次亚太地区创业教育会议。来自中国、日本、韩国、印度、马来西亚、菲律宾、印度尼西亚、斯里兰卡等国的政策制定者和学者共同探讨高校创业教育发展,促进了各国创业教育的经验共享,并切实推动了区域性创业教育联盟的成立。欧盟在2010年发布《迈向更大合作和一致性的创业教育》报告,指出了欧盟各国在创业教育发展方面的不平衡性,提出应该通过有效机制,促进最佳实践的分享。这些举措都强有力地推动了各国创业教育改革。

　　第三,国际组织整合了一大批优秀的创业教育研究者,他们提出的创业教育理念对于各国开展创业教育实践具有重要的指导意义。世界经济论坛(WEF)提出创业教育的四个关键问题:谁应该接受创业教育(Who is being taught)?创业教育的内容应该是什么(What is being taught)?创业教育方法应该是什么(How are students being taught)?学生应该在哪里接受创业教育(Where are students being taught)?这些问题促使各国的创业教育研究者和实践者反思创业教育的本源问题,思考创业教育应该面向少数精英(selective)还是所有学生(inclusive),创业内容应该"关于创业"(about)还是"如何创业"(how-to),创业方法如何平衡知识的学习与增加现实世界的体验,创业教育应该在商学院还是向全校拓展等。国际组织还开发和建设一批创业教育平台,推动各国创业教育的基准评价。其中,最为典型的是欧盟和OECD共同建设的"高等教育机构创新平台"(HEInnovate Platform),支持各国的高等教育机构评估创业水平以及创业教育项目的准备度。

二、欧美国家创业教育的进展

(一)美国:创业战略与创业教育

　　随着1998年全美创业中心联盟(National Consortium of Entrepreneurial Centers,NCEC)和1999年美国创业学委员会的组建,美国高校创业教育的合法性不断得到确认。美国经济学协会(The American Economics Association)

成立了创业教育工作组,并为此设置了一个学术研究的正式类别。[①] 全美创业中心联盟的成立旨在促进各大学创业中心之间的持续合作,开展信息共享、项目合作、相互支持以提高中心影响力。目前,全美创业中心联盟已经更名为全球创业中心联盟(GCEC),以增进全球不同国家创业中心的交流与合作。

1.各高校创业中心的发展

越来越多的高校成立创业中心来支持创业教育的发展。一方面,创业中心成为商学院甚至整个大学在政府预算削减的背景下拓展资源的重要方式。芬克尔(Finkle)等对美国大学创业中心进行调查后发现,"美国大学增加预算的重要手段是建立全新的创业中心或拓展原有的创业中心。因为创业中心是大学重要的收入来源,它可以通过捐赠、外部项目、基金和技术商业化等途径为大学带来可观的收入"[②]。另一方面,创业中心作为重要的组织,能够为学生提供一系列的项目和服务,培养学生的创业精神和创业能力。美国创业教育和研究的快速发展在很大程度上受益于大学创业中心这一组织形式的存在。不仅如此,创业中心也是推动校园服务社区活动的最有效手段之一。创业中心提供的活动,如为创业者提供咨询、培训、指导创业计划、指导如何获得政府支持等,无论对于初始创业者还是成熟创业者都非常有价值。与挂靠商学院具有稳定的预算不同,成立独立的创业中心主要通过创业者的捐赠、各个机构的项目、筹款活动获得运作经费。因此,创业中心一方面具有足够的运作自由,以摆脱机构政策的官僚化影响;但是在另一方面,创业中心在获取经费方面面临较大的压力。芬克尔通过对 249 个美国大学的创业中心以及 111 个其他国家大学的创业中心后发现:

(1)这些创业中心建立的平均年限为 10.4 年,87% 的创业中心在校园内。接近一半(43%)的创业中心拥有捐赠席位,创业中心的平均捐赠席位数为 2.2个,平均每个捐赠席位数有 253.7 万美元的捐赠额。创业中心主任的最高教育水平分别是:Ph.D/Ed.D(64.5%)、MBA(25.7%)、其他(9.8%)。74% 的中心主任之前是个创业者,平均有 9.1 年的创业经历。

(2)全球大学创业中心的年度平均预算为 537979 美元。美国大学创业中心的年度平均预算略高,为 581942 美元,其中来自国家的资源非常有限,其经费来源呈

① 霍尔登·索普,巴克·戈尔茨坦. 创新引擎——21世纪的创业型大学[M]. 赵中建,卓泽林,李谦,张燕南,译. 上海:上海科技教育出版社,2018:111.

② Finkle, T. A., Kuratko D. F., & Goldsby, M. The State of Entrepreneurship Centers in the United States: A Nationwide Survey[J]. Journal of Small Business Management, 2006,44(2):184-206.

现多元化。美国大学创业中心五个主要的经费来源分别是大学的项目（24.74%）、基金与合同（18.92%）、捐赠基金（24.75%）、捐款（15.33%）和外延拓展收入（7.92%）。①见表 1.2。

表 1.2　美国与其他国家大学创业中心经费来源比较

	全球大学创业中心	美国大学创业中心	其他国家大学创业中心	P 值
创业中心的经费来源（占总预算的%）				
捐赠基金	20.17	24.75	18.78	0.36
基金与合同	21.94	18.92	35.32	0.015*
外延拓展	9.47	7.92	7.89	0.951
捐款	14.90	15.33	3.81	0.005**
大学的项目	26.40	24.74	20.66	0.50
其他	6.43	7.38	12.0	0.35
经费水平				
年度预算（美元）	537 979	581 942	626 979	0.97
来自大学的年度运作预算（美元，不包括中心主任的工资和津贴）	283 731	285 000	361 979	0.38
捐赠基金				
中心捐赠收入（百万美元）	2.37	2.64	1.93	0.23
用于运作经费的比例（%）	34.99	39.78	43.37	0.49

资料来源：Finkle, T. A., Menzies, T. V., Kuratko, D. F. & Goldsby, M. G. A Global Examination of the Financial Challenges of Entrepreneurship Centers[J]. Journal of Small Business and Entrepreneurship, 2013, 26(1):67-85.

（3）创业中心筹集资金的主要项目和活动。如前所述，在政府经费紧缩的背景下，创业中心需要通过多样化的内部和外部创业活动，来筹集足够的经费保障中心创业教育和研究的顺利开展。根据芬克尔的调查，美国大学创业中心筹集经费的内部活动主要有：创业计划大赛、学生俱乐部、实习、科技园和孵化器、技

---

① Finkle, T. A., Menzies, T. V., Kuratko, D. F. & Goldsby, M. G. A Global Examination of the Financial Challenges of Entrepreneurship Centers [J]. Journal of Small Business and Entrepreneurship, 2013, 26(1):67-85.

术转移、风险资本基金以及远程学习。筹集经费的外部活动主要有：研讨会/工作坊、基金、嘉宾演讲、经理人培训、年度创业者项目、风险资本基金、孵化器以及家族企业项目等。从总体上看，排名前 10 的研讨会主题分别是：新创公司、创业计划、管理、战略规划、市场营销、融资、家族企业、公司创业、市场估价与并购、技术转移。[①]

2."创业美国计划"的实施[②]

受 2008 年次贷危机影响，美国经济不断下滑，失业状况堪忧。2009 年 10 月，美国失业率攀升至 10.2%；这与奥巴马执政初期实施复苏计划时承诺失业率降至 6.5% 的目标大相径庭，引起民众的强烈不满。[③] 中小企业在提供工作岗位、创新成果方面的贡献也不断萎缩。根据美国劳工部统计数据，美国新创企业数量从 1994 年呈现上升态势，到 2006 年达到峰值约 67 万家，但是之后就不断下降，并在 2010 年跌落到历史最低谷；这些成立时间不到一年的新企业所带来的工作岗位从 1994 年的 410 万，下降到 2010 年的 250 万。[④]

然而，一些以高科技创新创业著称的区域，如加州的硅谷、德州的奥斯汀、科罗拉多州的博尔德等地区，似乎并没有受到经济衰退的影响。这些区域与大学保持紧密联系，支持研究型大学的创新创业活动，促成高成长型创业企业的发展。《斯坦福大学创新创业影响力报告》显示，斯坦福大学通过创新创业，对经济发展产生重要的推动作用。目前仍旧运作的企业中与斯坦福大学有关的共 39900 家。如果这些企业组成独立的国家，其经济总量可以占到全球第十。根据推算，这些公司创造了 540 多万的工作岗位，年销售额达到 2.7 万亿美元。[⑤]

为应对 20 世纪 90 年代末世界各国掀起的创新创业热潮，充分发挥创新创业对美国社会发展的驱动作用，以及扭转美国的创业局势和经济趋势，奥巴马执

---

① Finkle, T. A., Menzies, T. V., Kuratko, D. F. & Goldsby, M. G. A Global Examination of the Financial Challenges of Entrepreneurship Centers [J]. Journal of Small Business and Entrepreneurship, 2013, 26(1):67-85.

② 该部分内容来源于:梅伟惠、陈悦. 美国高校创业教育发展新纪元:"创业美国计划"的出台、实施与特点[J]. 高等工程教育研究,2015(4):82-87.

③ 丁宏.奥巴马政府"创业美国"计划的政策评析及其启示[J].世界经济与政治论坛,2012(4):70-79.

④ Bureau of Labor Statistics. Entrepreneurship and the U. S. Economy[EB/OL]. http://www.bls. gov/bdm/entrepreneurship/entrepreneurship. htm, 2015-3-10.

⑤ Eesley, C. E., & Miller, W. F. Stanford University's Economic Impact via Innovation and Entrepreneurship[R]. Stanford,CA:Stanford University, 2012:6.

政时期,美国政府连续发布了三份创新战略。2009 年 9 月,奥巴马政府发布《美国创新战略:迈向持续增长和高品质就业》,提出了以基础设施建设为塔基、以促进私人部门创新为塔身、以国家优先领域的技术和产业突破为塔尖的金字塔型创新战略体系。[①] 这一战略在 2011 年 2 月发布的《美国创新战略:确保我们的经济增长和繁荣》中得到进一步修正。新的创新战略仍呈现金字塔结构,但是在塔基部分更加突出人才培养的基础性作用,塔身部分注重以市场为导向的创新,塔尖部分进一步强化对清洁能源、健康技术、生物技术、纳米技术等尖端技术的革新。[②] 2011 年的美国创新战略明确指出,美国繁荣的关键永远不会是低工资或低价格,而是开发新产品和生成新行业,在科学发展和技术创新中充当世界引擎。[③] 2015 年 10 月,美国国家经济委员会和科技政策办公室发布第三份《美国创新战略》,对美国未来的科技创新做出重大部署。随着前两版创新战略的实施和美国科技创新基础设施的完善,新版本《美国创新战略》提出精准医疗、"脑计划"、医疗健康、先进汽车、智慧城市、清洁能源、教育技术、太空探索和计算机领域新前沿等九大国家优先发展方向,从而促进创新驱动的高科技创业的发展。

2011 年 2 月,奥巴马政府出台"创业美国计划"(Startup America Initiative)。这是美国历史上第一份专门针对创业的全国性计划,也是奥巴马政府尝试整合公共部门和私营部门的力量,在全国范围内创造和鼓励更多高成长企业的纲领性计划。作为奥巴马政府系统性创新战略的五个行动计划之一[④],"创业美国计划"旨在营造创业生态系统,加强创业者与创业导师的联系,极大促进了美国高校创业教育的新发展。可以说,"创业美国计划"既是 2011 年美国创新战略的重要组成部分,也是通过创业实现经济增长繁荣的关键实现途径。[⑤]它的提出是奥巴马政府对近二三十年创新创业政策与实践的总结与反思,也为未来创新创业活动提供了纲领性的框架。"创业美国计划"的核心目标是,扩大

---

① 唐家龙、马虎兆.美国 2011 年创新战略报告评析及其启示[J].中国科技论坛,2011(12):138-142,155.

② The White House. A Strategy for American Innovation:Securing Our Economic Growth and Prosperity[R]. https://obamawhitehouse. archives. gov/sites/default/files/uploads/InnovationStrategy. pdf,2011:7.

③ 唐家龙、马虎兆.美国 2011 年创新战略报告评析及其启示[J].中国科技论坛,2011(12):138-142,155.

④ 其他四个计划分别是无线网络计划、专利审批改革计划、教育改革计划和清洁能源计划。

⑤ 丁宏.奥巴马政府"创业美国"计划的政策评析及其启示[J].世界经济与政治论坛,2012(4):70-79.

高增长新企业的数量和规模,带来经济增长和工作岗位,把创业精神树立为美国核心价值观和竞争优势的源泉,鼓励空前之多的社区和个人建立美国企业。[①] 该计划提出公共部门要在以下五大领域为创业提供支持和便利(如表 1.3 所示),即扩大创业支持资金,加强创业者与创业导师联系,减少创业障碍,加速突破性技术创新从实验室到市场的转化,释放医疗、清洁能源和教育等产业的市场机会等。除了明确公共部门的职责与义务,该计划尤其注重整合成功的创业者、风险投资家、大学、基金会等私营部门的力量,成立"创业美国伙伴"(Startup America Partnership,SAP),致力于推进美国创业生态系统建设、鼓励下一代创业者、加强导师与创业者之间的联系以及通过各种途径帮助青年一代实现创业梦想,共同创造创新型、高成长的美国企业。成立以来,SAP 已动员了超过 10 亿美元规模的私人承诺,通过提供产品、服务、指导和资金,在未来三年内支持美国 10 万家初创企业。[②] 可以看出,"创业美国计划"尝试整合公共部门和私营部门的资源,努力通过各种可操作、可测量的举措,激励并为青年一代投身创业提供资金、经验、政策、平台等各方面的支撑。

表 1.3 "创业美国计划"的主要领域与行动(公共部门)

五大领域	主要行动
扩大创业支持资金行动	1. 设立 10 亿美元影响投资基金,作为匹配资金鼓励私营部门投资国家优先发展区域 2. 设立 10 亿美元早期创新基金,作为匹配资金鼓励私营部门投资创新型企业的早期阶段 3. 呼吁国会启动更多的创业支持资金 4. 减免小型商业投资的资本收益税 5. 简化低收入地区投资的税额抵扣条例
加强创业者与创业导师联系行动	1. 加强清洁能源初创企业与有经验的创业导师之间的联系 2. 为退伍军人成立高成长企业创建企业孵化器 3. 为工程类院校教授创新创业成立全国联系中心 4. 资助全国清洁能源创业计划大赛 5. 推动青年创业教育行动

---

① 黄军英.创业美国计划将带来什么[J].科技论坛,2011(8):42-45.
② 丁宏.奥巴马政府"创业美国"计划的政策评析及其启示[J].世界经济与政治论坛,2012(4):70-79.

五大领域	主要行动
减少创业障碍	1. 吸引和保持移民支持者 2. 减少青年创业者的学生贷款负担 3. 增加创新企业种子基金获取渠道 4. 加快专利申请速度 5. 呼吁国会将求职者转变为工作岗位创造者 6. 聆听美国创业者
加速突破性技术创新从实验室到市场的转化	1. 加快技术创新从实验室到商业市场转移 2. 创建创新团体(Innovation Corp)以帮助科学家创办企业 3. 成立"i6挑战计划"促进区域创新 4. 通过"创新加速器挑战计划"强化高成长簇群 5. 资助清洁能源的创新生态系统建设 6. 向"美国下一代高水平能源创新者"开放联邦技术 7. 加速生物医学创业企业的技术许可 8. 实施全新的专利系统
释放医疗、清洁能源和教育等产业的市场机会行动	1. 加速健康、能源和教育三个领域的创新 2. 提供开放的能源数据 3. 提供开放的教育数据 4. 提供开放的健康数据 5. 构建全国性的医疗保健创新平台

资料来源：The White House. Startup America Progress Report[EB/OL]. http://Obamawhitehouse. archives. gov/economy/business/startup-america/progress-report，2015-3-10.

可以看出，美国将创新创业教育作为提升竞争力、促进经济繁荣的重要途径。美国联邦政府先后颁布一系列的创新创业政策，如《创新美国：在挑战和变革的世界中达至繁荣》(2004)、《美国竞争力计划》(2006)、《美国竞争法》(2007)、《创业美国计划》(2011)、《研究型大学和美国的未来》(2012)、《创建创新创业型大学——来自美国商务部的报告》(2013)等，自始至终强调高等教育机构在创新创业活动中扮演的重要角色。

(二)英国：科学创业中心与创业型大学的发展

英国高校创业教育独具特色。早在1987年，英国政府就颁布"高等教育创业计划"(Enterprise in Higher Education，EHE)，从宏观角度规划了英国创业教育的体系结构。但是英国高校创业教育真正在实践上引起重视是1999年英国科学创业中心(UK Science Enterprise Center，SEC)的建立和英国贸易工业部"科学创业挑战基金"的设立。科学创业中心是由一所或多所大学组建,通过整合学术界与商业界的力量推动创业教育,并辐射区域发展的创业中心。目前,科学创业中心已经由最初的 8 个发展到 13 个(如表 1.4),涉及 60 所大学,并与500 多家企业建立了合作伙伴关系,①其主要目标是推进商业化以及科学和技术领域的创新创业。

表 1.4 英国科学创业中心一览表

中心名称	创建者
牛津创业者和创业中心	牛津大学赛德商学院
剑桥大学创业中心	剑桥大学
布里斯托创业中心	布里斯托大学
科学创业中心	伦敦大学学院、伦敦商学院
国王学院创业中心	伦敦国王学院
曼彻斯特科学创业中心	曼彻斯特理工大学、曼彻斯特大学
麦西亚科学创业中心	伯明翰大学、沃里克大学
北爱尔兰创业中心	阿尔斯特大学、贝尔法斯特女王大学
东北科学创业中心	杜海姆大学、纽卡斯尔大学
苏格兰创业协会	格拉斯哥大学
诺丁汉大学创业和创新协会	诺丁汉大学
白玫瑰创业中心	菲尔德大学、利兹大学、约克大学
伦敦科学创业中心	伦敦城市大学卡斯商学院、皇家蒂娜学院、伦敦国王学院、伦敦大学玛丽女王学院

资料来源:胡瑞.新工党执政时期英国高校创业教育研究[M].北京:高等教育出版社,2013:62-63.

全国大学生创业委员会(National Council for Graduate Entrepreneurship，NCGE)是英国在全国层面管理和实施创业教育的机构。除了开展创业教育理论研究,全国大学生创业委员会还开展全国性的创业教育调研、评选"最佳创业型大学"、开展创业教育师资培训等活动。英国高等教育质量保障署(QAA)发

---

① 胡瑞.新工党执政时期英国高校创业教育研究[M].北京:高等教育出版社,2013:61.

布《英国高等教育机构创新行动力及创业精神教育指南》(2018)，为各个高校开展创新创业教育提供质量标准。

(三)丹麦:构建创业教育战略

2002 年，丹麦政府出台"更好的教育"行动计划(Better Education Action Plan)，指出教育是参与全球竞争的最重要参数，是确保高素质劳动力的先决条件;教育系统除了要保证自由选择、灵活性以及竞争力之外，还应提升各级教育和各种类型课程的创新创业文化，充分发挥学生的创新和创业潜能。2003 年，丹麦政府设立为期四年的"提升创业行动计划"，指出创业者是促进经济发展和提供就业岗位的主要源泉，因此政府将提供 4.35 亿丹麦克朗营造创业文化、减少行政负担、提供咨询服务、拓宽融资渠道、加强科研成果商业化等，从而鼓励更多的人参与创业。[1] 为加强创业教育的执行力度，教育部和科技与创新部于 2004 年共同推出"丹麦教育系统中的创新、创业和独立文化"战略，提出构建"创业教育链"(the entrepreneurship chain)是执行丹麦各级各类创业教育的有效路径。创业教育链衔接了从小学到高等教育的各种不同层次学校，通过加强与公私立部门、创业学院、商业服务部门等机构的合作，循序渐进培养学生创业能力。[2] 其目的是通过为学生系统提供完整的创业教育链，加强学生的创新精神，深化学生对商业世界的理解，提供建立和运作独立企业所需的专门知识和技能。

在丹麦政府的支持下，丹麦国际创业学院(International Danish Entrepreneurship Academy，IDEA)、厄松创业学院(the Øresund Entrepreneurship Academy)以及创业活动与文化基金会(the Foundation for Entrepreneurship Activities and Culture)等一系列全国性的组织纷纷成立，为创业教育的发展提供了组织保障。[3] 其中，丹麦国际创业学院由科技与创新部负责，[4]厄松创业学院和创业活动与文化基金会由经济与商务部负责。

① Lundström, A. , & Stevenson, L. A. Entnepreneurship policy: Theory and Practice [M]. New York:Kluwer Academic Publishers,2005:137.

② Ministry of Education & Ministry of Science, Technology and Innovation. Innovation, Entrepreneurship and a Culture of Independence in Danish Education System [R]. http://pub. uvm. dk/2004/innovation. pdf, 2004:18.

③ OECD. Entrepreneurship Review of Denmark[R]. Paris:OECD, 2008:78.

④ 在丹麦，科技与创新部是八所综合性大学的主管部门。这八所综合性大学为哥本哈根大学、南丹麦大学、罗斯基勒大学、奥尔堡大学、奥尔胡斯大学、哥本哈根商学院、哥本哈根信息技术大学以及丹麦技术大学。IDEA 是针对高等教育的创业教育机构。

丹麦国际创业学院成立于 2005 年,是一个由 88 家公私立高等教育机构、企业以及其他组织组成的网络,旨在提升高等教育领域的创业与创新文化。成员机构的代表组成理事会和指导委员会,制定 IDEA 的发展目标。科技与创新部提供为期四年总共 4000 万丹麦克朗的资助,地方政府、企业、国际机构是 IDEA 其他经费的主要来源。IDEA 通过一系列项目、活动、研究等,提升创业教育实践,促进高等教育部门与企业的合作;同时,IDEA 通过在丹麦不同的教育机构里设立 12 个"创业之家"(IDEA houses),为大学生创业提供创业指导、创业网络平台、场地与设备支持、经费资助等,支持在校生与毕业生的创业活动。

2006 年,丹麦东部 8 所高等教育机构与瑞典南部 4 所高等教育机构合作,共同成立厄松创业学院。2006—2008 年期间,丹麦经济与商务部,瑞典创业、能源与通信部为其提供 750 万丹麦克朗的资助。同时,丹麦和瑞典两国的地区政府也支持该跨国创业学院的发展。这一跨国创业联盟的建立,有利于推动丹麦与瑞典高等教育机构在创业教育方面的资源共享和师生交流。该学院致力于提升 12 所大学的创业课程与活动,评估各大学的创业教育实践,同时与企业、孵化器以及科技园保持紧密的合作关系。

创业活动与文化基金会成立于 2004 年,旨在通过组织各种竞赛、活动,提供奖励和经费资助,增强教育系统中小学层次学生的创新和创业能力,提升丹麦创业文化。2004—2009 年期间,经济与商务部总共提供 6000 万丹麦克朗经费。2007 年,创业活动与文化基金会与青年创业(Youth Enterprise)一起,组织了"瞪羚竞赛"和"企业项目"等,总共 15000 多名学生参与了这些活动。该基金会还组建了一支由创业者组成的"创业大使",帮助学校开展创业活动,帮助学生了解创业的机会与挑战。2006—2007 年,总共有 15669 名学生和 260 教师参加了基金会资助的创业课程。[①]

丹麦拥有灵活的劳动力市场和高工资高福利,强有力的经济发展和较低的失业率,高效的公共部门和相对高水平的经济公平,其综合竞争能力在全球位居前列。为充分利用全球化带来的机遇,进一步巩固和提升全球竞争力,丹麦政府于 2006 年提出"全球经济中的丹麦战略:进取、创新与凝聚力"(Strategy for Denmark in the Global Economy—Progress, Innovation and Cohesion)。该战略以发展教育、促进创新和推动创业为核心理念,指出:"要保持丹麦强有力的竞

---

① OECD. Entrepreneurship Review of Denmark[R]. Paris:OECD, 2008:79.

争力和社会凝聚力,从而确保丹麦继续位列全球最富裕和最具吸引力的国家行列。"丹麦政府提出四大战略目标。[①] 第一,构建世界一流的教育水平。小学和初中的学生在阅读、数学、科学和英语方面有一流表现;所有年轻人应该完成普通或者职业高中的学习;至少 50％的年轻人应该完成高等教育的学习;各个层次的教育与培训项目质量达到一流。第二,打造世界一流的知识社会。到 2010 年,研发的公共财政支出占 GDP 比例应该达到 1％;研究具有创新性,其质量达到世界一流水平;丹麦应该在科研成果转化为新技术、工艺、产品和服务方面达到世界一流水平。第三,建设世界一流的创业型社会。使丹麦继续成为欧洲国家中每年创业数最多的国家之一;丹麦成为欧洲国家中高成长型初创企业数最多的国家之一。第四,建设世界一流的创新型社会。丹麦企业和公共机构应具备世界一流的创新能力;丹麦的竞争力可与 OECD 最具竞争力的国家相媲美。

　　第三个战略目标直指创业和创业教育。丹麦政府认为,创业精神是提升经济发展活力、促进社会进步的重要驱动器。因此,丹麦政府积极营造健康的创业环境,鼓励创业活动的开展。据世界银行《全球经营环境报告》(Doing Business)分析,丹麦的创业环境在 183 个参评国家中位列第六。[②] 在丹麦,创办一个新企业的时间仅需 5 天,它被列为全球最容易创业的国家之一。但是,丹麦优越的创业环境并没有真正对青年创业活动产生积极影响。根据欧盟 25 国的创业情况调查,尽管丹麦有着较高的创业环境指数(entrepreneurial climate index),其创业活动指数(entrepreneurial activity index)却非常低,并且创业集中的人群在 55 岁左右。[③] 丹麦政府寄希望于创业教育来奠定一个强有力的创业文化基础。小学和初中应该努力培养学生的创造性思维技能,从而播下"创业的种子";职业学校和高等教育项目的学生应该有机会接受更多的创业课程和参与更多的创业实践,从而持续培养创业型人才,为丹麦的发展奠定人力资源基础。尽管 21 世纪初期的创业教育政策和相关举措取得了良好的效果,但是与其他国家相比,丹麦的创业教育无论在创业意识培养方面,还是在学生创业能力提升方面都还比

---

①　The Danish Government. Progress, Innovation and Cohesion: Strategy for Denmark in the Global Economy- Summary [R]. www. netpublikationer. dk/um/6648/html/chapterol. htm,2011:7-8.

②　The World Bank. Rankings on the Ease of Doing Business [EB/OL]. http://www. doingbusiness. org/rankings,2011-8-20.

③　European Commission. Entrepreneurship Survey of the EU25: Denmark [R]. Brussels: European Commission,2008:4.

较薄弱。并且,丹麦创业教育在地方教育管理部门参与力度、在职培训、创业课程的数量和覆盖面以及创业课程学分体系构建等方面还有待进一步改善。在此背景下,丹麦开始酝酿更为整合的全国性创业教育战略。

2009 年 11 月,丹麦教育部、科技与创新部、经济与商务部、文化部共同出台《创业教育与培训战略》,指导丹麦创业教育的全局发展。该战略由三个部分组成。第一部分指出了丹麦各级各类学校的创业教育目标。第二部分是成立创业基金会(Foundation for Entrepreneurship),统筹全国创业教育的开展。第三部分是构建教育部、科技与创新部、经济与商务部、文化部四大部门在推进创业教育与培训方面的战略合作关系。

创业教育是一个终身的学习过程,贯穿从小学教育到继续教育的正规教育系统和非正规教育系统。《创业教育与培训战略》指出:小学和初中的主要目标是运用创新的教学方法,增强学生的创新能力和想象力。高中创业教育旨在使所有高中生有机会获得创新方法和提升创业能力。其主要策略包括:①在已有学科的考试中增加对学生创业能力的评估;②尽可能地为高中学生提供创业相关课程;③为相关科目教师提供创新教育理论与方法的在职培训,使其更好地胜任创业科目的教学;④为有天赋的年轻人提供参与人才培养项目的机会,鼓励他们开发创业项目。大学阶段的创业教育要努力建立跨学科的创业课程,鼓励不同系、学院和大学之间的创业教育合作;提升与国外大学在创业教育领域的合作;为所有 Ph. D 学生提供至少一门创业课程,鼓励他们获得创业经历,激发他们在毕业后创办企业。[①]

三、亚洲国家创业教育的进展

与西方国家相比,亚洲国家有着截然不同的文化背景和治理框架。儒家文化影响下的"学而优则仕"官本位思想、"小人喻于利"的轻商思想,以及对失败的规避等传统,使得创业教育在很长时间内并没有引起政府的重视,同时也没有触发高校培养创业人才的热情。亚洲高校创业教育起步时间明显晚于西方发达国

---

① Danish Ministry of Science, Technology and Innovation, Danish Ministry of Culture, Danish Ministry of Education & Danish Ministry of Economic and Business Affairs. Strategy for Education and Training in Entrepreneurship [R]. https://ufm. dk/en/publications/2010/files - 2010/strategy - for - education-and-training-in-entrepreneurship. pdf, 2010:17.

家。纵向地看,较多的亚洲国家创业教育起步于 20 世纪八九十年代,受金融危机、产业结构转型等经济要素的直接影响较深;横向地看,不同国家发展创业教育的背景因素、方式方法、战略考虑等各有差异,但或多或少地从西方国家的教育实践中借鉴了有益经验。

(一)韩国:高校建立"创业支援中心"

纵观二战以来韩国高等教育战略,科技革新与创新型人才培养贯穿其中。"科技立国"与"BK21 工程"战略的实施更是为高校创业教育的开展提供了政策背景与话语基础。1997 年亚洲金融危机,以及 2008 年的全球金融危机严重影响韩国经济发展,进出口额急剧下降,国内消费萎靡不振,失业率剧增。而韩国高等教育普及程度高,2011 年高等教育毛入学率达 100.8%,这为劳动力市场带来大量的毕业生。韩国大企业垄断市场的现象突出,初创企业力量弱小,很难获得充足的市场份额,低成本起家创业的大学生更是难以维持其企业长期运营,较大的创业风险直接影响了韩国大学生的创业热情。因而,韩国政府长期致力于改变大学生的就业观念,将创新创业的理念渗透进校园文化,大力支持中小企业发展及参与校企合作,为高校创业教育提供充足的支持资金。

韩国高校创业教育始于 20 世纪 80 年代在财经类高校设立的创业教育项目;随后逐步向专业化、系统化方向发展。目前,韩国高校创业教育已经形成了以五所"创业研究生院"为核心、辐射全国的基本体系,中央大学、湖西大学、大田大学、晋州产业大学、艺园艺术大学分别位于韩国不同区域,都有十年以上的发展历史,且根据区域特点与自身高校特征开创了各有侧重的创业教育模式,譬如国际创业、文化创业、艺术创业等等。切实的政策保障、开放的生源招聘、特色化的课程设置,使得这些研究生院不仅能够实现自身的人才培养目标,同时也有助于为区域发展培养针对性人才,以创业实际行动推动区域经济发展。[1] 这五所学校为韩国其他高校建立创业教育项目提供了示范。

韩国政府号召高校建立"创业支援中心",并对申请进入"创业支援中心"的大学生进行严格筛选和把关,需要大学生提供详细的创业计划书。根据大学生拟创业方向,由大学教授和创业投资专业委员会对其创业项目的技术性、可行性进行评估。通过创业项目审查的大学生可享受到其所在高校"创业支援中心"的

---

① 朴钟鹤.韩国高校创业教育发展与创新——以五所"创业研究生院"为例[J].比较教育研究,2013(5):63-67.

一系列服务,如给予资金支持,帮助联系各专业指导教授,协助大学生进行创业调查分析,为大学生提供创业指导等。目前,拥有"创业支援中心"的高校已达215所。[①]

(二)印度:关注社会创业教育

印度高校在开展创业教育方面具有前瞻性。早在 20 世纪 60 年代,印度工程学院(Indian Engineering Colleges)就尝试性地开展了创业课程的教学,远早于印度政府相关创业教育政策的出台。这种前瞻性还体现在,印度是亚洲为数不多较早关注社会创业教育的国家之一。

印度的社会创业教育实践与印度特有的国情紧密相关。作为世界第三大经济体(按购买力平价计算)和第二大技术劳动力提供国家,其经济增长潜力巨大;但同时也面临着非常棘手的社会重大问题:人口已经超过 13 亿并仍呈现增长态势;大量人口生活在严重缺水地区;由于经济、交通和观念等问题,八百多万适龄儿童从未进过学校;偏远地区缺乏基础的电力设施和交通条件;等等。基于此,印度高校高度关注社会创业教育,培养具有创业精神和创业能力,同时又富有社会责任感的青年创业者,希望以社会创业为杠杆,缓解一系列社会问题,甚至破解社会痼疾,最大程度上惠及弱势群体。

以塔塔社会科学学院(Tata Institute of Social Sciences,TISS)的社会创业中心为例,该社会创业中心为学生提供为期两年的社会创业硕士(Master of Arts in Social Entrepreneurship,MASE)项目,通过课堂教学、体验式学习、实地考察、小组讨论、企业互动等教学方式深入研究世界各地社会创业活动的利弊,寻找创新解决社会问题的途径。社会创业硕士课程将先进理论与体验式学习进行融合,推动创业活动适度、高效和可持续的发展。社会创业硕士项目主要关注社会和环境问题,培训那些与国家、市场和民间社会机构紧密合作的变革领导者。[②] 国家社会创业论坛(National Social Entrepreneurship Forum,NSEF)成立于 2009 年,旨在建立印度最大的社会创业平台,鼓励青年通过创业成为社会变革的领导者。

(三)马来西亚:创业教育上升为国家战略

1971 年颁布实施的《大学学院法》明确指出,马来西亚高等教育的宗旨是

---

① 朱春楠.韩国高校创业教育动因及特色分析[J].外国教育研究,2012(8):23-29.
② 李娜.印度高校创业教育研究[D].浙江大学博士学位论文,2013:73.

"培养社会经济与科学技术发展所需要的各类人才,缩小不同阶层、种族间的差异,推动实现民族团结与国家完整"。1991年,第四任首相马哈蒂尔(Mahathir bin Mohamad)提出了"2020宏愿"的跨世纪发展战略,旨在通过一系列改革促使马来西亚在2020年迈入发达国家行列。进入21世纪以来,高校创业教育被视为马来西亚转型为高收入与创新驱动型经济体的催化剂。然而,同属儒家文化圈的马来西亚,创业氛围并不浓厚,创业宏观环境也有待改善。据《全球创业观察》数据显示,尽管2010年马来西亚的创业活动指数(TEA rate)已经上升到4.96%,但其在效率驱动的经济体中仍旧排名靠后,位列倒数第三。[1] 近几年,马来西亚的创业活动指数继续上升,在2014年达到5.91%。[2] 这其中,政府在创业基础设施建设、为初创企业提供资金支持,以及高度重视高校创业人才培养等方面发挥了重要作用。

马来西亚致力于建设市场主导、区域融合、创新创业,以及政府善治的经济,高校创业教育于此大有作为。首先,大学生在接受一定的创业教育后自主创业,能够创造更多的就业岗位,保障社会稳定并促进不同民族之间的融合。其次,大学生科技创业可以促进高新技术产业发展,推动以创新为驱动力的产业集群的形成。各种创业活动都能够活跃市场,推动政府转变职能,完善治理。因此,马来西亚政府在近年来出台了一系列国家层面的创业政策(如表1.5),将促进大学生创业教育纳入国家战略规划。

表 1.5　马来西亚创业教育战略与规划

时间	战略与规划
2007 年	《国家高等教育行动规划(2007—2010)》
2010 年	《马来西亚高校创业发展政策》
2012 年	《马来西亚教育蓝图(2013—2025)》
2013 年	《高等教育创业发展战略规划》
2015 年	《马来西亚教育蓝图(2015—2025 高等教育)》

资料来源:作者整理。

---

[1]　Xavier, R., Ayob, N., Nor, L. M., & Yusof, M. Entrepreneurship in Malaysia: The Global Entrepreneurship Monitor(GEM) Malaysian Report 2010 [R]. https://www.gemconsortium.org/file/open? fileld=47513, 2010:7.

[2]　Singer, S., Amorós, J. E., & Moska, D. Global Entrepreneurship Monitor 2014 Global Report [R]. http://www.gemconsortium.org/file/open? fileld:49079, 2014:81.

在 2007 年出台的高等教育行动规划中,创业被视为 23 个关键行动项目(Critical Agenda Projects,CAPs)之一。2010 年《马来西亚高校创业发展政策》是专门针对高校创业教育所出台的国家战略,着眼于提升战略性与整体性的高校创业教育发展,并提出创业教育的助推要素。该政策提出如下目标:在所有公立大学建立创业中心;强化学生发展和创业有关的项目;提供有效的评价机制;建设有益的环境和生态系统;提升学者的竞争力。2013 年《高等教育创业发展战略规划》提出了推进创业教育的十五项策略,例如在课程中嵌入创业精神的价值观念;促进创业教育中的校企合作;鼓励社会创业项目发展;壮大创业师资队伍;完善创业教育发展的监测机制等。2015 年出台的《马来西亚教育蓝图(2015—2025 高等教育)》提出了未来马来西亚高等教育的十个转变,排在首位的就是要培育全面发展的、创业型的大学毕业生(具有创业思维、能力和特征的毕业生)。

除了在政策层面,马来西亚政府还在实践层面进一步推进创业教育的发展。政府以专题形式举办多个活动项目,例如女性社会创业项目(Women in Social Enterprise)、商业转型项目(Business in Transformation Programs)等。同时,在青年创业、项目孵化等方面给予大力支持。更有特色的是,马来西亚教育部参照《泰晤士高等教育增刊》的年度创业型大学等奖项设计,举行年度创业颁奖活动,活动面向全国公立大学,对创业教育领域表现突出的大学、个人进行嘉奖。这不仅有助于在全国范围内形成崇尚创业的氛围,也有利于推广有益的创业教育模式和宣传极具潜力的创业项目。

第三节　中国社会经济转型对创业教育的现实需求

一、经济转型驱动创新型国家建设战略出台

改革开放以来,为了快速赶超西方国家,"引进和模仿"成为我国经济取得重大成就的主要路径。中国利用"后发优势",不断地引进和模仿以美国为代表的发达国家的技术和经验,使我国现代化进程中的一批产业从无到有,从小到

大。① 我国的教育制度和人才培养模式也为"引进和模仿"阶段所需要的"知识基础和技能扎实"的人才提供了强大的人力支撑。清华大学经济管理学院院长钱颖一教授曾指出,中国教育存在"高均值、低方差"的问题。② "高均值"反映出我国教育注重扎实的基础知识和技能传授,对推动中国经济在低收入发展阶段的增长非常重要,因为它适合"模仿和改进"的"追赶"阶段。但是随着我国进入经济转型升级阶段,更需要创新驱动发展,需要学生拥有创造力、批判性思维、想象力和创业能力时,"低方差"所反映的我国创新创业人才的匮乏需要引起高度重视。

从 2010 年开始,我国国内生产总值(GDP)超过日本,位居世界第二位。根据世界银行的计算口径及分组标准,我国在 1997 年由低收入国家迈入中等偏下收入经济体行列,2010 年迈入中等偏上收入经济体行列。③ 这是一个巨大的进步,彰显出我国过去三四十年经济体制改革的成功以及教育对经济的支撑作用。但是,从历史和全球经验看,从低收入国家迈入中等收入国家主要靠资源驱动,如低廉的劳动力成本、便宜的能源与原材料等。而实现中等收入国家迈入高收入国家将面临更大挑战,这个过程甚至被一些经济学家称之为"中等收入陷阱",或者说"历史的魔咒"。世界银行的报告显示,在 1960 年的 101 个中等收入经济体中,到 2008 年仅有 13 个成为高收入经济体,其余的国家和地区继续停留在中等收入阶段,有的甚至降为低收入经济体。④ 包括墨西哥、巴西、哥伦比亚、阿根廷等国家在内的几乎整个拉美地区的国家都深受中等收入陷阱的困扰;来自亚洲的马来西亚在 20 世纪 80 年代就迈入中等收入国家行列,但是目前仍旧在中等收入国家徘徊。如何跨越中等收入陷阱,实现从资源驱动向创新驱动转变,是摆在当前中国面前的现实问题。中国各行各业需要大量创新创业人才,也需要高校将知识生产和知识溢出相结合,以创新驱动经济社会转型。

目前,我国整体国家竞争力仍旧与经济发展水平不匹配。从瑞士洛桑管理学院颁布的《全球国家竞争力年报(2016—2017)》(*The Global Competitiveness Report*)可以看出,中国的国家竞争力已经从 2000 年的排名 40 位上升到 2016

---

①　黄亚生,等.MIT 创新课:麻省理工模式对中国创新创业的启迪[M].北京:中信出版社,2015:160.

②　钱颖一.大学的改革(第一卷·学校篇)[M].北京:中信出版社,2016:27-30.

③　赵云城.新常态下中国经济转型升级分析[EB/OL].http://news.xinhuanet.com/politics/2015-01/22/c_127411283.htm,2015-01-22.

④　欧阳峣,等.后发大国怎样跨越"中等收入陷阱"[N].光明日报,2016-07-27.

年的 28 位,领跑金砖国家;但是,中国整体竞争力尤其是在一些关系到国家可持续发展的关键内涵指标上仍有较大改进空间。[①] 如表 1.6 所示,2016—2017 年,在 138 个参与竞争力调研的国家中,我国在高等教育与培训(第 54 位)、技术就绪指数(第 74 位)、商业成熟度(第 34 位)和创新能力(第 30 位)等指标上,仍旧与瑞士、美国、荷兰等显著差距。

表 1.6   中国全球竞争力排名分指标情况(2016—2017)

指标	排序	得分	指标	排序	得分	指标	排序	得分
分类指标 A:基本要求	28	5.0	分类指标 B:效率提升	30	4.8	分类指标 C:创新与成熟度	29	4.2
1.制度	45	4.3	5.高等教育与培训	54	4.6	11.商业成熟度	34	4.4
2.基础设施	42	4.7	6.商品市场效率	56	4.4	12.创新能力	30	4.0
3.宏观经济环境	8	6.2	7.劳动力市场效率	39	4.5			
4.健康与基础教育	41	6.2	8.金融市场发展	56	4.2			
			9.技术就绪指数	74	4.0			
			10.市场规模	1	7.0			

备注:2016—2017 年总参与国家为 138 个。

根据国际经验,实现经济发展主要有三条途径:一是增加并改进劳动力和资本等投入要素;二是通过贸易和比较优势(专业化);三是通过创新和创业精神。[②] 第三条途径——对创新和创业精神,尤其是高技术创业精神的追求——是发展新产品、新市场、新产业,实现就业增长和财富创造的重要方向,已经引起了全球关注。早在 1995 年,美国国家研究所对全球 50 家跨国公司的调查显示,美国创业精神的兴起是公司转型和改革的制胜秘诀。[③] 目前,我国经济进入转型升级的关键阶段,如何从"追随者"转变为"引领者",顺利跨越"中等收入陷阱",在很大程度上将依赖我国自主创新能力的提升。"大众创业、万众创新"需

---

① Schwab, K. The Global Competitiveness Report 2016-2017[R]. http://www3. weforum. org/docs/GCR2016-2017/05FullReport/TheGlobalCompetitivenessReport2016-2017_FINAL. pdf, 2016:146.

② 李钟文.硅谷优势:创新与创业精神的栖息地[M].北京:人民出版社,2002.

③ 叶勍.企业家精神的兴起对美国经济增长的促进作用[J].外国经济与管理,2000(10):16-20

要强有力的创新创业教育作为支撑。目前,我国创新创业主体更加多元化,至少引发了四大创业热潮:国际金融危机催生"海归"回国创新创业,体制内及企业内的精英离职引发创新创业浪潮,政府多策并举大力推进大学生创新创业,返乡农民工掀起新的草根创新创业浪潮。① 这些群体都需要接受更高质量的创新创业教育。根据《全球创业观察中国报告(2015/2016)》,中国创业活动处于比较活跃的状态,早期创业活动指数为12.84％,高于美国(11.88％)、英国(6.93％)、德国(4.70％)和日本(3.83％)等大多数创新驱动的国家;但是中国高附加值产业创业比例较低。中国客户服务产业(如批发、零售等)创业比例占所有行业的69.79％,而高附加值的商业服务业(如信息通讯、金融、专业服务等)创业比例仅为8.2％。② 同样,根据摩立特集团(Monitor Group)研究,有70％的中国受调查者认为自主创业是一个理想的职业,显著高于英国、新加坡、芬兰等其他国家。③ 但是当前我国高校毕业生的自主创业率仍旧处于较低的水平。从当前经济发展对创新创业人才的急需,以及我国创新创业教育的现实困境可以看出,改革创新创业教育不能是"头痛医头、脚痛医脚"的碎片化改革,而是应该从战略层面作出回应。

二、科技迅猛发展对创新创业人才的战略需求

无论是阿尔法围棋(AlphaGo)"人机大战"60战连胜,还是"高考机器人"项目的实施,都昭示着"未来已来",人工智能将对传统教育模式产生了巨大挑战。OECD《教育2030:教育与技能的未来》(*Future of Education and Skills* 2030)指出,"今天的年轻人,未来将有三分之二从事目前并不存在的工作,使用尚未发明的技术来解决尚未出现的问题"。在知识社会,大学变成了社会的轴心,发挥着比以往任何一个时期更为重要的作用。世界银行报告《2030年的中国:建设现代、和谐、有创造力的高收入社会》指出,从现在到2030年中国预计将有约2亿大学生走出校门,这将超过美国全部劳动力的总和。此外,中国高等教育的质

---

①　辜胜阻,李睿.大众创业万众创新要激发多元主体活力[J].求是,2015(16):28-30.

②　清华大学经济管理学院.清华经管学院中国创业研究中心发布《全球创业观察中国报告(2015/2016)》[EB/OL].http://www.sem.tsinghua.edu.cn/news/xyywcn/5449.html,2016-12-29.

③　Monitor Group. Paths to Prosperity: Promoting Entrepreneurship in the 21st Century[R].https://icma.org/sites/default/files/303489_Paths%20to%20Prosperity.pdf,2009:48.

量正在快速提高——只有 5 个国家在世界 500 强大学中的数量高于中国。① 中国高水平大学需切实改革人才培养体制,加强创新创业人才培养,为我国科技创新和基于创新的创业提供充足的人才储备。

三、创业教育是高等教育机构自身变革的需求

相比较于社会上存在的其他机构,拥有 900 多年历史的大学是转型最为缓慢的机构之一。据统计,1520 年之前全世界创办的组织,现在仍然用同样的名字、以同样的方式、干着同样事情的,只剩下 85 个,其中 70 个是大学,另外 15 个是宗教团体。② 这是因为大学发展有其内在的逻辑,外部压力作用于大学这一"黑箱"(black box)时,很多外在的力量被折射、被削弱甚至被化解。无论外部环境如何变革,大学有其独特的遗传因素,有着与生俱来的理念和发展逻辑。因此,只有当创业教育内化为高等教育机构自身发展的需要时,创业教育才能得到真正的发展。

20 世纪 90 年代末以来,中国高校规模快速扩张。创业教育的发展几乎和高校扩招、世界一流大学建设、推动技术转移、提升大学社会影响力等中国高等教育改革的重要事件都紧密结合在一起。这是历史的巧合还是现实的需求,答案是显而易见的。伴随着中国经济的腾飞对创新创业型人才的需求,以及中国高校在世界高等教育舞台上扮演更重要角色的愿景,创业教育正在成为中国高校人才培养、科学研究、社会服务三大核心职能的"黏合剂",以及深化高校自身改革的"突破口"。

(一)创业教育有利于破解高校扩招后引发的一系列人才培养问题

中国从 20 世纪 90 年代末开始实施高校扩招政策。1998 年至 2017 年,中国高等教育毛入学率从 9.8% 上升到 45.7%;普通高等教育本专科招生人数从 108.36 万人增加到 761.49 万人;毕业生人数从 82.98 万人增加到 735.83 万人。③ 高校扩招政策使得中国高等教育机构快速从精英化向大众化模式转变,

---

① 国务院发展研究中心,世界银行. 2030 年的中国:建设现代、和谐、有创造力的高收入社会[R]. http://www.drc.gov.cn/zxxw/20130323/1-223-2874407.htm, 2013-03-23.

② 张维迎. 大学的逻辑(第三版)[M]. 北京:北京大学出版社,2012:9.

③ 教育部. 1998 年全国教育事业发展统计公报[EB/OL]. http://old.moe.gov.cn/publicfiles/business/htmlfiles/moe/moe_633/200407/842.html;教育部. 2017 年全国教育事业发展统计公报[EB/OL]. http://www.moe.gov.cn/jyb_sjzl/sjzl_fztjgb/201807/t20180719_343508.html, 2018-7-19.

四年时间(到 2002 年)中国高等教育毛入学率就达到了 15%,进入了大众化阶段。相比之下,为实现高等教育大众化,美国用了 30 年,巴西用了 26 年,韩国用了 14 年,日本用了 23 年。由于中国进入高等教育机构学习的学生基数庞大,相当于中国用了更短的时间实现了让更多的适龄人口进入高等教育机构学习。在这个过程中,中国也面临极大的挑战,迫在眉睫的就是人才培养质量问题以及大学生的就业难问题。中国高等教育的人才培养目标需要发生改变:传统以书为中心、以课堂为中心、以教师为中心的教学模式已经难以满足新形势对人才的需求。从目标方面看,"高等教育应主要关心培养创业技能与主动精神;毕业生将越来越不再仅仅是求职者,而首先将成为工作岗位的创造者"。此外,高校需要通过创业教育培养大学生的系统思维能力、团队合作能力、责任心、吃苦精神,锻炼大学生抗挫折的能力,提升大学生的价值感和存在感。

(二)创业教育有利于激发不同类型高等院校创业转型的内在动力

因应知识经济、信息技术、新兴产业的发展要求,面临经费资源的减少、大学激烈竞争的局面,国际范围内大学创业转型的趋势非常明显,建设创业型大学的浪潮早已经越过欧美发达世界的边界,逐步向亚非拉美地区扩散。[①] 创业型大学有两种不同的发展路径。一是伯顿·克拉克(Burton Clark)在梳理欧洲高校时关注的为应对环境变化而努力变得更加自力更生的"革新式"大学,以英国的沃里克大学为典型;二是亨利·埃茨科威兹(Henry Etzkowitz)关注的以美国研究型大学知识转移和学术创业为特征的"引领式"大学。[②] 本研究认为,所谓创业型大学,就是创业精神成为一所大学的 DNA,成为大学文化与运行模式的有机组成部分。通过构建全校性创业教育项目推动高校各层面改革,从而改变高校的基因,是大学创业转型的第三条道路。在这种环境下,大学鼓励其主体,即教师、行政管理人员以及学生采取创新行动,积极将创意转化为实践。中国高校有必要整合三种不同的发展路径,进一步强调双创的育人功能,激发不同类型高等院校创业转型的内在动力。

高校扩招政策实施以来,除了学生数量不断增加,高校的数量和结构也发生了极大的变化。1998 年全国普通高等学校共 1022 所,其中大学、学院 590 所,

---

① 吴伟.面向创业时代的研究型大学转型发展研究[M].北京:人民出版社,2014:6-7.

② 邹晓东,翁默斯,姚威.我国"革新式"创业型大学的转型路径——一个多案例的制度考察[J].高等工程教育研究,2014(2):100-105.

高等专科学校和职业技术学院 432 所；2017 年，普通高等学校增加到 2631 所，其中本科院校 1243 所，高职（高专）院校 1388 所。[①] 在这个过程中，国家通过"985 工程""双一流"等项目同步推进高水平大学建设，在办学规模扩大的同时努力提升科研水平，使得创业依赖的基础科技和科研创新有了长足的进步，为基于创新的高影响力创业活动奠定了基础。2015 年，高等学校作为第一作者发表 SCI 论文 22 万篇；2006 年以来，高等学校 SCI 论文占全国 SCI 论文的比重一直保持在 80％以上，2015 年该比重为 82.8％。[②] 我国高等院校有近 80 万高校研究人员，承担了 49％的国家高技术研发项目，拥有近 70％的国家重点实验室，每年产出的科技成果呈现上升趋势，但主要以文字形式为主，成功转化为现实社会生产力的仅为 6％左右。[③] 相比之下，国外在创新创业领域取得突出成绩的高校，往往通过创业教育和知识创业，显著提升了大学对于社会经济发展的推动作用。例如，截至 2014 年，MIT 校友创办的企业中，有 30 200 家仍旧运作。这些企业大约雇佣了 460 万名人员，产生 1.9 万亿美元的年收益。[④] 可以看出，对于研究型大学而言，基于"自主创新"基础上的创新创业是中国经济可持续发展的"造血干细胞"。[⑤] 研究型大学需要借助创业教育，不断增强学生的创新意识和创业能力，不断提升教师从事高水平科技成果转化、参与高新技术企业培育工作、指导本科生和研究生创业活动的意愿和能力，从而提升中国创新创业的整体水平和社会影响力。

对于地方本科院校而言，传统上向研究型大学靠拢、片面追求学术性、综合性，追求升格的传统路径已经无法提升竞争力，只会导致日益严重的同质化倾向。为应对这一现象，2014 年 4 月，178 所高等学校齐聚驻马店，落实国务院常务会议作出的"引导部分普通本科高校向应用技术型高校转型"的战略部署，以

---

① 教育部. 1998 年全国教育事业发展统计公报［EB/OL］. http://old. moe. gov. cn//publicfiles/business/htmlfiles/moe/moe_633/200407/842. html；教育部. 2017 年全国教育事业发展统计公报［EB/OL］. http://www. moe. gov. cn/jyb_sjzl/sjzl_fztjgb/201807/t20180719_343508. html, 2018-7-19.

② 中华人民共和国科学技术部. 我国高等学校 R&D 活动统计分析［R］. http://www. most. gov. cn/kjbgz/201708/t20170808_134407. htm, 2017-08-08.

③ 程德理. 我国高等学校专利运营现状及建议［J］. http://www. sipo. gov. cn/gwyzscqzlssgzbjlxkybgs/zlyj_zlbgs/1062559. htm, 2015-05-25.

④ Matheson, R. New Report Outlines MIT's Global Entrepreneurial Impact［EB/OL］. http://news. mit. edu/2015/report-entrepreneurial-impact-1209, 2017-03-20.

⑤ 黄亚生，等. MIT 创新课：麻省理工模式对中国创新创业的启迪［M］. 北京：中信出版社，2015：VII.

产教融合发展为主题,共同探讨"部分地方本科高校转型发展"和"中国特色应用技术大学建设之路",提出了具有重要历史意义的"驻马店共识"。^① 应用型大学应该以培养大众化背景下具有从事一线技术应用、生产和管理的高级技术应用型人才为目标,通过创新创业教育培养学生创业能力、风险意识和开创性的品格,切实服务区域和行业的发展需求。高职高专与创业教育有着天然的联系。在政府大力推动高校创业教育之前,高职院校的主动性和积极性就远远超过地方本科院校和研究型大学。创业教育成为高职高专院校创新人才培养模式,强化教学的实践性和行业结合等特点的重要抓手。随着国家对产教融合的日益重视,高职高专院校拓展创业教育的深度和广度,有利于进一步提升职业院校人才培养质量。

(三)创业教育改革是推动高等教育综合改革的突破口

2015 年 5 月 13 日颁布的《国务院办公厅关于深化高等学校创新创业教育改革的实施意见》(国发办〔2015〕36 号)明确提出,把深化高校创新创业教育改革作为推进高等教育综合改革的突破口。尽管我国高等教育的规模和结构在过去三四十年取得了举世瞩目的成就,但是在内涵建设方面还存在诸多不足,显著落后于中国经济发展的需要。创业教育作为一种全新的教育理念,注重实践性、探究性、团队学习,强调校企合作,对高校传统的人才质量标准、人才培养机制、课程内容、教学方法和评价模式、教师能力、学生管理制度、资源整合机制等方面的改革都有重要意义。

---

① 刘博智. 推动地方高校转型发展,建设中国特色应用技术大学[EB/OL]. http://www.jyb.cn/high/gdjyxw/201404/t20140428_579672.html,2014-04-28.

第二章

高校创业教育组织的核心要素与支撑体系

高校创业教育的核心要素包括建设创业课程、组织创业实践与竞赛、开展创业孵化。利益相关者的相互协同、创业教育资源的合理配置以及创业文化的营造，是支撑这些创业活动顺利开展的重要条件。有效的创业教育组织，为凝聚这些核心要素、调动支撑体系提供了组织上的保证。

第一节 高校创业教育组织的核心要素

一、建设创业课程

(一)创业课程的类型

创业课程建设是高校创业教育组织的核心职责。随着创业教育项目的不断完善，创业课程的类型也呈现多样化趋势。臧玲玲通过对比美国、英国、日本三个国家课程体系，区分了培养创业精神的课程、培养创业实践者的课程以及培养创业学者的课程等三种不同目标的课程。[①] 莫里斯认为，创业课程应该向学生提供创业教育的核心内容，包括创业基础、创业思维以及商业基础三类（表2.1）。[②] 可以看出，这些内容是创业教育区别于管理学或经济学等其他学科的

---

① 臧玲玲.国际视野下的高校创业教育课程研究[M].北京:中国社会科学出版社,2016:72.

② Morris, M. H. Why Content and Lecture Matter in Entrepreneurship Education[A]. In Kuratko, D. F. , & Koskinson, S. The Great Debates in Entrepreneurship[C]. Bingley, UK:Emerald Group Publishing Limited, 2017:4.

重要标准。

表 2.1 创业教育的核心内容

创业基础 （Entrepreneurship Basics）	创业定义、创业过程、创业者特质、创业者类型、创业背景、商业模型、创业认知、机会的本质、道德与创业、种子与风险资金、创业"拼凑"、精益创业、创业者如何学习、创业战略、创业导向、创业与社会、退出策略
创业思维 （Entrepreneurial Mindset）	机会洞察、风险缓释、资源整合、愿景表达、创新、激情、坚持和坚韧、创造性解决问题、乐观主义、从失败中学习、影响变革、适应性、复原力
商业基础 （Business Basics）	营销、雇佣员工、企业类型、现金流、制定战略、市场分析、定价、促销、财务、特许经营、成本分析、知识产权保护

来源：Morris, M. H. Why Content and Lecture Matter in Entrepreneurship Education [A]. In Kuratko, D. F., & Koskinson, S. The Great Debates in Entrepreneurship[C]. Emerald Publishing, 2017:4.

范文霍芬（Vanevenhoven）与德拉戈（Drago）2015 年对全球 6 个国家 321 所大学的创业教育项目进行调查，发现当前各国创业课程主要包括：创业基础（Introduction to Entrepreneurship，67.4%）、新企业创建（New Venture Creation，41.0%）、小企业管理（Small Business Management，30.7%）等。[①] 这些都是较为传统的创业教育课程，其内容主要围绕创业计划书的核心要素、创业过程的关键步骤或创办与管理企业的周期。这类课程目前占据西方高校创业教育的主流地位，主要由商学院或管理学院的教师编写教材并讲授。随着跨学科创业教育课程的出现，高校出现了两类新的创业课程。第一类是创业教育拓展课程，其内容主要是创造力、创业型思维与行动、女性与少数民族创业、社会创业、新技术与创业、法律与创业、国际创业、战略与创业管理等。此类创业课程拓展了创业的内涵（探讨创造、创新与创业），使之与不同群体的创业（女性、残疾人、高科技人员）、不同价值导向的创业（商业创业与社会创业）、创业环境的变化（国际创业与本土创业）等问题挂钩，拓展了创业的意义和指向。第二类是跨学科创业教育课程，其内容涉及创业与艺术、绿色创业、创业心理学、媒体创业、创业与建筑、创业与教育等。此类课程符合了创业与不同专业融合的发展趋势，强调不同专业学生掌握创业素质的重要性。创业课程数量与种类的增长以及创业

[①] Vanevenhoven, J., & Drago, W. A. The Structure and Scope of Entrepreneurship Program in Higher Education around the World[A]. In D. Rae & C. L. Wang(Eds.). Entrepreneurial Learning: New Perspectives in Research, Education and Practice[C]. New York: Routledge. 2015:124.

课程之间的整合程度已经成为衡量一所高校创业课程体系建设的重要标准。[①]

在建设课程体系的基础上,越来越多高校提供学士和硕士阶段的学位项目,从而拓展了传统的文学学士(Bachelor of Arts,B. A.)和理学学士(Bachelor of Science,B. S.)学位。如表2.2所示,目前全球有24.8%的高校提供本科阶段的创业主修项目,48.2%高校提供本科阶段的创业辅修项目;18.3%的高校提供针对研究生的创业主修项目;以及19.0%的高校提供创业学博士项目。36.3%的高校为学生提供创业实习的机会。此外,很多商学院已经打破了传统的学科壁垒,为来自不同学术领域的学生提供跨学科的创业项目。例如,科罗拉多大学的"创新与创业学位项目"提供"创新学士"(Bachelor's Degree in Innovation,B. I.),强调学生的团队学习,要求学生除了完成计算机科学的常规课程之外,获得计算机科学的BI学位还要发展团队合作能力,学习创新,参与到创业活动中,并撰写创业计划书,学习企业以及知识产权相关的法律等。

表 2.2　全球创业教育项目发展状况($N=321$)

创业教育不同项目	数量	比例(%)
创业学博士项目	61	19.0
研究生创业辅修项目(非商学院学生)	31	9.6
研究生创业辅修项目(商学院学生)	51	15.8
研究生创业主修项目	59	18.3
本科生创业辅修项目(非商学院学生)	73	22.7
本科生创业辅修项目(商学院学生)	82	25.5
本科生创业主修项目	80	24.8
本科生创业证书项目	45	14.0
继续教育项目	78	24.2
远程学习项目	49	15.2
创业实习项目	117	36.3
全球合作创业教育项目	49	15.2
创业实验室	62	19.3
孵化器	102	31.7

资料来源:Vanevenhoven, J., & Drago, W. A. The Structure and Scope of Entrepreneurship Program in Higher Education around the World[A]. In D. Rae & C. L. Wang(Eds.). Entrepreneurial Learning: New Perspectives in Research, Education and Practice[C]. New York, NY: Routledge. 2015:125.

---

① Plaschka, G. R. & Welsch, H. P. Emerging Structures in Entrepreneurship Education: Curricular Designs and Strategies[J]. Entrepreneurship Theory and Practice, 1990, 14(3):55-71.

由于长期以来我国高校创业教育通过第二课堂来实施,在创业课程体系建设方面还处于起步阶段。很多高校缺乏与学生培养方案相结合的创业课程。本研究认为,一方面,我国需要围绕创业教育的核心内容,建设创业教育的核心课程;同时通过组织革新,厘清不同机构在课程体系建设过程中的职责,建设创业教育与专业教育相结合的跨学科课程。另一方面,创业教育的教学过程、教学方法需要不断革新,增加体验式的、基于具体情境的学习机会,促使学生将创业理论学习和创业实践相结合。

(二)创业教育教学革新①

1.高校创业教育的两个误区

2014 年《经济学人》(*Economic Intelligence*)一份报告指出,有 81% 受访的创业者认为他们的创业技能是通过工作经验而不是教育获得;18～25 岁的受访者中,有 50% 表示学位课程对于创业成功至关重要,但是仅有 19% 同意他们所在的大学帮助他们获得了创业所需的各种技能。② 该报告最后指出,成功的创业者受益于或者说能够充分利用他们所接受过的教育,但是传统的教学组织形式、教学方法压制了学生的创业潜能,对学生的创业态度产生了消极影响。近十多年来,在各级各类政府创业政策和高校创业教育的双重推动下,我国大学生的创业意愿显著增强,自主创业比例也不断增强。根据《2015 年中国大学生就业报告》,2014 届大学毕业生自主创业比例达到 2.9%,高于 2013 届的 2.3%、2012 届的 2.0% 和 2011 届的 1.6%。③ 然而,大学生的创业活力仍旧低于其他群体的创业活力,高学历创业者少,且较多集中于低技术行业,以利用劳动力成本优势为主。④ 掌握专业知识的大学生仍旧只是创业的门外汉,而非掀起中国创业热潮的主力,其创新的巨大优势并没有充分挖掘。不仅如此,创业失败率高更是让很多有创业意向的大学生望而却步。从教学角度看,高校主要存在两大误区。

---

① (二)(三)部分内容来源于:梅伟惠.论创业体验学习及其应用[J].教育研究,2015(2):117-122.

② Kielstra, P. Helping Entrepreneurs Flourish: Rethinking the Drivers of Entrepreneurship[R]. UK Trade & Investment, 2015-05-11.

③ 麦可思研究院.自主创业持续上升,"重心下沉"趋势初显——2015 年中国大学毕业生就业报告[N].光明日报,2015-07-17.

④ 冯雅宏.中国成全球创业最活跃地区[EB/OL]. http://cppcc. people. com. cn/n/2013/0201/c34948-20401987. html,2013-02-01.

高校创业教育的第一个误区是教学过程重知识灌输和课堂授课,缺乏创业的实践体验。据调查,四成学生认为学校的创业教育"很一般",认为自己学校创业教育做得好的仅占12.23%。[①] 学生对高校创业教育的满意度较低,在很大程度上是由于鲜有高校与创业者建立起长效的合作机制,双师型教师也极为缺乏,学生的培养与实践脱节,学生对市场知之甚少。目前,有89.7%的大学生没有参加过创业实践活动的经历;[②]由于大学生不了解创业、不了解社会,90%以上创业计划大赛的参赛作品都很难进入实际操作阶段。[③] 这些问题使各种利益相关者对高校创业教育有效性产生质疑。由于创业体验学习的缺失,大学生对创业实质和创业过程缺乏认同和感悟,对现实的市场和可能的风险缺乏必要的调查和反思,对创业过程中所需的各种能力缺乏有效的锤炼。学生参与高校创业教育项目也夹杂着各种功利目的,或为了赚取学分,或为了叩开外企之门,或为了获取保研资格,最终导致高校创业教育的尴尬处境。

第二个误区是高校片面开展创业实践,缺乏创业实践与创业课程的有机结合。一些高校开辟了创业一条街,设立了专门的孵化器或创业园,为学生开展具体的创业活动提供场所与经费,尝试"让学生在市场的大海里游泳"。随着电子商务的发展,很多职业院校鼓励学生开展电子商务创业,各种类型的"淘宝班"应运而生。这些创业班通过鼓励学生自主经营淘宝店,培养学生电子商务创业技能,有效解决了这些高职学生的就业难题,为高校开展创业教育提供了另一种可能。然而,针对这种创业教育模式的争议却从未停止过,人才培养模式的"粗糙"、低层次、短视及功利化可能成为这类高校创业教育最主要的问题。如何将学生的创业实践活动与更为有效的创业反思和创业知识相结合,从而促进学生创业可持续发展是这类高校创业教育紧迫需要思考的问题。

2.创业的内在属性及其对体验学习的需求

风险性、模糊性与不确定性是创业活动的典型特征。蒂蒙斯(Timmons)和斯皮内利(Spinelli)认为,创业过程最使人困惑的一面就是它自身存在的矛盾。由于这个过程具有高度动态、流动、模糊和混沌的特征,所以它不断地变化,常常

① 孔悦.创业教育纳入通识课程之后[N].新京报,2012-01-09.
② 刘畅,卢军.在校大学生创业意识和实践都比较缺乏[N].中国青年报,2011-07-18.
③ 丁三青.中国需要真正的创业教育——基于"挑战杯"全国大学生创业计划竞赛的分析[J].高等教育研究,2007(3):87-94.

出现一些似是而非的情况。[①] 斯米勒（Smilor）认为，创业就如同开过山车，创业者必须忍耐未知的颠簸和转弯，必须拥有处理这些不可预测和未知事件的能力。[②] 作为一种体验，创业代表了一系列相互依存的、根植于情感和情绪的事件。[③] 创业教育的有效开展需要充分激发学生内在动机，变被动学习为主动学习，调动学生对于创业的热情，将外在的机会、动力、资源转化为自发的需求。

在传统的教学模式里，教师采用课堂讲授、案例教学、嘉宾演讲等最为经典的"课堂内"教学方法向学生传播创业知识。学生犹如"空的容器"等待被知识填满，处在被动学习的状态。传统授课方法虽然可以帮助学生较好地掌握创业及创业者的重要性，获得创业方面的知识，但是却无法有效地提升学生的创业能力。而在第二种误区中，学生有机会体验创业过程，但是由于缺乏对相关创业知识的学习和对创业的有效反思，难以形成系统的创业理论从而指导更高层次的创业实践活动。

在创业过程中，学生追求一种未明确定义和不可控的路径，该过程充满了模糊性和不确定性，学生只有持续地运用创造性行动，整合各种可能资源，才有可能取得创业成功。这些能力是需要学生通过体验自主建构的。因此，现有的高校创业教育模式应该发生转变：在教育理念上，从"关于创业的教育"向"为了创业的教育"以及"在创业中的教育"转变；[④]在培养目标上，不仅仅培养"思想者"（即思考创业的人），还要培养"实干者"（即真正将创意付诸实施的人）；创业教学过程中，强调"从做中学"。体验型学习所培养的创业思维和创业能力具有广泛的迁移效用，能够帮助学生更好地适应不同环境的要求。这种体验式的创业教育通过鼓励学生积极参与教学情境，调动学生全身心投入到创业学习过程中，不断学习和反思创业问题，并自主做出判断。

---

① 杰弗里·蒂蒙斯，小斯蒂芬·斯皮内利. 创业学（第六版）[M]. 周伟民，吕长春，译. 北京：人民邮电出版社，2005：26.

② Smilor, R. W. Entrepreneurship: Reflections on a Subversive Activity[J]. Journal of Business Venturing, 1997, 12(4):341-346.

③ Morris, M. H., Kuratko, D. F., Schindehutte, M., & Spivack, A. J. Framing the Entrepreneurial Experience[J]. Entrepreneurship Theory and Practice, 2011(5):1-24.

④ Henry, C., etc. Entrepreneurship Education and Training[M]. Ashgate: Aldershot, 2003: 92-93.

(三)创业体验学习的内涵与原则

1.创业体验学习的内涵

目前,国内对于创业体验学习有诸多误解。其中最为典型的是将创业体验学习等同于创业实践或一系列工具和技巧,而忽视了创业体验学习的整体性以及创业课程与创业实践的有机联系。事实上,创业体验学习的内涵远远超出创业实践,指的是通过教师营造创业型情境并采用个性化、多样化的体验式方法,引发学生观察、思考、感受,以亲身体验和实践实现有效创业学习的过程。创业体验学习强调学生的参与,贯穿于整个创业课程体系以及学生的创业实践活动。创业体验学习要求学生在具体体验中学习和反思创业,在理论学习中配合实践体验,只有这样的高校创业教育才能培养学生可持续创业的精神和能力。

1984 年,大卫·库伯(David Kolb)提出"体验学习圈"概念,强调学习是体验的转换并创造知识的过程,是具体体验、反思观察、抽象概括和行动应用四阶段的循环过程。[①] 莫里斯等在大卫·库伯体验学习圈概念的基础上,提出了创业体验学习的四象限理论(如图 2.1)。莫里斯等学者认为,创业体验学习既是体验与反思的统一,也是应用与概括的统一。其中,创业具体体验是通过角色扮演、创业模拟、创业咨询、参与学生孵化器、开展创业实习以及向投资者推销等方法,促进学生创业技能和态度的变化;创业反思观察是通过撰写创业日志、案例分析、邀请创业者演讲、对创业者进行访谈以及开展基于具体问题的测验等方式,使学生不仅仅局限于参加创业活动,而是对创业实践做出深刻反思,并且能够从他人的创业实践中获得启示,从而促进创业认识的变化;创业抽象概括指的是通过理论授课、布置阅读任务、案例研究与讨论、撰写论文和开展测验等方式,帮助学生获得基于体验的创业知识,促进知识掌握上的变化;创业行动应用是通过组建创业团队、开展市场调研、进行案例分析以及创业审计,最终促进创业能力的迁移以及对创业理解的变化。

---

① 大卫·库伯.体验学习:让体验成为学习和发展的源泉[M].王灿明,朱水萍,等译.上海:华东师范大学出版社,2008:35-37.

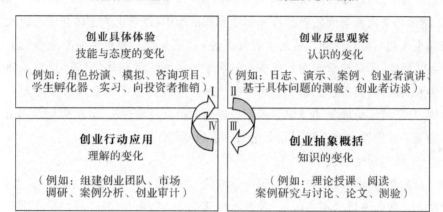

图 2.1　创业体验学习的四象限

2.创业体验学习的基本原则

(1)注重构建创业型情境

情境性要求教师提供真实的创业型环境,解决真正的问题。在创业教育过程中,教师可以在课堂内通过游戏、模拟、案例、设置问题、改变教室环境等多种途径创设情境;在课堂外,大学应充分整合全校资源,通过开展创业营、创业计划大赛,为学生提供创业实习机会,以及建设孵化器和科技园等形式,将学生置身于真实的创业氛围中,通过自主参与和情感体验,帮助学生进行切实的实践和体验,然后通过学习者的反思以及与他人的沟通,实现自我知识、技能以及态度的提升。

(2)注重构建实践共同体

根据莱夫和温格(Lave & Wenger)的研究,实践共同体是指:所有成员拥有一个共同的关注点,共同地致力于解决一组问题,或者为了一个主题共同投入热情;他们在这一共同追求的领域中通过持续不断地相互作用而发展自己的知识和专长。[①] 基于创业学习的实践性,组建实践共同体将有利于成员的资源共享以及在知识和技能方面进行互补。从总体上看,基于实践学习共同体的创业学

---

① 赵健.从学习创新到教学组织创新——试论学习共同体研究的理论背景、分析框架与教学实践[A].高文,等.建构主义研究[C].北京:教育科学出版社,2008:117.

习包括两个层面:一是具有共同创业意向和创业目标的大学生组成团队,以协作和互助为手段,开展校内实践共同体的活动;二是创业导师、企业家、风险投资家、律师等共同参与到创业教育和创业实践活动中,以学生为主体开展跨越大学与真实社会的实践活动。从这个意义上说,真正有益于大学生提高创业能力的实践共同体,不是让学生在临近毕业时从学校的学习共同体"跳跃"至真实领域的实践共同体,而是让大学生在平时的实践中就有充足的机会同时接触两类共同体,并且持续从课堂环境向学校环境进而向社会环境过渡,从而避免因知识和技能无法适应校内外不同创业文化而导致的障碍。

(3)强调学生自主学习

在创业体验学习中,学生处于中心地位。教师扮演"教练员"或者"促进者"的角色。教师考虑的不应该是"我要教给学生什么",而是"我应该让学生做些什么"。教师应鼓励大学生进行独立思考和创意执行过程,尽量少地进行干预或者控制。但是需要注意的是,教师应该给学生及时的、有效的反馈,否则学生学习体验的效果将会大打折扣。教师应该不断提高干预的质量,而不是增加干预的频率。同时,教师应该尽量避免给学生权威的指令,而是提供必要的问题、建议或选择,引发学生积极思考,并且由学生自主作出相应的选择。创业知识和能力的获得无法通过教学过程直接灌输给学习者,他们必须主动参与整个学习过程,根据自己先前的经验,与他人协商、会话、沟通,在交互质疑的过程中,构建知识的意义。[①]

(4)强调与学生的学习风格相吻合

根据库伯的研究,学生具有不同的学习风格,分别为集中型、发散型、同化型和顺应型。[②] 具有集中型学习风格的学生擅长抽象概括与行动应用,喜欢将创意转化为具体的应用;具有发散型学习风格的学生善于进行具体体验和反思观察,因此更具有想象力,感情也更为丰富;同化型学生更喜欢抽象概括与反思观察,因此他们更擅长于归纳推理,构建具有逻辑的理论模式;而顺应型学生更喜欢具体体验和行动应用,倾向于冒险和参与实验,擅长根据环境变化灵活采取策略。随着全校性创业教育的兴起和发展,越来越多具有不同学习风格的学生将

---

① 桑新民.建构主义的历史、哲学、文化与教育解读[A].高文,徐斌艳,吴刚.建构主义教育研究[C].北京:教育科学出版社,2008:26.

② Kolb, A. , & Kolb, D. Learning Styles and Learning Spaces: Enhancing Experiential Learning in Higher Education[J]. Academy of Management Learning & Education, 2005,4(2):193-212.

进入创业教育项目中。教师应该选择个性化的创业体验学习方式，从而促成每个学生学习的成功。

3.创业体验学习的主要类型

创业体验学习有多种不同的类型（如表2.3）。目前，撰写创业计划、开展各类竞赛、邀请创业者演讲、创业指导等是国内高校常用的方式。事实上，创业体验学习的类型非常丰富，可以结合上述四象限理论，在创业教育的不同阶段，采用不同的方式或采用多种方式进行整合教学，从而提升创业教育的有效性。

表2.3　创业体验学习例举

● 创意日记	● 原型开发
● 创业模型	● 网站开发
● 撰写创业计划	● 课内游戏与实践（如投资者挑战）
● 可行性研究	● 创业计划大赛
● 书面或视频的案例分析	● 其他校园竞赛
● 现实生活中的案例分析	● 学生创业孵化器
● 创意风暴	● 技术商业化项目
● 角色扮演	● 创业模拟
● 创业者访谈	● 学生创业展览
● 创业类电影	● 参与全国性创业竞赛
● 创业审计	● 影子创业者
● 市场发明	● 邀请创业者
● 小企业咨询项目	● 参与家族企业
● 创业实习	● 各种外延拓展项目
● 创业指导	● 电梯演讲
● 国外学习	● 周末校内创业

资料来源：Morris, M. H., Kuratko, D. F., & Cornwall, J. R. Entrepreneurship Programs and the Modern University[M]. Northampton,MA: Edward Elgar, 2013:98.

二、组织创业实践与竞赛

除了学术性的创业课程和项目，多样化的创业实践活动是提升大学生技能的重要途径。范文霍芬与德拉戈对全球321所大学的创业教育项目调查发现，有71%的高校邀请创业者演讲；57.9%的高校开展创业计划大赛；23.9%的高校开展电梯演讲竞赛。[①]

创业计划大赛（以下简称为创赛）已经成为各国高校创业教育项目的重要组成部分。从创业计划大赛的组织看，可以分为市场主导型和政府主导型两类。(1)市场主导型的创业计划大赛。如表 2.4 所示，美国很多高校开发和组织校内的创业计划大赛，这些创赛理念不同、目标群体不同、奖励金额不同、评价指标不同。随着一些创业计划大赛影响力增强，一部分仅仅针对校内学生的创赛逐渐吸引校外创业团队参加，成为区域的、全国性的甚至国际性的创业计划大赛。如MIT 的"十万美元创业计划大赛"与德州大学奥斯汀分校"Moot Corp 创业计划大赛"是美国高校创赛的佼佼者，也是市场主导型创赛的主要代表。[②] (2)政府主导型的创业计划大赛。如中国"互联网＋"大学生创新创业大赛，2014—2019年五届大赛累计 230 万个团队，近千万名大学生参赛，成为中国乃至世界高等教育的"现象级"赛事。

美国近年来也实施了由政府推动的创业计划大赛。从 2012 年开始，美国能源部启动"清洁能源创业计划大赛"（National Clean Energy Business Plan Competition），希望创建一个覆盖全美六个区域的学生创业竞赛网络，激励年轻企业家创造清洁能源公司。每个区域由一所知名大学组织区域性的创业计划大赛。六个区域的获胜团队将获得 10 万美元的奖励，并获得参加全国总决赛的资格。该竞赛鼓励大学生开发成功的商业计划，同时为美国提供一批新的清洁能源领导者。2012—2014 年，共有 600 支创业团队参加了该竞赛，并成立了 57 家创业型企业，吸引了 2600 多万美元的公共资金和私人资金支持，较好地支持了美国能源战略。[③] 该创业计划大赛与美国传统的创业计划大赛有显著的区别。首先，该创赛强化了联邦政府的作用；其次，加强了区域之间的联系；第三，突出对清洁能源领域科技创新与创业的重视；第四，强调政府、大学、企业之间的合作。

---

① Vanevenhoven, J., & Drago, W. A. The Structure and Scope of Entrepreneurship Program in Higher Education around the World[A]. In D. Rae & C. L. Wang(Eds.). Entrepreneurial Learning: New Perspectives in Research, Education and Practice[C]. New York: Routledge. 2015:126.

② 详见:梅伟惠. 美国高校创业教育[M]. 杭州:浙江教育出版社,2010:195-202.

③ Office of Energy Efficiency & Renewable Energy. National Clean Energy Business Plan Competititon[EB/OL]. http://energy. gov/eere/articles/national-clean-energy-business-plan-competition-reecycle-wins-caltech-flow, 2014-05-15.

表 2.4 美国主要的全国性和国际性创业计划大赛一览表

大学	创赛名称	时间	参赛资格
内布拉斯加大学	创新竞赛	3 月	开放,本科生和研究生团队均可参加
科罗拉多州立大学	创业冒险竞赛	3 月	开放,本科生
辛辛那提大学	创业精神竞赛	2 月	开放,研究生
德州大学	Moot Corp 创业计划大赛	5 月	需邀请函,其他创赛的获胜团队
维克森林大学	电梯竞赛	3 月	开放
北达科他大学	创业挑战	4 月	开放,本科生和研究生参加
德州基督教大学	价值与创业竞赛	4 月	需邀请函,社会价值有关的项目
莱斯大学	莱斯创业计划大赛	4 月	开放,研究生

资料来源:Morris, M. H., Kuratko, D. F., & Cornwall, J. R. Entrepreneurship Programs and the Modern University[M]. Northampton,MA:Edward Elgar, 2013:153.

从创业计划大赛理念看,目前各国高校的创业计划大赛主要是经济收益导向,即要求创业计划产生经济收益的可行性。但是随着社会创业理念的兴起和创业在解决社会问题中的独特作用,越来越多的高校开始以创业计划大赛为契机,引导大学生关注现实社会问题,承担社会责任,在经济效益基础上加强对社会可持续发展的关注。例如 MIT 创业计划大赛从 2006 年开始,除了设立传统的"商业创业奖"(business Venture Prize)之外,还增设"社会影响力奖"(Social Impact Prize)。前者关注有着特定市场的高科技项目;后者关注为解决社会问题(贫困、不公平)服务的创业计划。随着创业计划大赛受欢迎程度的增加,有些学校开设了更为灵活且更为聚焦的"创业计划实验室"课程,帮助学生在创业计划大赛之前掌握创业计划的要点、开展调研、梳理创业想法以及准备创赛文本,并为学生提供创业导师。

三、开展创业孵化

为有效提供学生创业所需的资源,推进学生创业项目的孵化,各国高校纷纷在校内外建立了创业苗圃、创业孵化器、创业加速器等"创业空间"。学生创业团队符合相应的要求,申请进驻这些空间后,可以获得诸如免费创业场所、创业导师、创业种子基金、创业投资对接、创业者网络等一系列支持。"创新创业生活场所"成为激发学生创业的又一趋势。近年来美国很多高校出现了"创造、创新与创业学生宿舍"(Creativity, Innovation and Entrepreneurship Residence Hall, CIE),这些 CIE 主要向低年级大学生开放,通过在该宿舍内组织创意大赛、思想碰撞、创业家演讲、创业电影之夜等活动,为学生提供有利于创业的生活环境。可以看出,将学习、生活和创业孵化进行整合,其灵活性和便利性克服了传统学生管理体制中存在时空距离,最大限度地促进了创业学生之间的交流和沟通。

有效的创业孵化应该与创业课程相结合,从而杜绝创业理论学习与创业实践相脱节或"两张皮"的情况。百森商学院的"巴特勒创业加速器项目"(Butler Venture Accelerator Program at Babson College)帮助学生在课堂学习创业的基础上,为不同创业阶段的学生提供必要的创业资源,将创意进行转化。目前,该项目向百森商学院所有本科生和 MBA 学生开放。百森商学院的创业加速器项目包括三个阶段。(1)探索阶段:在该阶段,学生产生创意,开展相关研究,并将市场机会进行验证。相关活动包括进行产业和市场分析以确定创业机会的可行性,使创业过程的可能问题更加清晰等。(2)实行阶段:采取行动,组建创业团队,确定商业模型,撰写创业计划。该阶段的目标是创造一种可行的产品或服务。(3)创建与成长阶段:聚焦于运营、销售、融资等。[①] 项目提供的资源包括不同创业领域的工作坊、创业空间以及导师指导服务。每个阶段都配备一个或多个有创业经验的教师作为创业顾问。这些教师同时提供创业课程,所以在加速器中的指导与课堂中的内容是连贯的。随着学生不断向更高一个阶段发展,所提供的资源也越来越个性化和定制化。例如,在探索阶段有群体顾问和同行的导师;在创建与成长阶段,项目将提供一对一的创业导师。探索阶段的工作坊更多关注类似于"创业趋势与机会"等较为宽泛的内容;而进入实行阶段,工作坊将关注"合伙人之间的股权分配"等具体创业问题。在前两个阶段,学生只能在联合办公区域工作;而进入创建和成长阶段之后,学生可以在百森的孵化器中申请独立的办公室。这种根据创业不同阶段的组织形式,在很大程度上适应了学生创业的实际需求。在 2011—2012 学年,该加速器项目为 2578 个项目的 327 位创业者提供资源。其中,54% 在探索阶段,34% 在实行阶段,12% 在创建与成长

---

① Butler Venture Accelerator Program at Babson College[EB/OL]. http://www.babson.edu/Academics/centers/blank-center/venture-accelerator/Pages/venture-accelerator-program.aspx, 2017-02-11.

阶段。[①] 这种分层策略显著增加了学生创业者的数量,使接触过课堂外创业活动的学生更加深入地探索创业问题,同时也不断丰富百森商学院的创业生态系统。

根据大学创业教育项目的总体目标、大学的使命以及地方社区的需求,大学加速器项目采用了不同的发展目标和模式。根据目标分类,目前国际上主要有四种模式:[②](1)帮助高潜力公司获得资金和成长。芬兰"阿尔托创业车库"(Aalto Venture Garage)是阿尔托大学的创业加速器,是大学生和创业者旨在改善芬兰创业生态系统而开展的草根活动。该加速器项目包括两个阶段:一是"训练阶段",学生创业者开发产品和服务,并测试商业模型;地方创业者和投资者提供指导和意见。该阶段延续两个星期,参与者将进行创业演讲,以获得进入第二阶段的竞争性名额。二是"车库创业阶段"。每期将有 10 个团队可以进入第二个阶段,并获得 5000 欧元的种子基金、工作场所以及一对一的创业辅导。阿尔托创业车库的目标是"通过为高潜力的学生创业企业提供扶持,发展一亿欧元企业"。(2)激发创业者成立企业。犹他大学的加速器项目"铸造厂"(Foundry)向所有在校学生和近几年的毕业生开放。该项目主要不是帮助这些企业融资,而是发展有能力的商业领袖,以及帮助他们成功创办企业。该项目并不提供组织化的指导,也不提供接触创业专家的机会和资金。只有通过这种手段,从加速器毕业的团队才能更好地通过自己的努力获取所需的资源。(3)提升创业体验学习。亚利桑那州立大学的"埃德森学生加速器"(Edson Student Accelerator)只接受创业团队的学生,向学生提供资金、办公场所和指导。此类加速器主要从长远的方向引导学生的创业生涯(高成长创业者,连续创业者),而不仅仅为创业型企业提供支持。(4)促进技术转移。一些大学的创业加速器与促进技术转移紧密结合。如佐治亚理工大学的高科技发展中心(Advanced Technology Development Center,ATDC)是创业加速器,帮助佐治亚理工大学的技术创业者创办成功的企业。在过去 30 多年里,ATDC 已经成功帮助成立了 130 多家技术创业型企业,筹集了超过 10 亿美元的资金。

---

① Morris, M. H., Kuratko, D. F., & Cornwall, J. R. Entrepreneurship Programs and the Modern University[M]. Northampton,MA:Edward Elgar, 2013:113.

② Morris, M. H., Kuratko, D. F., & Cornwall, J. R. Entrepreneurship Programs and the Modern University[M]. Northampton,MA:Edward Elgar, 2013:118-119.

第二节　高校创业教育组织的支撑体系

利益相关者的相互协同、创业教育资源的合理配置以及创业文化的营造,是支撑高校创业教育顺利开展的重要条件。

一、利益相关者的相互协同

理解利益相关者的不同需求、关系以及动机对于构建高效的创业教育运行具有重要意义。[①] 高校内部的创业教育利益相关者主要包括教师、管理者、学生创业者等。

1. 教师的学术创业转型

从国际经验看,创业教育与教师的创业活动在不同的学科领域的发展是不平衡的。伯顿·克拉克曾指出,"由于大学由它们的传统的各系广泛岔开的领域组成,创业的行动典型地不平衡地分散在老的心脏地带"[②]。无论是技术转移还是大学衍生企业,更多是理工科的创业活动。人文和社会学科参与创业活动的潜力往往被低估,甚至被认为与传统的学术价值是冲突的,因此在组织文化层面受到抑制。事实上,面临理工科创业活动的强势增长与人文学科和社会学科发展的孱弱,后者更需要以一种自力更生的态度和艰苦创业的精神,来应对环境的变化以及主动寻找资源,并通过创新的途径振兴传统学科。随着知识的广泛分化与跨学科合作的兴起,大学已经不是一个由好奇心和想象力驱使的学者共同体。因此,"(新的社会科学家)在与世隔绝的斗室之内,是不会在研究上取得成功的……"[③]。研究主持人更像一个创业者。他要开拓研究领域,为新兴研究寻求经费支持,尝试建立研究所或研究中心,并招募团队和学生,并创造性地生产出成果。人文和社会学科通过恰当的途径进行创业活动,其影响力绝不亚于科

---

① Brush, C. G. Exploring the Concept of An Entrepreneurship Education Ecosystem[A]. In Hoskinson, S. , & Kuratko, D. F. Innovative Pathways for University Entrepreneurship in the 21st Century[C]. Bingley,UK: Emerald Group Publishing Limited,2014:32.

② 伯顿·克拉克.建立创业型大学——组织上转型的途径[M].王承绪,译.北京:人民教育出版社,2003:173.

③ 刘易斯·科塞.理念人:一项社会学的考学[M].郭方,等译.北京:中央编译出版社,2001:315.

技创业活动。例如,哈佛大学由波特、基辛格和普特南分别为企业、政府和非政府组织提供的高端咨询项目,不仅为大学带来了声誉,而且大学充分运用理论研究成果服务了政府和企业的发展,成为社会与经济发展不可或缺的智库。① 这些创业活动不仅为大学带来巨大的经济收益,也影响学者对自身学术身份的重新认识。大学教师作为传统知识分子的形象已经逐渐向多重身份转变。学术科学家从自己的发现、发表的文章和越来越高的科学名望中获得知识产权,他们成为了发明家、开发者和企业家。② 除了推进学术性教师的创新创业转型,国际上有些高校还进行了教授聘任制度的创新,如 MIT 实践教授(Professor of Practice,PoP)岗位增长最快,他们大多是在科技创新创业等领域有着丰富经验的实业家,能够将自身积累的丰富实践经验分享给学生。③

我国 2015 年颁布的《国务院办公厅关于深化高等学校创新创业教育改革的实施意见》指出,"各地区、各高校要明确全体教师创新创业教育责任"。④ 长期以来,创业教育被认为是管理学院或者学生工作教师的职责,大部分的专业教师对于创新创业教育认识不到位。随着全校性创业教育推进,专业教师参与创业教育的重要性和迫切性日益凸显。但是,传统上"科学导向"与"发表导向"的评价体制阻碍了教师的创业教育热情。未来我国高校需要不断完善有利于创新创业教育开展的专业技术职务评聘标准,加强创新创业教育的激励与考核机制,调动基层教师参与创新创业教育的积极性。

2.管理者和其他行政人员

高校管理者队伍已经越来越庞大与专业化。陈超通过对美国 27 所公立旗舰型大学的教师和管理人员数量比进行统计,指出近 20 年来,美国公立旗舰型大学的师管比大都处于高位运行,也即管理和辅助人员的数量和比重远远超过教师的数量和比重。⑤ 鉴于教学、实践、创业基地建设、外延拓展等活动都需要

① 诸大建.大学与城市——哈佛访问学术日记[M].上海:同济大学出版社,2007:15.

② 亨利·埃兹科维茨.麻省理工学院与创业科学的兴起[M].王孙禺,袁本涛,等译.北京:清华大学出版社,2007:177.

③ 黄亚生,等.MIT 创新课:麻省理工模式对中国创新创业的启迪[M].北京:中信出版社,2015:123-124.

④ 国务院办公厅.关于深化高等学校创新创业教育改革的实施意见[EB/OL].http://www.gov.cn/zhengce/content/2015-05/13/content_9740.htm,2015-05-13.

⑤ 陈超.试论大学的师管比及其意义——基于美国公立旗舰大学的统计分析[J].教师教育研究,2014(7):99-105.

管理人员,他们的态度、能力对创业教育的影响也日渐增加。主要表现为以下几个方面:一是校级管理者对创业教育是否有正确的认识,适切的理念和整体的规划;二是院级管理者是否有推进创业教育的积极性和使命感,是否愿意发挥能动性自主开展与专业相结合的创业教育。

随着我国高校创业教育覆盖面不断扩大,选择合适的人选来担任全校性创业教育的领导者,或担任创业教育的具体执行者和管理者至关重要。为了保障高校创业教育组织良好运作,且不断提升合法性和学术影响力,国际上主要选择创业教育教学或研究经验丰富、具有终身教职的教授来担任创业教育的管理者。针对我国高校创业教育的实证研究也表明,目前我国成功运行高校创业教育项目的领导者,往往自身具有深厚的专业基础,具有创业教育情怀和丰富的经验。

3. 学生创业者

在高等教育发展历史上,除了中世纪早期少数大学(如博洛尼亚大学)采取学生型管理体制,教师型管理始终占据主导地位。以往主流的研究文献也往往将学生视为"学习者"(learners),在高等教育阶段获得各种发展以及各种形式的资本。① 随着创业型经济的发展、知识重要性的凸显以及各种在线学习项目的兴起,学生的身份也变得复杂化和多元化。创业型经济为大学生提供了大量创业机会,催生了学生的创业意识,并为学生创业搭建了时代舞台,那些依靠创意创新白手起家的创业者成为学生们新的偶像。知识重要性的凸显强化了学生基于知识、基于创新的创业活动。各种在线学习项目的兴起,尤其是 2012 年之后慕课的快速发展,使学生学习渠道日渐多样化,教师和学生的关系也不再是简单的知识传授者和知识接受者的关系,知识共享、知识建构、翻转课堂、混合学习成为可能并快速引发高校教学改革。

随着各种创业教育项目的发展,很多高校已经突破传统的商学院与工程学院,为来自不同专业的学生提供创业教育的机会,并提供全校性的创业活动,鼓励学生开展跨学科的交流。创业教育不仅仅是关于机会的识别与开发、团队建设、资源整合等技能训练,更为关键的是帮助学生更加专业化、更加成熟以及形成更好的人格。学生创业者可以组建各类创新创业社团,开展课堂之外的各种创业活动。这些实践活动至少在四个方面影响大学生创业者:一是构建自信;二

---

① Mars, M. M., Slaughter, S., & Rhoades, G. The State-Sponsored Student Entrepreneur[J]. The Journal of Higher Education, 2008, 79(6):638-670.

是在商业环境中培养适当的社会行为;三是建立有效的团队;四是改善领导能力。

二、创业教育资源的合理配置

创业教育资源包括有形的经费、技术、物理设施以及无形的社会资本、组织伙伴、教师能力等。经费资源、技术资源、平台资源和社会资本都为创业教育的发展提供了重要支撑。但是,正如被广泛接受的创业定义"创业是突破资源约束创造价值的过程",资源可以为创业教育的顺利开展提供各种物力、人力和财力保障,但不是决定性因素。很多高校在早期探索创业教育发展的过程中,在没有专项资金、缺乏创业场地的情况下,发挥主观能动性,创造性运用已有资源,为创业教育的后续发展奠定基础;而即使有很多创业资源,如果创业教育的发展缺乏明确的目标、在运行上缺乏有效的组织架构,创业教育资源则无法充分发挥价值。因此,高校需构建有效的组织模式,推进创业教育资源的优化配置。

三、创业文化的营造

文化与组织有着天然的联系。文化指的是"社会的知识体系、意识形态、价值观、法律以及日常意识中反映出来的发展模式"①。在同一种组织文化中,尽管不同的人有着不同的特质,但是会有很多共性。沙因(Edgar H. Schein)认为,组织文化具有三个层次:一是文化的人工成分,属于文化的表层,涵盖了当你偶然遇到一个新的群体并且不熟悉它的文化时所看到、听到和感觉到的所有现象,如章程、组织结构图等;二是信奉的信念和价值观,它们最先由倡导者、创始人和领导者提出,用以降低群体关键领域运作的不确定性,包括目标、价值观和抱负;三是基本的潜在假设,往往是不可挑战和无需争论的。组成一个群体文化的共享基本假设可以被认为是个体和群体层面上的心理认知防御机制,也为其成员提供了基本的身份感。② 因此,如果要将"创业文化"引入传统以"学术文化"占主导的大学,成为一所大学的 DNA 是非常漫长的过程。长久以来,大学已经形成了稳定的、被不同层级大学成员所接受的、所共享的价值观和基本假

---

① Morgan, G. Images of the organization[M]. London, UK: SAGE, 2006:146.

② 埃德加·沙因.组织文化与领导力(第四版)[M].章凯,罗文豪,朱超威,等译.北京:中国人民大学出版社,2014:21-27.

设。在绝大多数大学里,这种基本假设与创业文化所倡导的风险、快速变革、市场导向在某种层面上是冲突的。可以看出,沙因的模型提供了一个分析框架,来识别和考察创业教育向一些传统上远离创业的学科渗透过程中相关的文化活力。这些来自不同学科的教师和学生,在参与到不同组织模式的创业教育项目过程中,既有共同的价值,也有冲突的价值。芬兰阿尔托大学的做法是,在大学刚刚成立的时候就确立创新创业为大学的核心文化,从而无需像那些学术文化占据主导地位很长时间、在学者群体中已经根深蒂固的传统大学一样,在引入创业文化过程中经历两种文化冲突、对抗所带来的痛苦历程。

第三章

西方高校创业教育组织与运行的学院主导模式

西方国家高校创业教育组织模式可以分为学院主导模式和学科渗透模式。组织模式的选择受到高校内部已有创业教育基础、创业文化以及领导者对创业地位的认同等因素影响。学院主导模式指的是以一个或若干个学院为主导开展创业教育的模式，分为传统学院主导和创业学院主导两种形式。在传统学院中，商学院、工程学院和艺术学院是提供创业教育的主力；近年来，国外创业学院的发展引起广泛关注，成为整合学院资源推进跨校区创业教育的重要途径。不可否认，学院主导模式仍旧是目前西方国家创业教育的主要组织模式。

第一节 传统学院主导模式

一、商学院与创业教育发展

西方高校创业教育发端于商学院，并在很长时间内主要针对商学院的学生开展。自从 1947 年哈佛大学商学院提供第一门创业课程，商学院成为推动创业教育发展的最重要力量。据统计，美国高校创业教育从 1947 年只有一所大学的商学院提供创业课程，增长到 1979 年的 93 所，1986 年的 586 所，1992 年的 1060 所以及 2001 年的 1200 所。[①] 卡兹（Katz）等认为，所有通过国际高等商学

---

① Solomon，G. An Examination of Entrepreneurship Education in the United States[J]. Journal of Small Business and Enterprise Development，2007，14(2):168-182.

院协会(The Association to Advance Collegiate Schools of Business，AACSB)认证的商学院都在某种程度上开展创业教育。①

随着创业教育课程的拓展，美国很多高校商学院建立了创业中心。鲁宾逊和海恩斯(Robinson & Haynes)对招生数超过 1 万人的 216 所美国高校进行调查后发现，132 所(61.1%)高校建立了实施创业教育的正规组织，其中包括 48 个创业中心(22.2%)、5 个系(2.31%)、38 个项目(17.6%)。②莫里斯等发现，随着创业教育从零星的课程向系统性的项目转变，成立创业中心已经成为最受欢迎的方式之一。不同大学在成立创业中心方面有不同的程序，有些大学需要学校董事会的同意；有些大学则由院长同意即可成立。很多创业中心根据捐赠者的名字命名。一般情况下，美国大学往往由于获得了某项捐赠而成立创业中心；但是也有部分大学先成立创业中心，以此吸引捐赠并出售创业中心的冠名权。③不管采用哪种形式，创业中心的建立极大地促进了美国高校创业教育和研究的发展。

目前，越来越多西方高校意识到创业的重要性，将具有多年历史的管理系转型为"管理与创业系"。通过成立管理与创业系，可以充分利用现有的教师和资源拓展他们在创业领域的影响力。这是一种相对渐进式的发展方式，美国的印第安纳大学、贝勒大学、俄克拉荷马大学、科罗拉多大学等是采用这种组织形式的典型代表。这种组织形式的优点包括：吸引那些可能对跨学科感兴趣的创业师资；相对容易获得资源；相对容易设置新的创业课程；招收学生方面有较大保证；更容易获得研究的资源等。

也有一些大学成立了专门的创业系，将提升创业教育项目的学术深度和宽度作为发展目标。目前，有很多欧洲和美国的大学已经采取这种形式来推动创业教育的发展，并且为该领域的师生提供"学术之家"。通过建立独立的创业系开展创业教育需要教师和管理者更多的投入。但是这种组织形式使得大学能够为创业领域投入更多的资源(如：教师、课程和研究)。系主任和教师们对于课程

---

① Katz, J. A. The Choronology and Intellectual Trajectory of American Entrepreneurship Education 1876—1999[J]. Journal of Business Venturing, 2003(18):283-300.

② Robinson, P. & Hayes, M. Entrepreneurship Education in America's Major Universities[J]. Entrepreneurship Theory and Practice, 1991, 15(3), 41-52.

③ Morris, M. , & Kuratko, D. Building Univeristy 21st Century Entrepreneurship Programs that Empower and Transform[A]. In Hoskinson, S. , & Kuratko, D. Innovative Pathways for University Entrepreneurship in the 21st Century[C]. Bingley,UK:Emerald Group Publishing Limited, 2014:7.

的设计、师资的聘用、研究助理的任用以及预算拥有话语权。例如,哈佛大学成立了独立的创业管理系,主要开展创业过程、创业融资、创业情境方面的教学与研究。师资专注于不同创业领域,对于提升创业教育的学术影响力发挥了重要作用。目前哈佛大学还建立了 MBA 层次的创业课程。雪城大学管理学院为区别快速发展的创业领域与其他传统的系科,成立了专门的创业与新兴企业系,并且已经建立了一支结构合理的师资队伍,以及学士、硕士和博士层次完整的课程体系。但是,这种类型的组织结构也使得大学和系有重大压力,必须招募足够多的学生和雇佣足够的教师,才能使得一个独立的系顺利运行。同时,商学院主导模式难以提升其他学院在参与创业教育过程中的兴趣,其他学科老师往往理所当然地认为创业教育就是商学院的职责,而不是努力把创业融入自己的学科。

二、工程学院与创业教育发展

1.培养创业型工程师的重要意义

创业教育对提升工程人才培养质量具有重要的作用。对于毕业后马上自主创业的工程类毕业生,创业教育能够为他们提供产品设计与开发、原型设计、技术发展趋势以及市场分析等体验;创业教育对于加入到初创型企业的工程类毕业生也同样重要,因为有创业培训经验的学生能够成为有效的团队合作者以及创新支持者。越来越多的工程类教师也认为创业教育有助于学生的成长。根据美国工程教育协会(ASEE)调查,50%的受访者认为创业教育项目对于工程类本科生至关重要。[①]

美国高校工程学院的创业教育起始于 20 世纪 60 年代。麻省理工学院于1962 年最早为机械工程学院学生提供创业课程,由哈佛商学院的卡尔·维斯珀(Karl Vesper)教授、麻省理工学院的访问学者德怀特 · 鲍曼(Dwight Baumann)教授以及斯坦福大学的比尔·博莱(Bill Bolay)教授共同开设。布拉德利大学的阿瑟·庞兹(Arthur Pounds)教授在 1966 年开设了关于新企业创办的工程管理研讨课(Engineering Administration Seminar)。1971 年,鲍曼教授回到卡内基梅隆大学工程学院,与商学院的约翰·索恩(John Thorne)教授合作开设一门"设计与创业"的课程。随着工程领域对创业人才需求的增加,工程学

---

① Byers, T., Seelig, T., Sheppard, S., & Weilerstein, P. Entrepreneurship: Its Role in Engineering Education[J]. The Bridge, 2013, 43(2):35-40.

院提供创业课程的大学数量从 1980 年的 19 所增加到 1985 年的 39 所和 1991 年的 32 所。其中,17 所大学既有工程学院的创业课程,也有商学院的创业课程。斯坦福大学工程学院的创业课程由"高科技创业项目"(STVP)提供,主要包括科技创业领导力、技术创业、风险投资、创造力守则等。这些课程主要培养学生掌握技术领域市场机会和顾客需求的意识和技能。根据全美高校创新者与发明者联盟(National Collegiate Innovators and Inventors Alliance,NCIIA)的统计,截至 2013 年 4 月,经过美国工程与技术认证委员会(ABET)认证的 604 所工程学院中,共有 161 所工程学院提供创业课程。[①]

2.政府推动下工程学院的创业教育改革[②]

在"创业美国计划"支持下,美国自然科学基金会通过政策、项目、资金等形式,支持工程学院创业教育的发展。其中最为突出的事件是美国自然科学基金会以五年为周期,投入 1000 万美元在斯坦福大学建立了"全国工程教育创新中心"(The National Center for Engineering Pathways to Innovation,以下简称 Epicenter),致力于加强全美工程学院技术创新创业教育的联系,并推动美国近 350 个工程学院的创新创业资源收集与经验共享,培养卓越的创业型工程师。该中心于 2011 年 9 月正式成立,依托具有多年科技创业教育经验的斯坦福大学"高科技创业项目"(STVP)进行运作,主要伙伴是全美高校创新者与发明者联盟(NCIIA)。中心首席研究员之一汤姆·拜尔斯(Tom Byers)教授认为,"该中心为美国工程教育者在如何培养学生成为创业型领导者方面提供了知识和经验共享的平台。随着全美工程教师参与,该中心将从根本上改变工程师的培养"。[③]

Epicenter 认为,工程教育应该赋予本科生三种核心素质:(1)掌握某一工程领域相关知识和技能;(2)具有为解决实际问题而进行创造性设计和产品开发的创新意识与技能;(3)具有挖掘市场机会和顾客需求的创业意识和技能(如图 3.1)。这一素质观高度反映了美国《工程师 2020》的工程人才培养愿景,即为应

---

① Katz, J. A. et al. Perspectives on the Development of Cross Campus Entrepreneurship Education[J]. Entrepreneurship Research Journal, 2014, 4(1):13-44.

② 该部分内容来源于:梅伟惠,陈悦. 美国高校创业教育新纪元:"创业美国计划"的出台、实施与特点[J].高等工程教育研究,2015(4):82—87.

③ National Science Foundation. Engineering Innovation Center Brings Together Tools to Launch Future Entrepreneurs[EB/OL]. http://www.nsf.gov/news/news_summ.jsp? cntn_id=121178, 2015-03-10.

对充满竞争的市场、快速变化的计划、越来越短的产品生命周期等挑战,工程师除了掌握必要的技术和分析技能,还应该具有灵活性、复原力、创造性、移情以及识别和抓住机会的能力。①

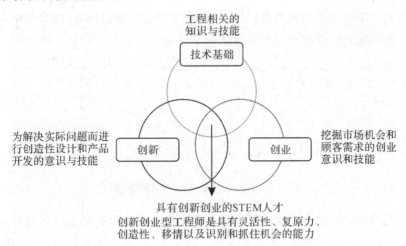

图 3.1　Epicenter 本科工程人才培养的核心素质观

在上述人才培养理念的指引下,Epicenter 通过"大学创新伙伴""创新项目路径""创业研究"三大活动推进全美工程类院校的创新创业人才培养。首先,"大学创新伙伴"招募全美不同大学工程及相关学科具有领导力的大学生,为他们提供创业培训的同时,指导他们成为所在大学创业活动的领导者、宣传者和组织者。2013—2014 学年,共有来自 78 所不同院校的 110 名大学生参与。其次,"创新项目路径"旨在帮助大学将创新与创业全面整合到本科生阶段的工程教育中。参与的大学需构建一支由学术负责人和教师组成的团队,评估现有的创业教育状况,设计全新的发展战略,并开展为期两年的转型过程。Epicenter 负责组织培训工作坊、规划工作坊,并邀请团队成员参加重要的工程教育会议进行经验分享。再次,"创业研究"主要涉及工程创业教育的不同模式,工程类本科生的创业兴趣、能力、成就以及如何将创业活动整合到传统的工程课程中等。

3. 基金会推动下工程学院的创业教育改革

美国的考夫曼基金会、科尔曼基金会和科恩家族基金会大力推动高校创业

---

① National Academy of Engineering. The Engineer of 2020: Visions of Engineering in the New Century[M]. Washington: National Academies Press, 2004.

教育的发展。其中,科恩家族基金会致力于工程领域的创业教育改革。2005年,该基金会成立科恩工程创业联盟(Kern Engineering Entrepreneurship Network, KEEN),并建构了"创业型工程师框架"(如图 3.2),为工程创业教育改革提供清晰的思路与路径,培养工程学院学生在商业敏锐性、社会价值、技术基础以及顾客意识等四个方面的创业思维。

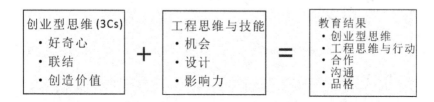

图 3.2　KEEN 创业型工程师框架图

"创业型思维"是创业型工程师框架的核心。科恩家族基金会认为,创业型思维可以运用于各种情境,包括大型营利性企业、政府或非政府组织、创业型企业以及其他各类机构。21 世纪的工程教育应该不仅培养技术领袖,而且培养"价值创造"的领袖。创业型思维由好奇心(Curiosity)、联结(Connections)、价值创造(Creating Value)三个部分组成。[①] 好奇心指的是以一种永不满足的心态去探索瞬息万变的世界的能力。联结指的是从多种来源获取信息从而获得创造性见解的能力。价值创造包括机会识别和机会利用两个层面。通过将工程教育与创业教育相结合,培养学生从产品或服务的"市场空白"、供需的不匹配、现实问题或需求、更为高效的商业流程或模型、尚未应用的技术或方法、产品与服务在不同情境中的迁移等路径中识别与利用创业机会。

工程思维与技能包括机会、设计和影响力三个层面。"机会"环节包括识别机会,市场调查,创建初步的商业模型,评估技术可行性、客户价值、社会效益、经济生存能力,通过客户参与快速测试概念,评价政策和监管问题等一系列流程。"设计"环节涵盖了确定设计要求,进行技术设计,分析解决方案,开发新技术,创建模型或原型,验证功能等方面。"影响力"环节涉及从经济效益角度交流工程解决方案,从社会效益角度交流工程解决方案,验证市场兴趣,发展伙伴关系、建

---

① KEEN. Entrepreneurial Mindset[EB/OL]. http://engineeringunleashed.com/keen/em101/, 2017-07-26.

立团队,识别供应链的分销方法,保护知识产权等方面。[①] 见表 3.1。

表 3.1　创业型工程思维与技能

机会	设计	影响力
· **识别**机会 · **市场调查** · **创建**初步的商业模型 · **评估技术可行性**、客户价值、社会效益、经济生存能力 · 通过客户参与快速**测试**概念 · **评价**政策和监管问题	· **确定**设计要求 · **进行技术设计** · **分析解决方案** · **开发新技术** · **创建模型或原型** · **验证功能**	· 从经济效益角度交流工程解决方案 · 从社会效益角度交流工程解决方案 · 验证市场兴趣 · 发展伙伴关系,建立团队 · 识别供应链的分销方法 · 保护知识产权

　　资料来源:KEEN. Framework for Entrepreneurial Engineering[EB/OL]. http://keenwarenouseprod. blob. core. windows. net/keen - downloads/KEEN _ Frameword _ spread. pdf,2018-07-26.

　　创业型思维一旦与工程思维和技能相结合,将产生良好的教育结果。目前,共有 36 所大学的工程学院参与 KEEN 项目,将创业思维与本科阶段的工程教育相结合,培养具有创业能力的工程人才。这些参与的大学包括亚利桑那州立大学、贝勒大学、佐治亚理工学院、俄亥俄州立大学、欧林工程学院、圣路易斯大学等。这些工程学院提供创业教育资源,致力于培养学生的创业型思维和工程技能。创业型思维主要表现在拥有好奇心、多重途径获得信息并使它们联结,以及创造价值。工程思维与行动主要表现为:应用创造性思维解决模糊性问题;应用系统性思维解决复杂问题;评估技术可行性和经济驱动力;考察社会和个人的需求。此外,学生还将掌握合作能力、沟通能力以及一系列优秀的品质。合作能力表现为组成团队并开展合作;理解他人并具有同理心,尊重他人看待问题的视角。沟通能力指的是能从经济和社会效益角度交流工程解决方案;并且能够用数据和实施证明观点。一系列优秀的品质包括确定个人兴趣以及专业发展计划;及时履行承诺;辨别和追求道德实践;以及作为一个积极的公民为社会做出贡献。

　　4.美国高校工程学院推动创业教育的努力

　　美国很多高校重新进行了课程设计,努力将创业精神融入课程计划,培养未

---

　　① KEEN. Framework for Entrepreneurial Engineering[EB/OL]. http://keenwarenouseprod. blob. core. windows. net/keen-downloads/KEEN_Frameword_spread. pdf,2018-07-26.

来的创业型工程师。在斯坦福大学,工程学院是除商学院之外创业课程的最重要组织者。据统计,工程学院主导或参与组织的创业课程共 71 门,占全校创业课程的33.1%。1998 年,工程学院与设计学院合作开设"高科技创业项目"(STVP),作为工程学院创业中心,向全校学生提供创业课程和创业活动。斯坦福大学的高科技创业项目改革了传统的工程教育,培养工程学生既拥有坚实的科学、工程原理和分析能力,又掌握识别市场机会的能力,从而成为未来领袖人才。以 2015—2016 学年为例,STVP 共开设创业课程 22 门,其中面向本科生开放的课程 11 门,如表 3.2 所示。

表 3.2　STVP 本科生课程列表

课程名称	学　分
科技创业领导力(A)	3～4
科技创业领导力(B)	1～2
科技创业领导力(C)	2～3
管理者及创业者专业会计学	3～4
技术创业	4
创新、创意和变革	3～4
创造力守则	4
创业精神	3
组织:理论和管理	4
创业思想领导者论坛	1
从风投的角度了解创业:风险的过去和现在	2

资料来源:http://stvp.stanford.edu/courses/,2016-12-20.

除了为学生提供创业课程,STVP 还组织了多元的创业活动以巩固创业课程的教学效果,形成了完整的创业人才培养过程。STVP 设立了面向本科生的梅菲尔德计划、面向研究生的创业领袖计划、面向博士生的创新学者计划等创业教育项目,组织了创业工作坊、创业午餐会、I-Corps 国家科学基金创新协会等创业活动。此外,在线学习网站 eCorner 提供了众多创业课程视频、音频等资料,以供对创业有兴趣的学生利用和学习。

其他也有很多高校为工程专业的学生提供创业教育。例如,宾夕法尼亚州立大学工程学院与商学院合作,为工程学、商学以及信息科学与技术的学生提供工程创业教育辅修项目;布朗大学与地区创业者合作,为工程专业学生提供一系列的创业课程。

三、艺术学院与创业教育发展

1. 艺术学院创业教育发展状况

1978年,德州大学奥斯汀分校音乐学院依托商学院教授开设了创业课程。这是最早由音乐学院开设的创业课程之一。最早独立于商学院提供创业教育的是1988年威奇塔州立大学开设的艺术创业课程,其他还包括由哥伦比亚学院于1995年开设的艺术创业课程和1999年创立的媒体管理项目。[①] 纽约州立大学(SUNY)开设了美国第一个艺术创业硕士学位项目。截至2013年5月,美国共有75所大学提供102个艺术创业有关的项目。这些项目大部分仅针对本学院的学生,但是也有其中的16个学院提供跨学科的创业教育机会。

美国最著名的艺术创业教育项目主要由捐赠基金设立。1996年伊士曼音乐学院(Eastman School of Music)创立艺术领导力项目,经费主要来自凯瑟琳·法林·肖斯基金会(Catherine Filene Shouse Foundation);1998年科罗拉多大学博尔德分校成立音乐创业中心,经费主要来自刘易斯和哈罗德·普瑞斯基金会(Louis and Harold Price Foundation)。

美国艺术创业教育项目最初以课外活动的形式呈现,这种做法适用于有预算限制的管理人员,他们通过较小的阻力将创业引入到传统的艺术教育中。随着创业教育重要性的凸显以及资源的增加,目前已有越来越多高校将创业课程整合到学分体系中。比如,亚利桑那大学和林恩大学要求所有主修音乐演奏的学生至少修读一门创业有关的课程。艺术学院和商学院合作提供创业教育项目是较为普遍的做法,商学院主要协助艺术学院进行项目开发和提供课程内容。在教学方法中,课堂授课仍旧是主要的方式;也有一些高校引入了体验式教学,如创业实习、邀请艺术创业者报告以及学生运行创业企业等。

---

① Roberts, J. S. Infusing Entrepreneurship Within Non-Business Disciplines: Preparing Artists and Others for Self-Employment and Entrepreneurship[J]. Artivate: A Journal of Entrepreneurship in the Arts, 2013, 1(2):53-63.

2.两种主要的课程设计逻辑

美国高校艺术学院开展创业教育主要有两种课程设计逻辑。一是"新企业创办"逻辑,二是"实现学生艺术职业生涯转型"逻辑。[①] 前者是"基于商学的艺术创业课程设计",主要让学生学习创办商业企业、企业成长的基本知识和能力。课程内容涵盖会计学、金融、商业沟通等。而后者采用了更为广义的创业观,是"基于情境的艺术创业课程设计",尝试在艺术环境中教给学生新的技能,如创业敏锐性,创造性识别机会等。从总体上看,美国公立大学的艺术创业教育项目较多采用"新企业创办"逻辑,这可能归因于此类大学往往拥有较强的商学院和创业教育项目;而艺术学校和私立大学则更加倾向于采用广义的创业观念,帮助艺术领域的学生实现创业转型。

目前,"基于商学的课程设计"主要是引入商学院已有的本科课程,将商业相关知识传递给艺术学院的学生(如图3.3)。同时,该模型在课程讲授的基础上,引入少量的体验学习机会。学生主要有两种出路:一是尽管接受一定的创业教育,但是仍旧选择传统的艺术就业路径;二是实现艺术领域的自我雇佣,如创办艺术教学工作室或从事艺术销售等。

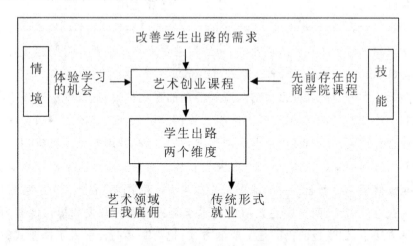

图3.3 基于商学的艺术创业课程设计思路

① Beckman, G. D. "Adventuring" Arts Entrepreneurship Curricula in Higher Education: An Examination of Present Efforts, Obstacles, and Best Practices[J]. Journal of Arts Management, Law and Society, 2007, 37(2):87-112.

"情境"(context)对创业教育项目而言至关重要。例如,商业创业和社会创业、营利性创业和非营利性创业有不同的技能要求和关注要点。因此,在设计与专业相结合的创业教育过程中,必须充分考虑具体情境的需要,而不是采用商学院模式下统一的创业教育内容(如图 3.4)。

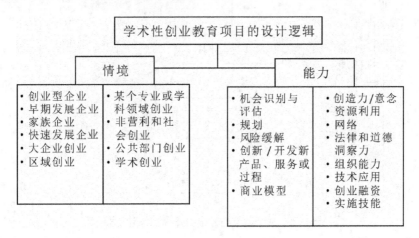

图 3.4　基于情境的创业教育项目设计逻辑

资料来源：Morris，M. H.，Kuratko，D. F.，& Cornwall，J. R. Entrepreneurship Programs and The Modern University[M]. Northampton，MA：Edward Elgar Publishing Limited. 2013：78.

"基于情境的艺术创业课程设计"(如图 3.5)逻辑认为,艺术创业课程需要反映学生所处的经济和文化环境,帮助他们从高等教育机构顺利过渡到专业艺术环境。这一逻辑基于对创业教育更广义的认识和对创业理论的整合,致力于赋予学生成为艺术创业实践者、开展创新型艺术创业活动的能力。艺术创业课程需要帮助学生理解艺术政策、艺术文化、艺术管理。学生的出路是多维度的:他们能够在传统的艺术行业就业,并以一种更加创业型的姿态开展专业的艺术生涯;他们也可以在艺术领域实现自我雇佣;还可以参与各种营利性的、非营利性的艺术产业工作。

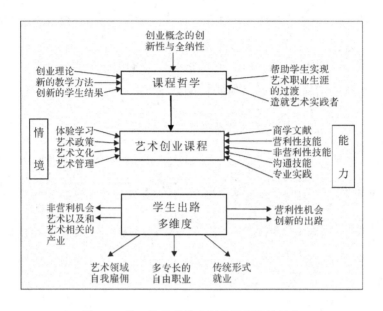

图 3.5 基于情境的艺术创业课程设计思路

资料来源：Beckman, G. D. "Adventuring" Arts Entrepreneurship Curricula in Higher Education: An Examination of Present Efforts, Obstacles, and Best Practices[J]. Journal of Arts Management, Law and Society, 2007, 37(2):87-112.

第二节　创业学院主导模式

一、创业学院主导模式的发展现状

创业学院主导模式是指高校成立专门的创业学院，统筹和整合全校创业教育资源，进行创业教育课程开发、推动跨学科创业教育项目以及支持跨校区创业活动的模式。创业学院建设有效地提升了创业教育在全校范围内的辨识度。高校创业教育组织结构的完善是循序渐进的过程，需要大学在创业教育和研究方面积累到一定程度，有足够的创业师资和广泛的学生需求，才可以逐步从项目发展成为系，再发展成为学院。美国的创业学院模式主要有两种类型：一是集创业教育正规课程体系、跨学科创业教育项目以及跨校创业活动于一体的实体性创业学院（School of Entrepreneurship）；二是统筹和整合全校创业教育资源，支持各学院学生创业实践的创业学院，如耶鲁大学创业学院（Yale Entrepreneurial Institute）。

二、实体学院:俄克拉荷马州立大学创业学院

俄克拉荷马州立大学是率先成立实体性创业学院的大学之一。围绕"想象-相信-创造"之主旨,基于"每个学生都具有巨大创业潜能"的基本信念,俄克拉荷马州立大学构建了独特的创业教育组织机构。一方面,创业学院建设了一支由10位专职教师组成的师资队伍,开设了44门核心课程,提供本科生创业辅修和创业主修、MBA创业学方向、创业科学硕士以及创业学博士项目,构建了从本科到博士的系统的创业教育项目,发展创业学学科。[①] 学院还通过开展高水平研究拓展学术影响力,使俄克拉荷马州立大学被评为美国创业研究前十的高校。另一方面,创业学院通过整合创业教师和来自艺术、工程、农业、医学等领域的非商学教师,构建了跨校园的创业课程体系,与不同学院合作创造性地开发了二十多个全校性创业教育项目(如图3.6所示)。[②] 除了提供创业课程、与其他学院合作开发跨学科创业教育项目外,创业学院还整体协调全校的创业计划大赛等实践活动,确保更多商学院之外的学生参与到创业计划中。创业学院还设立瑞塔创业中心(Riata Center for Entrepreneurship),致力于为学生创业提供资金和孵化基地支持,推进女性创业、残疾人创业等外延拓展活动。

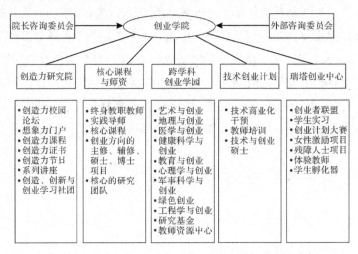

图3.6 俄克拉荷马州立大学创业学院的组织与运行

---

① 徐小洲,梅伟惠.高校创业教育体系建设战略研究[M].杭州:浙江教育出版社,2015:90.

② 梅伟惠.创业人才培养新视域:全校性创业教育理论与实践[J].教育研究,2012(6):144-149.

成立创业学院的主要动机是为来自不同学科对创业感兴趣的师生提供系统化的网络。学院致力于将创业观念与思维方式整合到全校不同的学科当中。瑞塔教师项目(Riata Faculty Fellows Program)吸引来自其他专业领域的教师通过项目(如课程、研究、社区服务等)的形式,将创业与专业相结合;同时这些教师将被创业学院同时聘任三年。此外,创业学院还通过技术商业化项目、瑞塔学者项目(来自其他任何学科的研究生)、创造力研究所(Creativity Institnte)以及为非商学院学生提供创业辅修项目等形式来推动跨学科合作。

三、虚体学院:耶鲁大学创业学院

为整合全校的创新创业资源,挖掘学生的创业潜能,在管理学院、纽黑文市和康涅格州事务办公室的支持下,耶鲁大学于 2007 年成立耶鲁创业学院。耶鲁创业学院服务全校学生的创业实践活动,其创业课程主要由管理学院提供。创业学院与遍布校园的跨学科创新中心开展紧密合作,开展基于创新的创业活动。这些中心包括了工程创新与设计中心、生物医学与介入技术中心、商业与环境中心、创新健康中心、临床研究中心等,引导学生关注公共卫生问题、教育不公平问题、环境挑战、贫困问题等,培养学生在实践中发现创业机会,并结合高校孵化器和加速器,将创意与创新成果相结合开展社会创业。到目前为止,该学院已经孵化了 90 家初创企业,募集 1.35 亿美元的资金,并创造了 350 多个工作岗位。该学院的老师来自管理学院、林业与环境研究学院、医学院、音乐学院、工程学院、法学院、文理研究生院等,连接着各个学院的创新成果和创业项目。耶鲁创业学院为学生提供创业训练营、资金支持、孵化服务等多样化支撑,服务于耶鲁大学正规课程之外的所有创业活动,将创业能力作为学术的互补能力。

第三节　学院主导模式的优势与挑战

一、学院主导模式的优势

学院主导模式创业教育从早期的单一学院主导,到近期的多学院主导以及创业学院主导,呈现出自下而上的发展历程。这些学院经历了较长的创业教育历史积淀,拥有较强的师资团队。学院主导的创业教育项目具有以下优势。

1. 明确的组织保障了创业教育课程的系统性

随着创业教育重要性的提升,大量的创业课程兴起,但是由于提供者各异,创业课程的重复率高、整合性差,造成了全校资源的浪费。学院主导的创业教育模式,能够有效杜绝课程体系杂乱无章的情况,为学生提供高质量、系统性强的创业教育课程。例如,斯坦福大学商学院和工程学院是全校创业教育的主要力量,两个学院开设的课程数量占到全校创业课程数量的 85% 以上;隶属于商学院的创业研究中心和隶属于工程学院的高科技创业项目(STVP)系统设计创业课程。根据斯坦福大学商学院的统计,斯坦福大学共开设创业课程 214 门,其中包括与创业管理直接相关的课程 131 门,间接相关的课程 83 门。[①] 不仅创业课程数量众多,而且课程结构性强,重复率低。

2. 教师主体的积极参与保障了创业教育的可持续性

由于学院主导的创业教育模式具有较好的历史积淀,对创业感兴趣的教师在发展过程中将创业教育和个人学术生涯紧密结合,从而有效激发了教师持续参与创业教育的动力和兴趣。目前,美国有 71 本同行评审期刊致力于创业研究,建立了超过 100 个大学创业研究中心,以及 400 多个创业终身讲席教授。[②] 美国创业教育领域的很多知名教授,既是创业教育教学改革的积极倡导者,也是创业教育研究的主要学者。他们将创业教育和研究作为自己的学术方向。此外,依托固定的学院也保障了项目的招生人数、资源的供给,从而促进项目的可靠性和可持续性。

二、学院主导模式的挑战

学院主导的创业教育项目具有小而精的特点。由于创业教育的资源、教师、课程都由某个学院来提供,它们的项目往往针对少数学生提供体系化的教育。虽然有些大学随着资源和项目积累到某种程度而成立了创业学院,但是仍旧需

---

① Center for Entrpreneurial Studies at Stanford Graduate School of Business. Teaching & Currilucum [EB/OL]. http://www.gsb.stanford.edu/faculty-research/centers-initiatives/ces/teaching-curriculum, 2015-11-26

② 海迪·M.内克,等.如何教创业:基于实践的百森教学法[M].薛红志,等译.北京:机械工业出版社,2015:2.

要创业教育领导者长期不懈的努力。有着 70 年多年发展历史的美国高校创业教育,仅有少数大学成立了实体的创业学院,其他大部分高校的创业教育项目由创业中心来承担,或者鼓励不同学院探索创业教育与专业教育相融合的渠道。因此,学院主导的创业教育应该发挥其优势,更加注重和其他学院在跨学科创业教育方面的合作,从而惠及更多学生,提升创业教育项目的影响力。

近年来,美国越来越多大学的文理学院引入创业教育项目,为学生创业能力培养奠定基础。在美国的大学,文理学院往往是最大的学院,旨在为学生提供广博的人文与科学知识,培养学生在跨学科情境下的思辨能力和创造性思维。文理学院的学生有机会学习跨学科的"重大问题",通过与来自不同背景的人们互动提升了他们的人际网络技能,因此也更好地掌握了在快节奏的、非传统的工作环境中获得成功必备的软技能。创新者努力挑战传统智慧,整合不同来源的信息,进行清晰的沟通,以开放的思维探究答案——所有这些技能都是文理学院通识教育的特点。[1] 美国有很多成功的创业者,都是在文理学院的环境中培育出来的。例如,史蒂夫·乔布斯认为里德学院及其强大的书法课程,树立了他对设计的兴趣,以及将技术与艺术完美结合的能力;美国运通首席执行官肯·查劳尔特(Ken Chenault)的历史学位帮助其以广阔的历史视野理解商业运动,从而获得创业上的成功。由文理学院开展创业教育有如下原因:首先,在文理学院进行创业教育更能对大学的核心使命造成冲击,因为人文学科最能反映通识教育的价值观和文化;文理学院的学生数量最多,如果文理学院的学生和教师能从创业课程中获益,很有可能整个学校都会从理智和情感上接受创业教育。[2] 其次,越来越多的基金会将文理学院创业教育项目作为捐赠的重要目标。例如,北卡罗来纳大学教堂山分校文理学院的创业教育项目在 2017 年获得一笔 1800 万美元的捐赠,一是支持该校学生赴全球创业企业实习;二是鼓励学院和大学开展基于问题的创业学习。[3] 捐赠经费将创设三个驻校企业家和四位创业师资,提供 70 个海外创业实习机会,以及开展创新创业教育的系列讲座。同时,该经费也将用

---

① 霍尔登·索普,巴克·戈尔茨坦.创新引擎——21 世纪的创业型大学[M].赵中建,卓泽林,李谦,张燕南,译.上海:上海科技教育出版社,2018:110.

② 霍尔登·索普,巴克·戈尔茨坦.创新引擎——21 世纪的创业型大学[M].赵中建,卓泽林,李谦,张燕南,译.上海:上海科技教育出版社,2018:111.

③ UNC Gets 18M Gift for Undergraduate Entrepreneurship Program[EB/OL]. https://abc11.com/education/unc-gets-MYM18m-gift-for-entrepreneurship-program/2027628/, 2017-05-23.

于项目主管和实习主管的聘任。与捐赠经费配套，文理学院将提供额外的经费和资源支持，增加三个全日制创业教师、一位驻校企业家和一位行政主管。这些都将有利于创业教育项目更高质量运行和产生更大影响力。

第四章

西方高校创业教育组织与运行的
学科渗透模式

学科渗透模式指的是创业教育与专业教育相结合,创业教育并不是由某个学院系统开展,而是渗透到不同学科的辐射式发展模式。学科渗透模式是高校创业教育发展的重要趋势。

第一节 学科渗透模式的内涵与现状

一、学科渗透模式的内涵

随着社会对创业教育需求的不断增加,越来越多利益相关者呼吁创业教育不仅仅是商学院学生的专利,更是每个学生都应该接受的一种教育。创业教育的内涵也逐渐突破"关于创办新企业的教育",而逐渐拓展为"鼓励一种追求机会,容忍失败,依靠自己的努力获得成功,创造性利用资源,不屈不挠地跨越障碍,重在执行的思维模式"。[①] 因而,越来越多的高校选择以学科渗透为特点的模式推进全校创业教育,其中不乏哈佛大学、康奈尔大学等世界知名院校。在分析美国高校创业教育组织变迁的基础上,莫里斯等人提出学科渗透的四种可能

---

① Morris, M. H., Kuratko, D. F., & Cornwall, J. R. Entrepreneurship Programs and the Modern University[M]. Northampton,MA: Edward Elgar Publishing Limited, 2013:240.

形式：[①]

（1）成立独立的大学办公室：为全校的创业教育单独设置校级层面的办公室，专项推动全校创业教育工作，对学校领导进行直接汇报。

（2）不同学院分别成立创业中心：各学院成立具有专业特色的创新创业中心，发挥专业教师在推动创新创业教育中的作用。

（3）从现有的商学院项目中扩展：从商学院现有创业项目辐射至其他创业项目，从而达到创新项目的扩散。

（4）一般创业扩散模型：去中心化的，以更少的校级控制扩大全校性创业教育。来自多个院系的主要领导组成校级委员会，提供一般的指导意见和财政支持，委员会设轮值主席。

简而言之，高校创业教育的学科渗透模式指的是高校为推动全校性创业教育的实施，鼓励各个学院独立负责大学生创业思维、精神与能力的培养，主动接受来自创业学科的知识渗透，通过与创业学教师合作开发兼具创业性和专业性的课程等形式促进创业教育与其他学科的交流与互动。高校创业教育的学科渗透模式与学院主导模式相比，更强调跨学科培养创新创业人才，培养能够在专业领域内进行创业，既有创业思维、精神与技能，又掌握专业知识的复合型人才。在学科渗透模式下，大学培养创业型的艺术家、工程师或社会工作者，将更有可能满足社会的需求，更好地促进社会发展。对于教师来说，拥有了创业型思维和能力，能够更好地把握潜在的机会，参与创新行动，并且冒一定的风险来推进自身的教学、科研和社会服务。对于大学整体来说，目前很多学院都面临资源紧缺的挑战，创业型运作模式将激发学院积极整合资源，推进日常的创新。学科渗透模式创业教育能够营造一种创业型的氛围，使得大学内部的所有成员都能够了解创业的重要性。具体地说，学科渗透模式具有以下几个主要特征：

首先，目标群体全校化。学科渗透模式以推行全校性创业教育理念为前提，认同学习哲学、教育学、新闻学、医学、工程学等不同专业的学生同样需要学习和具备一定的创业思维、精神与技能。

其次，知识掌握融合化。学科渗透模式强调创业学知识与其他专业知识之间的融合，知识融合推动教师之间的融合、学术研究旨趣的融合、学科的融合等。

---

① Morris, N. M., Kuratko, D. F., & Pryor, C. G. Building Blocks for the Development of University-Wide Entrepreneurship[J]. Entrepreneurship Research Journal, 2014, 4(1):45-68.

知识不再固定于某一个局限的版图之中,社会问题也不会单纯地发生在某一学科边界之内。这种复杂性对学生的认知能力和理解能力提出了更高的要求,其中之一就是跨学科学习。

再次,课程类型多样化。创业教育渗透进不同的学科将呈现出不同的图景。工程学院的教师通过"新技术公司"课程,讲授高新技术的开发与知识产权的保护、未来技术发展与创业团队的建设等;[①]医学院教师在讲授艾滋病的成因与预防的同时,也教授学生如何创建关爱艾滋病患者的社会企业并扩大全球影响力;人文学院的教师则一方面探讨如何挖掘、保护、传承自己的民族文化遗产,另一方面利用并融合现代科技和外来优秀文化进行开放的研究,从而促进传统文化的良性产业化。[②]

第四,组织管理去中心化。学科渗透模式的组织重心在学院和学科,各个学院往往拥有开设课程、设置创业教育辅修专业、举办创业竞赛与各项活动、参与社区创业、经费预算决算等方面的自主权。相比于全校只有一个创业中心,或者只有商学院参与创业教育的"集权"模式,学科渗透模式更加"分权"。尽管全校层面可能会成立相关协调机构,也会组织全校性的创业活动,但往往与各学院的创业教育工作具有明确界限,一般负责学校创业教育的战略制定与执行、校级层面沟通与合作平台的搭建、校级层面创业实践活动组织等。

二、美国高校学科渗透模式的多样化探索

创新创业被认为是经济可持续发展和国家保持竞争力优势的关键驱动力,世界各国对高质量创业教育项目的需求不断增加。同时,越来越多的学者和实践者也认为,不同学科背景的学生都应该有机会接触创业教育和训练。因此,一些大学尝试将创业课程与工程、生命科学等技术性学科,以及历史、社会学、教育学等人文学科相结合。[③] 斯特里特(Streeter)等在 2002 年考察了美国 38 个排名

---

① 徐小洲,臧玲玲.创业教育与工程教育的融合——美国欧林工学院教育模式探析[J].高等工程教育研究,2014(1):103-107.

② 徐小洲,倪好.构建创业教育复合平台——联合国教科文组织中国创业教育联盟成立大会暨首届年会综述[J].复旦教育论坛,2015(1):88-91.

③ Mars, M. M. & Hoskinson, S. Intersecting Entrepreneurship and Law: an Experiential Learning Exchange[A]. In West III, G. P., Gatewood, E. J., & Shaver, K. G. Handbook of University-wide Entrepreneurship Education[C]. Northampton, MA: Edward Elgar, 2009.

靠前的创业教育项目,发现有 74％的项目面向全校学生开放;在他们最新的研究中,斯特里特等研究了 160 所高校创业教育项目,发现有 47％的工程本科创业教育项目、30％的工程研究生创业教育项目、69％商学和工程学之外的学院为全校不同专业的学生提供创新创业教育机会。[①] 范文霍芬和德拉戈的调查显示:创业教育项目的提供者呈现多样化倾向;如表 4.1 所示,商学院之外提供创业教育项目的学院主要包括:工程学院(22.4％)、健康科学学院(11.5％)、艺术学院(10.6％)、环境科学学院(10.2％)等。[②]

表 4.1　商学院之外提供创业教育项目的学院(N＝321)

学　院	数量	比例(％)
音乐学院	18	5.6
艺术学院	34	10.6
环境科学学院	33	10.2
工程学院	72	22.4
健康科学学院	37	11.5
建筑学院/城市规划学院	16	5.0
生物科学学院	30	9.3
法学院	29	9.0
兽医学院	9	2.8
医学院	11	3.4

资料来源:Vanevenhoven,J.,& Drago,W. A. The Structure and Scope of Entrepreneurship Program in Higher Education around the World[A]. In D. Rae & C. L. Wang(Eds.). Entrepreneurial Learning:New Perspectives in Research,Education and Practice[C]. New York:Routledge,2015:127.

[①]　Streeter,D. H.,Kher,R.,& Jaquette,Jr. J. P. University-wide Trends in Entrepreneurship Education and the Rankings:a Dilemma [J]. Journal of Entrepreneurship education,2011(1):75-92.

[②]　Vanevenhoven,J.,& Drago,W. A. The Structure and Scope of Entrepreneurship Program in Higher Education around the World[A]. In D. Rae & C. L. Wang(Eds.). Entrepreneurial Learning:New Perspectives in Research,Education and Practice[C]. New York:Routledge,2015:127.

(一)哈佛大学:以学科渗透模式推进社会创业教育[①]

大学引领社会发展往往通过其前瞻性认识与卓越人才培养来实现。为了培养创业时代的全球领袖,哈佛大学通过举办社会创业大赛、构建社会创业实践项目、建立跨学科的学生社团等举措推动社会创业教育发展,成为全球社会创业教育的标杆。哈佛大学社会创业教育经验,尤其是其以学科渗透为理念的实施策略,对我们拓展创业教育的认识与实践、满足未来创业教育发展的需要具有重要参考价值。

1.第一课堂:开发融合性社会创业教育课程

20世纪90年代中期,哈佛大学成立社会企业发展研究中心。格雷格·迪斯(Greg Dees)教授在商学院首开社会创业课程"社会部门中的创业",[②]并很快由传统的商学院主导模式转化为学科渗透模式。2004年,哈佛大学招收第一批社会创业专业博士生,从单纯课程开设迈入专业化人才培养的轨道。

哈佛大学社会创业课程渗透于学生的专业学习,以培养学生的社会责任意识和创业性思维为重点,体现出创业与专业融合的特征。近年来,哈佛大学商学院、教育学院、肯尼迪政府管理学院、哈佛学院、法学院等学院纷纷从各自学科出发,将专业课程与社会创业课程紧密融合,开设多种类型的社会创业类课程(见表4.2)。

表 4.2　哈佛大学开设的部分社会创业课程

开课学院	课程名称	开课学院	课程名称
商学院	金字塔底端的商业	教育学院	教育革新与社会创业
	教育中的创业与技术创新	公共卫生学院	卫生与环境中的社会创业
	全球卫生管理:运用行为经济学来创造影响	肯尼迪政府管理学院	私立与社会部门的创业
	社会创新实验室:田野课程		公共问题处理与慈善
	社会企业管理		引发社会变革
	可持续城市:金融、设计与创新		私人资本的公共目的
	商业、能源和环境中的创新	哈佛学院	社会创业与创新

资料来源:https://i-lab.harvard.edu/foundational-learning/faculty-course-list.

---

① 该部分内容来源于:徐小洲,倪好.社会创业教育:哈佛大学的经验与启示[J].教育研究,2016(1):143-149.

② Brock, D. D., & Steiner, S. D. Social Entrepreneurship Education: Is It Achieving the Desired Aims [EB/OL]. http://ssrn.com/abstract=1344419,2009-02-16.

哈佛大学社会创业教育课程呈现交叉、多元的特征。商学院主动将原课程范畴拓宽到其他领域,如能源、教育、卫生等,形成以社会问题和创新管理为核心的课程内容。商学院开设的"教育中的创业与技术创新"一课,从美国基础教育改革的国际与国内背景出发,探讨如何将商业准则、技术创新管理方面的知识应用到 K-12 教育改革中,以创新的方式促进教学效果的提升和学校形象的重塑。社会科学中的其他学科也主动与创业课程挂钩,形成以问题解决和创新思维教育为特征的新课程。每年均有来自全校 500 多位学生选修商学院开设的社会创业核心选修课程。教育学院的"教育革新与社会创业"课程为有志于进入社会创业领域、扩大全球教育机会的学生开设。该课程采用工作坊、讲座、材料阅读等多种教学方法,增强学生对教育领域社会创业认识,提升其创业技能,培养有志于创造可持续变革的未来社会创业者。在这门课程中,学生不仅要明确界定教育领域的某个创业问题,而且要针对教育领域的社会创业者进行深入商业分析,至少参与社会创业相关的会议、工作坊、研讨会、创业竞赛、访谈等三次,并合作完成一份社会创业计划。[①] 上述两个课程案例表明,针对教育改革这一社会问题,哈佛大学商学院和教育学院从原有的学科结构出发,开设了各有侧重的社会创业课程。同样的,针对公共卫生、能源清洁、城市发展、互联网法律等社会发展所面临的重要问题,肯尼迪政府管理学院等学院也开设了相关社会创业课程。

社会创业教育领域宽广,创新性、交叉性、实践性等要求对高质量的课程与教学带来挑战。哈佛大学融合性社会创业课程具有以下四个明显特点:社会创业课程设置既以社会实践需求为导向,又以学科交叉方式突破了传统的学科樊篱;既强调大学生的社会情怀,又关注学生的创业能力;既重视大学生创业思维的训练,又关注其社会问题解决的专业素养提升;既继承原有的专业教育传统,又融入新的创业精神。

2. 创业实践:构建多元体验学习平台

社会创业教育具有鲜明的社会属性,学生要通过服务性学习、社会调研、公益活动等社会实践,加深对社会现状的认识,并在实践基础上识别社会创业机会,提升创业能力。哈佛大学为有志于成为社会创业者的学生提供多元社会创业体验平台,创业体验式学习是其重要形式。2013—2014 学年,共 60 位学生参

---

① Graduate School of Education. Educational Innovation and Social Entrepreneurship in Comparative Perspective〔EB/OL〕http://isites.harvard.edu/icb/icb.do? keyword=k97605,2016-12-06.

与创办了 39 个社会创业项目;①2014—2015 学年,共有 49 位学生参与创办了 37 个社会创业项目。②

哈佛大学法学院、教育学院、商学院等学院以专业为依托,设立了社会创业体验平台。如,法学院建立事务法律诊所和贝克曼网络法律公益诊所,这些诊所以社会企业方式运营,学生可以在法务实践平台积累社会创业的经验,深化法律专业知识学习,并通过参与起诉、咨询和辩护等法律业务获得相应的学分。教育学院的"桥"(BRIDGE)项目为哈佛大学校内外师生提供培育教育创新的合作空间,并组织开展创新创业比赛,推动学生的跨学科能力培养,提高其解决重要社会问题的能力。商学院举办社会创业和商业创业两类创新创业大赛,学生可参加社会创业竞赛,检验社会创新的创意可行性,发展社会创业技能,加强风险意识和跨领域合作能力。社会创业竞赛包括营利、非营利、混合模式三种类型的商业计划,每年吸引众多学生团队参与。

"来自校长的挑战"(President's Challenge)是哈佛体验式学习的典型项目,形式是训练和竞赛相结合。哈佛大学校长每年遴选五个全球性社会问题,鼓励全校学生进行跨学科合作,设计创新解决方案,以创业的形式消除或者缓解阻碍时代进步的全球难题。对 2012—2015 年该挑战赛的选题分析(见表 4.3)发现,教育、环境、健康等一直是该挑战赛选题的热门领域。此外,选题也涉及经济与就业、城市发展、灾难防治等问题。

表 4.3 "来自校长的挑战"历年遴选主题

年度	领域				
	经济	教育	环境	健康	其他
2015	经济发展与可持续就业	教育创新	能源与环境	平价医疗	互联城市
2014	经济发展与可持续就业	教育创新	能源与环境	平价医疗	有效治理
2013		学习	能源与环境	健康	艺术;灾难准备和救灾
2012		教育赋权	洁净水源;洁净空气	个人健康;全球健康	

资料来源:https://i-lab.harvard.edu/experiential-learning/presidents-challenge 及历年相关活动报道。

---

① Harvard Business School. 2014-2015 Curriculum Electives [EB/OL] http://www.hbs.edu/socialenterprise/pdf/SEElectives.pdf,2016-12-06.

② Harvard Business School. 2015-2016 Curriculum Electives[EB/OL]. http://www.hbs.edu/socialenterprise/pdf/SEElectives.pdf,2016-12-06.

"来自校长的挑战"面向全校开放,将创新创业训练与竞赛相结合。最优秀的十支队伍将各自赢得五千美元奖励以进一步完善其创业方案,冠亚军团队还将共享十万美元大奖。随着越来越多的学生对该挑战赛的关注,哈佛大学创新实验室近年来还设立了"来自院长的挑战"(Dean's Challenge)项目,如:来自院长的文化创业挑战、设计挑战、运动创新挑战、食品安全挑战等。这些挑战项目皆以解决社会复杂问题为关注点,鼓励学生设计社会创业方案,破解时代难题。这一系列的挑战赛已经成为哈佛大学推广全校性社会创业体验学习的标志性项目。

3.组织保障:打造紧密协作的社会创业教育共同体

组织架构与机制是创业教育有效运行的重要保障。为了推进社会创业教育,哈佛大学构建了由学校、政府、企业、社区、基金会、媒体等利益相关者参加的社会创业教育共同体。在学校内部,学校有关科研与教学组织、专业学院、学生社团等共同参与全校性社会创业教育(如图 4.1)。

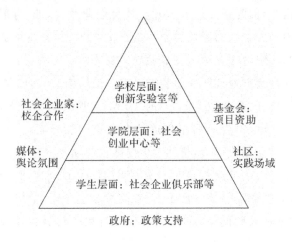

图 4.1　哈佛大学社会创业教育共同体

在社会创业教育共同体中,"哈佛大学社会创新联盟"(Social Innovation Coalition)和"哈佛创新实验室"(Harvard Innovation Lab)是两个标志性组织,在推动各个社会创业实施单位的交流、协调与合作中发挥了重要作用。"哈佛大学社会创新联盟"重在为全校参与社会创业教育的师资提供交流与合作平台,其成员包括来自商学院、人文学院等学院的专家教授,也包括校内行政管理人员。

秉承"任何学科、任何阶段的学生都可以成为创业者"理念的"哈佛创新实验室"成立于 2011 年。该实验室负责推进哈佛全校性创业教育,由哈佛大学学术副校长和各学院院长共同管理。哈佛创新实验室提供网络视频和课程学习,一对一的专家咨询服务,培育团队式创业活动,开展工作坊、挑战赛、创业企业培育和孵化等工作,帮助哈佛学生提高创业实践技能。这种管理方式具有较强的执行力,并容易凝聚全校力量,为有志于参与社会创业的大学生提供多方面资源。

哈佛有关学院通过建立社会创业教育组织、开设理论与经验性课程,开展社会创业竞赛,搭建学生社会创业实践与交流平台等形式推进社会创业教育。如:"哈佛学院社会创新协作组织"(Social Innovation Collaborative,SIC)汇集了一批旨在以创新路径解决世界紧迫的社会与环境问题的成员。该组织以培养社会创业者为目标,注重导师网络建构、为本科生提供社会创业机会,开设富有成效的开放性对话、多样的全校性赛事、能力建构工作坊、一年一度的社会创业创新峰会等特色项目,并加强与哈佛大学校内外组织的合作培养。有的学院尽管没有成立专门的组织,但配备专门人员开展社会创业教育,如:肯尼迪政府管理学院公共领导力中心一直致力于培养学生的公共领导力,学生可通过跟随企业导师、与专家对话、小组合作等形式完成领导力训练。

哈佛大学的社会创业社团在学生中具有广泛影响。如,以关注教育、社会财富、社会责任为主,成员多达 300 人的"社会企业俱乐部"(Social Enterprise Club),其宗旨是激励、教育与联络创造社会变革的领导者,为哈佛大学商学院学生提供更多的社会创业机会,帮助学生提高创业项目的社会影响,增进社会创业组织之间的合作。"健康社会创业组织"(Harvard Social Entrepreneurs in Health)是公共卫生学院的学生社团,旨在点燃学生创业激情,为其提供创业技能、创业经验和创业人脉网络,扩大学生在医药和公共卫生领域社会创业的影响力。

哈佛大学将社会创业人才培养的范围从商学院拓展到多个学院,甚至整个学校系统,必然面对多个教育主体的分工与协作问题。如,在校内,学校层面的战略设计与平台建设,学院层面的协同推进与学生组织的自主发展;在校外,政府、基金会、社区、企业、媒体等多种力量共同营造更开放的、生态的外部支撑体系。哈佛大学通过努力协调校内和校外教育主体的关系,积极探索出社会创业教育共同体的发展路径。

(二)康奈尔大学:创业@康奈尔

作为一所著名的赠地大学,康奈尔大学秉承"使科学直接服务于农业和其他生产行业"的传统,将创业教育融入各个不同学科的发展。早在 20 世纪 80 年代,约翰逊管理学院就设立了创业教育教席,要求为各个专业或领域的研究生和本科生开设创业课程。1988 年,农业与生命科学学院启动创业教育活动,并设立了创业教席;工程学院随后在 20 世纪 90 年代设立了工程创业教育项目。随着创业教育的开展,各个学院的院长认为有必要开展学院间的合作。因此在 1992 年,康奈尔大学的校友、教师、学院院长成立了"创业精神和个人创业项目"(The Entrepreneurship and Personal Enterprise Program, EPE),目前已经更名为"创业@康奈尔"项目(E@C),支持全校学生创业精神的培养和个人创业技能的提升。康奈尔大学是最早发挥各个学院的力量来构建全校性创业教育项目的大学之一,努力"创设一个遍及整个大学的创业项目,在每个学院、每个领域以及每个阶段培养每位康奈尔人的创业精神"。为了保障项目顺利进行,12 位学院院长组成管理委员会,提供总体的指导和经费支持,各学院院长轮流担任主席。委员会还负责"克拉克教席"(Clark Professorships)的遴选和管理,这一教席支持教师开设高水平的课程、将创业精神整合到现有课程,或开展创业相关的研究。除了一系列的学生支持项目(如年度的全校创业盛典、创业计划大赛、创业实习等)和校友参与活动,教师以及其他人员也经常以非正式的形式交流思想、经验和共享资源。表 4.4 显示了康奈尔大学开设的与专业相结合的课程,这些课程反映了某一特定领域的创业前沿,帮助学生在获得专业知识和技能的同时,把握创业机会。

表 4.4　康奈尔大学与专业领域相结合的创业课程

领域	创业课程
酒店管理	酒店创业入门
工程学	工程师创业管理学
高成长企业	创业企业投资与管理案例研究
创造力	创造力、创新力与领导力
多样化	女性、领导力与创业
纺织品与服装	服装生产与管理

续表

领域	创业课程
可持续性	可持续性作为创业型机构的创新动力
生物科技	生物科技的国际市场
健康保健	健康产业的创新与创业
特许经营	酒店产业中的特许经营
法律	高成长型企业的法律问题
技术战略	数字化企业战略
植物科学	科学家和创业者的知识产权管理
社会创业	社会创业者、创新者与问题解决者
兽医学	实践管理

资料来源：Antal，N.，Kingma，B.，Morre，D.，& Streeter，D. University - wide Entrepreneurship Education[A]. In Hoskinsin，S.，& Kuratko，D. F. Innovative Pathways for University Entrepreneurship in the 21st Century[C]. Bingley，UK：Emerald Group Publishing Limited，2014：232

在"创业@康奈尔"项目下，55 位专职的教师共开设了 90 门创业教育课程，每年录取的学生为 3500 名左右。[1] 同时，康奈尔大学每年暑期还安排 50～75 位学生到创业型企业实习。康奈尔大学的孵化器 eLab 每年接收 10～15 个学生企业入驻。此外，康奈尔大学还拥有 50～70 位咨询委员会的成员，为大学生创业提供指导和资源支持。

康奈尔大学学科渗透模式的创业教育采用校级筹款和院级筹款两种筹资渠道。[2] 从总体上看，这两种筹资渠道各有利弊。首先，由各个学院分别筹资的策略能够促使各学院努力去寻找各种筹资机会，并在该领域建立领导力；但也容易导致经济萧条时期针对全校的普适性创业教育经费的缩减。其次，校友在资助校级"创业@康奈尔"项目过程中发挥了非常重要的作用，并且持续将一些创业

---

[1] Antal，N.，Kingma，B.，Moore，D.，& Streeter，D. University - Wide Entrepreneurship Education[A]. In Hoskinson，S.，& Kuratko，D. F. Innovative Pathways for University Entrepreneurship in the 21st Century[C]. Bingley，UK：Emerald Group Publishing Limited，2014：231.

[2] Morris，M. H.，& Kuratko，D. F. Building University 21st Century Entrepreneurship Programs that Empower and Transform[A]. In Hoskinson，S.，& Kuratko，D. Innovative Pathways for University Entrepreneurship in the 21st Century[C]. Bingley，UK：Emerald Group Publishing Limited，2014：233-234.

教育计划和活动往前推进。但是,经费的大量投入意味着校级咨询委员会获得了越来越大的权力并影响项目的运作方向。作为一所研究型大学,除了为学生提供高质量的创业课程和组织多样化的创业活动,康奈尔大学还致力于开展高水平创业相关研究。但是外部的创业者可能无法很好理解开展学术研究并且在同行评议期刊上发表论文的重要性。这两者需要进一步平衡和协调。

(三)罗切斯特大学:依托校外基金会推进创业教育学科渗透

1. 校外基金会对美国高校创业教育组织模式的影响

各类基金会对于引导高校创业教育向全校拓展、完善创业教育组织结构发挥了重要作用。其中,考夫曼基金会、科尔曼基金会和科恩家族基金会是美国支持高校创业教育的三大基金会,除了支持设置讲座教授席位,还通过各类项目推动创业教育与专业教育的融合。

考夫曼基金会是致力于创业和创业教育的最大型非营利性基金会,由创业者和慈善家埃温·马瑞恩·考夫曼(Ewing Marion Kauffman)成立于1966年,总部设在堪萨斯城,其发展愿景是“通过提升教育成就和创业成功,帮助个人获得经济独立”。1992年,考夫曼基金会成立创业领导力中心(Center for Entrepreneurial Leadership),努力提升全美高校创业教育的领导力。2002年起,基金会聘请卡尔·施拉姆(Carl Schramm)担任主席,致力于推进创业教育项目从商学院向其他专业学院扩展。

考夫曼基金会在推动美国全校性创业教育组织创新方面发挥了重要作用。2003年和2006年,考夫曼基金会共资助两期“考夫曼校园计划”(Kauffman Campus Initiative, KCI),累计向入选高校捐赠4500万美元,同时高校配套1.48亿美元,用于支持各高校开展组织创新,使创业教育成为大学生普遍可获得的经验。[①] 考夫曼基金会第一期共资助了8所大学,第二期再资助了5所研究型大学以及5所俄亥俄州的文理学院(如表4.5)。为推进全校性创业教育理念与实践,“考夫曼校园计划”制定了严格的遴选标准,包括:(1)能否使创业成为所有学生共同的、可获得的体验;(2)校长的参与程度;(3)获得匹配资金的能力;(4)成为其他学院或者大学的典范的可能性;(5)创新路径的相对优势;(6)改变

---

① Schneider, M. Kauffman Campus Initiative: A Study that Explores the Phenomenon of Cross-Campus Entrepreneurship[D]. Doctroal Degree Dissertation, University of Pennsylvania, 2015:18.

校园文化、在校园中营造可持续创业型氛围的可能性等。① 除此之外,考夫曼基金会要求受资助的大学建立学校层面独立的创业办公室,专门负责全校的创业教育事项。该计划强调专业学院在实施创业教育方面的重要性,指出如果商学院处于全校性创业教育项目的中心,那么这所大学将不能受到资助。受资助大学将创业型人才培养与学校发展战略相结合,并采取一系列举措保障全校性创业教育项目的实施。其中,关键利益相关者的参与、多渠道筹措经费、自上而下的支持、广泛的宣传,以及打破"创业等同于创办企业"的刻板印象,在学校政策文件中使用"创新""创造"等词汇,突出创业思维的培养,成为这些受资助高校的共同经验。②

表 4.5 "考夫曼校园计划"受资助高校

第一期(2003)	第二期(2006)
佛罗里达国际大学 霍华德大学 伊利诺伊大学香槟分校 北卡罗来纳大学教堂山分校 罗切斯特大学 德州大学艾尔帕索分校 维克森林大学 华盛顿大学圣路易斯分校	亚利桑那州立大学 马里兰大学巴尔的摩州立分校 普渡大学 雪城大学 威斯康星大学麦迪逊分校 鲍德温华莱士大学* 伍斯特学院* 希拉姆学院* 伊利湖学院* 奥伯林学院*

资料来源:Schneider, M. Kauffman Campus Initiative: A Study that Explores the Phenomenon of Cross-Campus Entrepreneurship [D]. Doctroal Degree Dissertation, University of Pennsylvania, 2015:18. (＊表示由受伯顿·D·摩根基金会资助)

"考夫曼校园计划"对美国高校创业教育产生了深远的影响。首先,确保学科渗透模式的创业教育拥有充足的资金。尽管 2008 年金融危机之后美国整体经济形势下滑,大部分受资助的高校还是筹集到配套资金。其中,华盛顿大学圣路易斯分校筹集到 850 万美元,雪城大学筹集到 500 万美元,用于推动全校性创业教育的可持续发展。③ 第二,受资助高校的创业教育课程或项目数量、创业教

① Morris, M. H., Kuratko, D. F., & Cornwall, J. R. Entrepreneurship Programs and The Modern University[M]. Northampton, MA: Edward Elgar. 2013:246.

② Torrance, W. Entrepreneurial Campuses: Action, Impact, and Lessons Learned from the Kauffman Campus Initiative[R]. http://www. kauffman. org/~/media/kauffman_org/research%20reports%20and%20covers/2013/08/entrepreneurialcampusesessay. pdf, 2013.

③ Green, W. Changing the Norms of American Higher Learning: A Special Report on Kauffman Campuses Initiative[R]. Kansas City, MO: The Kauffman Foundation. 2011.

育课程录取的学生人数、提供创业课程的系科数量以及全日制创业教师数等指标都显著增长(如表 4.6)。创业教育项目录取的学生总数从受资助前的 12280 人增

表 4.6 "考夫曼校园计划"实施前后创业教育项目发展对比

获资助之前	第一期(2003)								第二期(2006)										总计
	佛罗里达国际大学	霍华德大学	德州大学艾尔帕索分校	伊利诺伊大学香槟分校	北卡罗来纳大学教堂山分校	罗切斯特大学	维克森林大学	华盛顿大学圣路易斯分校	亚利桑那州立大学	普渡大学	雪城大学	马里兰大学巴尔的摩州立分校	威斯康星大学麦迪逊分校	鲍德温华莱士大学	希拉姆学院	伊利湖学院	奥伯林学院	伍斯特学院	
本科生录取数	440	—	347	4429	430	102	28	135	955	100	1767	109	221	116	—	—	11	17	9207
硕士生录取数	195	—	3	1399	196	224	224	128	298	16	59	—	249	16	—	—	—	—	3007
博士生录取数	—	—	—	52	3	—	—	1	10	—	—	—	—	—	—	—	—	—	66
录取的学生总数	635	—	350	5828	678	329	252	264	1263	116	1826	109	470	132	—	—	11	17	12280
提供创业教育的校园数	1	—	—	1	1	1	—	1	3	1	1	1	1	—	1	—	—	—	16
提供创业教育的系科数	1	4	—	19	2	—	—	1	19	4	1	3	6	1	—	—	—	1	69
针对全校学生的创业课程数	—	—	—	69	28	21	11	3	30	2	27	3	18	9	—	—	2	1	244
全日制创业教师数	1	3	—	38	20	7	7	7	29	5	18	—	12	3	—	—	—	—	154
获资助之后(2012)																			
本科生录取数	5372	1567	1070	6730	1241	450	597	709	33168	900	6628	3285	947	234	303	93	222	232	63848
硕士生录取数	209	60	227	1551	594	296	203	217	1122	50	1105	138	259	38	38	7	—	—	6114
博士生录取数	10	—	13	122	47	163	—	176	66	10	10	10	—	—	—	—	—	—	627
录取的学生总数	5591	1627	1310	8403	1882	909	800	1102	34356	960	7743	3433	1206	272	341	100	222	332	70589
增加的录取学生总数	4956	1627	960	2575	1204	580	548	838	33093	844	5917	3324	736	140	341	100	211	315	58309
提供创业教育的校园数	3	1	1	1	1	3	2	2	4	1	6	1	2	—	1	1	1	1	32
提供创业教育的系科数	12	16	32	44	10	16	23	26	39	32	6	22	9	2	11	6	6	—	331
针对全校学生的创业课程数	12	5	129	186	89	63	68	53	85	8	164	74	50	14	38	11	51	5	1105
增加的创业课程总数	12	—	129	117	61	42	57	50	55	6	137	71	32	5	38	11	49	4	881
全日制创业教师数	7	22	4	78	33	14	45	29	324	9	89	60	15	5	—	32	4	4	802
增加的全日制创业教师数	6	19	8	40	13	14	45	29	295	4	71	60	3	2	—	32	—	4	648

资料来源:Schneider,M. Kauffman Campus Initiative:A Study that Explores the Phenomenon of Cross-Campus Entrepreneurship[D]. Doctoral Degree Dissertation,University of Pennsylvania,2015:211.

加到受资助后的 70589 人,增加了 58309 人;创业教育课程总数增加了 881 门;全日制创业教师增加了 648 人。[①] 第三,全校性创业教育理念日益深入人心。随着该项目的实施,美国高校创业教育逐渐从商学院与工程学院等少数专业学院向全校拓展,跨校区的创业教育项目成为高校的有机组成部分。一些高校甚至以全校性创业教育项目的建设为切入点,推动大学整体的创新创业转型。例如,创业已经成为亚利桑那州立大学"新美国大学"(New American University)的基础观念;伊利诺伊大学成立创业领导力学院(Academy for Entrepreneurship Leadership);北卡罗来那大学致力于"利用创业思维解决全球重大挑战",将创业精神融入战略规划等。

科尔曼基金会对美国高校创业教育的支持始于 1981 年。通过资助成立创业中心,设立创业教育教席,开展教师创业项目,显著提升创业教育的合法化与影响力。2016 年,科尔曼基金会建立"创业教育影响力计划",对其创业教育资助项目进行整合,从而提升创业教育在学术领域以及区域创新创业系统中的影响力。

在"创业教育影响力计划"(如图 4.2)中,科尔曼基金会侧重于对高校的创业课程、创业课外活动、跨学科学习、利益相关者参与、体验学习方法开发以及与社区创业加速器和孵化器的协作等六个维度进行资助,从而完善高校创业教育项目,增进不同专业教师对学生创业型生涯的支持和学生践行创业的能力,最终促进更多潜在创业者成功创业。其中,创业体验学习旨在将体验学习融入创业课程,从而为创业型生涯做好真实的、实践性的准备。

"教师创业伙伴项目"(Faculty Entrepreneurship Fellows Program)是科尔曼基金会创业影响力计划的核心组成部分,旨在促进工程、艺术、商学等领域的教师共同参与跨学科创业教育。从 2009 年开始,该项目资助非商学院的教师在已有课程中增加创业模块,或创设新的创业课程,将创业融入不同学科。在"教师创业伙伴项目"的资助下,目前已有 300 多位来自不同高校的教师在非商学院开设创业课程,既涉及新闻学、领导力、音乐、英语、政治科学、公共关系等人文社会科学,也涉及生物工程学、土木工程学、信息技术、建筑学、物理与化学等理工

---

① Schneider, M. Kauffman Campus Initiative: A Study that Explores the Phenomenon of Cross-Campus Entrepreneurship[D]. Doctroal Degree Dissertation, University of Pennsylvania, 2015:211.

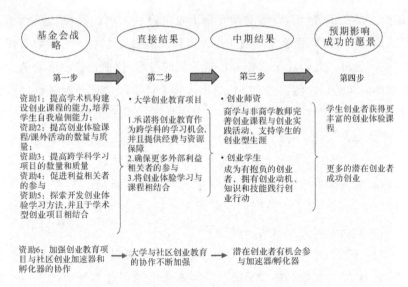

图 4.2 科尔曼基金会"创业教育影响力计划"

资料来源：Coleman Foundation. Entrepreneurship Education Impact Plan[EB/OL]. http://colemanfoundation. typepad. com/files/entrepreneurship-education-impact-plan-1. pdf，2018-08-20.

科。[1] 在此基础上，科尔曼基金会网站收集了 150 多门课的课程大纲，进行资源共享。

科尔曼基金会还积极资助高校成立创业中心和教席。2003 年，科尔曼基金会在德保罗大学(DePaul University)成立科尔曼创业中心，鼓励创业研究与实践，并且加强该中心与实践创业者和大学所在社区的联系。该中心旨在：(1)使大学生接受创业作为一种可行的职业选择；(2)为潜在创业者提供创业成功所需的技能和知识；(3)促进学生学术训练和创业者实际经验的共享。从 1981 年开始，科尔曼基金会先后在伊利诺伊大学芝加哥分校(1981)、埃尔姆赫斯特学院(1982)、伊利诺理工学院(1982)、德保罗大学(1985)、伯洛伊特学院(1986)、马凯特大学(1987)、圣路易斯大学(1991)、北中央学院(1998)、加州州立大学弗雷斯诺分校(1999)、米利金大学(2004)设立了创业教育教席。

2. 罗切斯特大学的学科渗透模式

罗切斯特大学因其创业教育的悠久历史，成为"考夫曼校园计划"资助的第

---

① Katz，J. A. et al. Perspectives on the Development of Cross Campus Entrepreneurship Education[J]. Entrepreneurship Research Journal，2014，4(1)：13-44.

一期成员。早在 1978 年,商学院就开设了校内第一门创业课程"新企业管理与创业"。1986 年之后,商学院将创业作为重要发展目标之一。在罗切斯特大学,"创业"指的是将创意转化为实践并创造价值的过程,价值包括经济价值、社会价值、文化价值和知识价值。20 世纪 80 年代早期,MBA 项目开始提供创业方向,并且在 20 世纪 80 年代末和 90 年代早期增加了一系列创业师资。1998 年,受考夫曼基金会资助,商学院针对高科技创业开发新的创业课程和创业实习项目。1996 年起,音乐学院在艺术创业领域为学生提供多样化课程、教师指导、网络合作机会以及专业实习机会,帮助学生体验艺术领域的创业。从 20 世纪 90 年代开始,护理学院也开设了一系列创业课程和服务,并成立护理创业中心,为学生开展与护理专业相关的创业活动提供平台。

30 多年全校性创业教育发展历史构建了罗切斯特大学独特的创业文化。进入 21 世纪之后,罗切斯特大学通过获得考夫曼校园计划资助,进一步推进学科渗透模式的创业教育。2004 年,罗切斯特大学获得"考夫曼校园计划"(KCI)360 万美元的资助,同时大学为该项目配套了 720 万美元的经费。借此机会,罗切斯特大学不仅改善了护理学院、音乐学院、商学院等已有的创业教育项目,而且在其他学院开发跨校的新项目。2007 年,校长办公室下建立了创业中心(Center for Entrepreneurship),负责全校跨学科创业教育项目的协调和运作。随后,罗切斯特大学分别于 2009 年成立第一个实践性的创业教席,于 2012 年设立第一个终身教职的创业教席,表明创业教育在实践和学术两个层面均得到了认可。目前,罗切斯特大学的所有学院都开展了创业教育;全校共开设 55 门与创业相关的课程,参与创业课程的学生比例达到 10%;创业教育师资大部分是非商学院教师,他们将创业融入自己的学科。[①] 在创业实践层面,罗切斯特大学提供针对全校学生、工程学院本科生和商学院学生等不同类型的创业计划大赛。

创业教育经费主要来自"考夫曼校园计划"的资助以及校友、企业和其他机构的支持。2009 年,创业中心成立了"技术创业与管理"(Technical Entrepreneurship and Management, TEAM)硕士学位项目。来自 TEAM 的学费收入使得"考夫曼校园计划"到期之后,罗切斯特大学的全校性创业教育项目仍旧能够运转。同时,TEAM 项目与教育学院和护理学院合作开展合作学位项

---

① Hoskinson, S., & Kuratko, D. F. Innovative Pathways for University Entrepreneurship in the 21st Century[M]. Bingley, UK: Emerald Group Publishing Limited, 2014:237.

目,如与教育学院合作的"社会创业"。

此外,来自 7 个学院的经费也是全校性创业教育经费的重要组成部分。每个学院院长都是创业中心委员会的成员,各个学院每年提供一部分经费支持中心的日常运作和项目的开展。从制度层面看,每季度各个学院的院长将与专门负责创业的副校长召开会议,分享各个学院创业活动的相关信息。这种筹资模式的弱点是它在很大程度上受制于学院院长对创业的态度,并且经费的数额会随着各个学院领导层的改变而上下浮动。[①]

校友捐赠也是重要的来源,这些捐赠支持全校层面的创业计划大赛、创业奖励、技术创业基金、商学院的捐赠席位、暑期创业实习项目、TEAM 项目的奖学金等。但是,这些捐赠往往更加关注实践性的创业活动,而不是基础性的创业研究。此外,由于成功的创业者校友主要来自工程学院和商学院,他们捐赠的时候往往面临捐赠给学校还是具体学科的选择困境。随着考夫曼校园计划的结束,罗切斯特大学各个学院的创业教育项目仍旧持续进行。例如,文理学院计划针对主修商学的本科学生开设创业学方向,同时继续开展"考夫曼创业年"(KEY)项目。音乐学院成立了音乐创新与参与中心(Center for Music Innovation and Engagement),TEAM 硕士项目每年的班级规模也在不断增长。教育学院开发新的创业课程,如"创业型大学""教师创业技能"等。护理学院则通过护理创业中心不断拓展已有的创业项目。

(四)亚利桑那州立大学:"大学作为创业者"[②]

亚利桑那州立大学(ASU)是近年来美国研究型大学发展中的一匹"黑马"。2002 年 7 月,迈克尔·克罗(Michael Crow)教授出任亚利桑那州立大学第 16 届校长之时提出"新美国大学"(New American University)理念,尝试建立一种新的公立研究型大学。该理念主张通过基础设施建设、组织与制度变革、创业型文化引领,整合"最高水平的学术卓越和知识生产""最多样化的学生录取"和"最高程度的社会影响力",将大学打造成为复杂的、自适应的、综合型的知识企

① Hoskinson, S., & Kuratko, D. F. Innovative Pathways for University Entrepreneurship in the 21st Century[M].Bingley,UK:Emerald Group Publishing Limited,2014:238.
② 该部分内容来源于:梅伟惠.构建自适应知识企业:"新美国大学"理念及其运作[J].高等教育研究,2017(12):104-108.

业。① 为应对社会复杂性的挑战,"新美国大学"寻求差异化发展路径,对大学原有的理念、价值、目标进行重新设计与定位,积极开展组织变革应对快速变化的社会经济发展;尝试围绕以下八条目标,开展大学转型,即:①回应区域需求;②推动社会变革;③重视知识创业;④开展实用研究;⑤促进学生成功;⑥注重跨学科知识融合;⑦强调社会嵌入;⑧扩大全球参与。② 其中,"大学作为创业者"是新美国大学理念的重要组成部分,渗透进学校战略发展目标的各个方面。对知识采取创业型态度意味着大学鼓励各个学术领域的实验和冒险,从而设定科学探究、技术创新、人文洞察、社科研究的基本模式。经过多年的建设,ASU 从一所区域性的公立大学快速发展成为知名的研究型大学。2015 年,ASU 在《美国新闻与世界报道》"最具创新力高校"排名中位列第一,领先于斯坦福大学、MIT 和马里兰大学巴尔的摩分校。③ 在以客观科研产出作为评价指标的软科"世界大学学术排名"(ARWU)中,ASU 的排名从 2003 年的 152～200 位上升到 2013 年的 79 位。④ ASU 通过全校性创业教育、推进知识创业以及建设创新创业生态系统,使机构文化从官僚特色的"代理人模式"向跨越边界的"知识企业模式"转型。

首先,ASU 从全校层面对创业教育进行顶层设计,通过改善基础设施、加大资金投入、开展制度创新,推动创业教育逐步向全校不同的学科拓展。ASU 认为,尽管创业和企业、技术部门有着更为紧密的联系,来自不同专业的学生都拥有创业的潜能。因此,除了将创业嵌入各个专业的课程,ASU 还开发更为深入的课程和学位项目。例如,商学院创业中心提供"商业创业"理学学士学位,并向全校本科生提供"知识创业与创新"证书项目;工程学院提供"技术创业与管理"理学学士学位;电影、舞蹈、戏剧学院提供"数字文化"学士学位(聚焦于技术创业),针对本科生的艺术创业证书项目,以及"戏剧、艺术创业和管理"硕士学位。2006 年开始,新闻学院开始向新闻专业学生提供数字媒体创业课程,并建立新媒体创新实验室,鼓励学生为媒体公司以及其他机构开发数字媒体产品。

其次,除了正规课程,这些学院还提供创业实践机会。工程创业项目中,工

---

① Crow, M., & Dabars, W. Designing the New American University[M]. Baltimore, MD: Johns Hopkins University Press. 2015:8

② Hoskinson, S., & Kuratko, D. F. Innovative Pathways for University Entrepreneurship in the 21st Century[M]. Bingley, UK: Emerald Group Publishing Limited, 2014:243.

③ US News and World Report. Most Innovative Schools [EB/OL]. http://colleges. usnews. rankingsandreviews. com/best-colleges/rankings/national-universities/innovative, 2016-5-15.

④ 根据软科"世界大学学术排名"官方网站 2003—2013 年的数据。

程学生组成团队开发创业项目，并争取获得基金和导师支持；艺术创业项目建立"艺术创业孵化器"（Arts Venture Incubator），进入该孵化器的学生将有机会获得指导和种子基金。2014 年，新闻学院开放"数字解决方案实验室"（Digital Solutions Lab），为企业和学生提供关于创业项目、网站、数字创业等方面的支持。拥有数字产品创意或媒体相关创意的学生可以在实验室开发他们的产品，并免费使用各种原型设计设备。ASU 的工学院校区创造了各种机会增加学生创业体验。学生可以选择住在创业谷（Startup Village），这是该校支持学生创业者的住宿区。住在创业谷的学生要修至少一门"创客课程"，内容包括创业设计、原型设计、市场营销、创办基于创新想法的企业。

再次，建设创新创业生态系统。ASU 积极推行"大学作为创业者"理念，从学科、计划、空间、政策、网络等五个层面建立创新创业生态系统，将创业型文化渗透到全校发展的方方面面。第一层是学科层。ASU 作为一所综合性的研究型大学，拥有涉及艺术、人文、社会科学、自然科学、工程等非常宽泛的学科，同时搭建跨学科平台，鼓励学科交叉。第二层是计划层。ASU 制定了一系列计划，如爱德森学生计划（Edson Student Initiative），为学生创办企业提供种子基金、导师、空间等服务。第三层是基础设施层。ASU 建立"天空之歌"（Skysong）科技园，使学校成为知识驱动型产业、技术创新以及商业活动的中心。专利管理由成立于 2003 年的"亚利桑那技术企业"（Arizona Technology Enterprises, AzTE）负责实施，该机构专门为大学提供知识产权管理和技术转移服务。2013 年，ASU 在教师发明基础上成立了 11 家新的衍生企业。同一年，基于大学知识产权成立的衍生企业共获得 6800 万美元的风险投资。2011—2013 年，ASU 是研究支出超过 3 亿美元的大学中，"每 1000 万研究支出的技术转移率"[①]排名前十位的大学，其中发明披露数排名第三，创业企业数量排名第七，专利授权数排名第八。[②] 第四层是政策层。ASU 通过出台教师创业激励政策、制定知识产权保护政策，优化专利许可模板等，鼓励师生将创意转化为行动。第五层是网络层。通过协调各利益相关者的活动，促进学校与政府部门、企业构建良好的关

---

①　根据 AUTM，"每 1000 万研究支出的技术转移率"是衡量一所大学创业力的重要指标，包括每 1000 万研究支出的发明披露数、新专利申请数和授权数等。该指标使得不同大学的创业力比较不仅仅局限于数量，而且涉及研究产出绩效。

②　Arizona State University Achievements 2002—2014［R］．https：//president. asu. edu/sites/default/files/ASU_Achievements_Revised_121115. pdf，2015：19．

系,营造良好的创新创业氛围。

三、欧盟高校学科渗透模式的发展现状

欧盟于 2004 年发布《创业行动计划》,提出在欧洲范围内促进创业的五大行动计划。其中,"在整个教育系统激发学生创业意识"是五大行动计划之一。四年之后,为了解欧盟成员国高校创业教育的发展状况,欧盟于 2008 年开展了大规模的调研,涉及 31 个国家(27 个欧盟成员国)的 664 所高校。[①] 调研从战略、制度基础、教与学、外延拓展、发展、资源六个维度进行(发展状况如表 4.7 所示)。

表 4.7　欧盟高校创业教育的战略与组织

		拥有商学院的综合型大学	没有商学院的综合型大学	技术学院	独立商学院
战略					
创业是高校发展战略的组成部分		73%	71%	73%	79%
创业教育(EE)的主体责任	校长	19%	15%	17%	36%
	其他校领导	46%	36%	30%	21%
全校范围创业行动计划		53%	42%	59%	86%
制度基础					
成立创业中心		61%	46%	59%	71%
开展 EE 研究		80%	68%	36%	79%
教与学					
创业课程平均数(门)	学士	9.7	7.9	9.5	8.8
	硕士	7.1	7.1	7.5	10.1
	博士	2.6	3.5	3.0	3.9
设立创业学位		62%	45%	49%	71%
最常用的三种方法		讲授、案例、项目团队	讲授、项目团队、案例	讲授、项目团队、案例	创业者进课堂、案例、项目团队

① 这些高校分为四种类型,即拥有商学院的综合型大学、没有商学院的综合型大学、技术学院、独立的商学院。

续表

		拥有商学院的综合型大学	没有商学院的综合型	技术学院	独立商学院
外延拓展					
校友参与		71%	67%	66%	93%
为 EE 作出贡献的利益相关者	企业	65%	60%	70%	79%
	创业者	61%	48%	61%	62%
	投资人	47%	35%	51%	62%
支持当地学校 EE		64%	34%	66%	71%
发展					
参与 EE 的专业教师比例		5%	4%	6%	22%
认可 EE 成果		44%	43%	59%	79%
评价创业战略的正式程序		33%	41%	33%	38%
资源					
创业教育产生收入		81%	61%	69%	79%
为 EE 提供专项资金		64%	66%	54%	54%
生均 EE 经费(欧元)		110	104	249	297

资料来源：European Commission. Survey of Entrepreneurship in Higher Education in Europe[R]. Brussels：European Commission，2008：31-32.

　　传统上,欧盟高校的创业教育主要在商学院或者工程学院进行。随着欧盟相关战略和政策的出台,越来越多高校意识到跨学科发展创业教育的重要性。据调查,60%的综合型高校鼓励学生选修创业课程,并通过学分转化得到认可;78%的高校开展跨院系或跨学科的创业活动。①

第二节　学科渗透模式的运行机制

　　创业教育的实施效果与其运行方式密切相关。以学科渗透为特点的高校,

---

① European Commission. Survey of Entrepreneurship in Higher Education in Europe[R]. Brussels：European Commission，2008：122.

往往同时强调创业教育与专业教育的重要性,认为只有当两者有效结合时,创业教育的价值才能彰显;同时,学生的创业准备度和创业成功率也能够得到保障。由于创业教育不再是商学院或者其他某个单一机构的任务,创业教育系统运行的复杂性也显著增加。多个参与学院、多类参与学生、多元课程内容、多种师资力量使得创业教育的策略制定、课程开发、师资管理、资源调配等方面更为复杂。

在分析学科渗透模式的运行机制之前,有必要先厘清该模式下参与创业教育的关键机构及其角色。一般来说,基本所有学院都参与创业教育,特别是商学院、工程学院、设计学院等与科技转化、市场需求结合紧密的学院;以及教育学院、公共卫生学院、环境资源学院等与社会问题结合紧密的学院,当然也存在个别学院受限于资源、平台等而没有参与的情况。除了学院外,学校层面为统一战略目标,统筹管理,往往会设立某种形式的创业中心或者委员会,以指导各个学院开展创业教育或者募集创业教育基金。如图 4.3 所示,学院通过成立创业中心,或设立单独的办公室,独立负责运行本学院的创业教育,进而成为实施创业教育的主体单位;学校层面成立全校创业教育委员会或类似组织结构,发挥制定战略、促进协作、营造氛围等职能,往往不负责具体教学任务。这种体系结构可以概括为"一中心、多学院"。

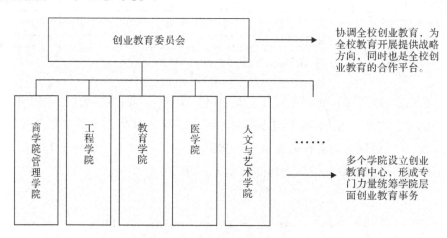

图 4.3 "一中心、多学院"的创业教育组织框架

除此之外,学校或学院层面的学生组织,如创业俱乐部、学生创业联盟等为学生提供了创业实践的平台;生涯指导等相关部门提供创业咨询;孵化器(科技园、育成中心、创业园等)则会在优秀项目遴选、项目后期培育等环节发挥重要作

用。为了更好地选择有潜力的项目进行孵化,孵化器相关工作人员还会担任创业大赛评委、创业项目指导教师等。

尽管不同的高校在实践运行中各有特点,我们仍可以从中归纳出学科渗透模式的一般运行机制。下文将对学科渗透模式运行的教育决策与管理机制、课程开发和实施机制、资源整合机制三个维度进行剖析。

一、教育决策与管理机制

为保证学科渗透模式创业教育项目的有序与可持续发展,校级层面的创业教育机构往往负责统一协调和决策重大创业教育事务,比如学校创业教育实施战略,接受外部捐赠,成立或者撤销新的创业教育项目,举办重要创业教育活动等;院级层面创业教育机构的管理与决策权则更加集中于专业与课程开设、教师选任、学生创业活动等教育内部要素。

以康奈尔大学为例,学校层面的创业教育管理委员会由 12 位学院院长组成,委员会主席由各学院院长轮流担任。管理委员会的主要职责是协调和指导全校的创业教育活动。此外,由 90 多位校友(大部分为企业领导者和创业者)组成的咨询委员会,负责制定创业教育项目的整体规划,提供财政支持和咨询服务。各个学院负责本学院的创业教育活动,有的学院集中相关力量成立创业中心,有的学院虽未成立办公室或者创业中心,但形成专门力量,汇集专门资源推动学生创业教育。见图 4.4。

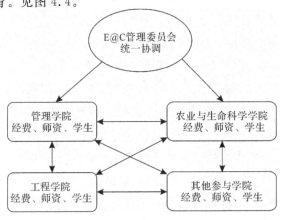

图 4.4　康奈尔大学创业教育的运行与管理[1]

---

[1]　梅伟惠.美国高校创业教育[M].杭州:浙江教育出版社,2010:157.

二、课程开发与实施机制

课程开发与实施的重心在学院。各学院具有创业教育课程设计、开发、组织、评价等自主权。具体来说,课程开发与实施有两种路径:一是教师根据专业特征设置创业课程,如哈佛大学公共卫生学院开设"卫生与环境中的社会创业",康奈尔大学工程学院开设"工程创业、管理与道德""工程创业与企业导论"等;二是院系根据专业特征,从专业整体出发,在原有专业基础上改革教学项目,融入创业教育,例如英国德蒙福特大学开设"设计管理与创业专业",拉夫堡大学开设"创业设计管理"专业,更加突出专业的创业教育特色。无论采取何种路径,其目的是使得创业教育更加契合学生需求与社会需求。在课程实施上,有的课程由本学院的教师独立负责,有的课程则是商学院教师与本学院教师合作的成果(甚至是来自多个学院的教师);有些课程仅面向本学院学生,有些课程则面向全校学生开放。

三、资源整合机制

如何整合并充分利用已有资源,对全校性创业教育的可持续发展尤为重要。"一中心"在整合全校创业教育资源上发挥巨大作用。其路径主要是通过合理分配全校资源、集中资源举办重大活动等。一般来说,各个学院的创业教育活动或多或少受到学校层面的资助与支持,"一中心"往往通过适当的考评机制将资源合理分配到各个创业教育下级组织;其次,学校层面的创业教育机构往往承担重大创业教育活动,相比于各个学院独立举办能够整合资源,如哈佛大学校级层面的创新实验室负责组织"来自校长的挑战"等重要赛事,提供项目孵化及创业咨询等服务。这类活动往往是各个学院开展创业教育所需要举办的共性活动,将其提升到校级层面,不仅整合了大量资源,也提高了活动知名度与参与度。

所以从整体上看,典型的学科渗透模式通常具有如下的运行框架(图4.5)。创业教育本身是个复杂的组织系统,决策、管理、实施、资源整合等机制在具体运行过程往往互相影响;学科渗透模式的发展也呈现出动态性和过程性特征。

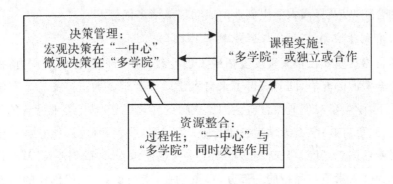

图 4.5　学科渗透模式创业教育的运行机制

第三节　学科渗透模式的优势与挑战

一、学科渗透模式的优势

随着全校性创业教育理念的推广,越来越多高校将专业教育与创业教育相结合,从而提高高校学生参与创业教育的比例和有效性,进一步加强大学生的创新意识和创业精神。学科渗透模式与学院主导模式各有利弊,高校应根据自身发展优势和特点,以及高校本身的战略规划,确定创业教育的组织模式。从总体上看,学科渗透模式具有如下优势:

1. 有利于促进校园文化的改变

在学科渗透模式下,创业逐渐成为大学的 DNA,渗透进大学教学、科研与服务三大核心职能。全校性创业教育不仅能够改变高等教育机构内部的教师和学生,而且能够改变高等教育机构本身,使之更好地回应现代社会的需求,作为"创新共同体"运作得更加有活力,在变化的背景中更加具有竞争力,在满足利益相关者不断变化的需求过程中更具有灵活性和适应性,并且更有能力获得经费。

2. 有利于创业教育与专业教育的融合

学科渗透模式相比于其他模式更加注重专业教育与创业教育的融合,在教育学表征上,是教育机会的扩大、师资与课程的合作、学科界限的融合;在组织学表征上,则是参与部门的增加、跨部门的合作,以及组织中心的下移。不难发现,这种组织模式在很大程度上具有推动全校创业教育的开展,促进基层学术组织之间的合作,以及提高大学生创业的成功率等诸多优势。

3.有利于拓展学生参与创业教育的机会

学科渗透模式在很大程度上拓展了创业教育项目的目标和影响力,提升了项目整合资源的能力,同时获得了来自大学政策制定者的更多支持。在学科渗透模式下,学生参与创业教育机会的比例得到显著提高,基于专业背景的创业教育更适切、更有效;学校为学生提供专业有关的创业教育体验,能够进一步赢得学生对专业的忠诚度。只有更多的学生参与创业课程,体验创业实践,将创新创业内化为个人素质与品行的一部分,尊重创业,崇尚创业,支持创业的高校文化氛围才能够真正形成。

4.有利于吸引校友的广泛参与

许多高校纷纷采取招募杰出创业校友作为咨询委员会成员、创业导师、创业大赛评委等策略,为创业教育项目带来资源。创业校友依靠其广泛的社会网络为高校带来更多的外部资源。其中,来自校友的大额捐赠往往被用来成立新的创业中心,设立创业教育教席,或者资助学生创业实践。各个学院都吸引校友广泛参与,显然能够为全校带来最大程度的校友资源。

5.有利于推动跨学科交流与合作

传统上,随着学科的精细化发展,基层学术单位之间的交流与合作受到阻碍,而学科渗透模式下的创业教育发展一定程度上能够推动商学院与其他学院之间的教师合作与课程共建。学科渗透模式下的课程,往往是多个专业背景的教师共同合作的产物。此外,跨学科的创业教育项目不仅可以吸引来自全校最具有创业意识和潜力的学生,而且能够引发不同学科学生之间的互动和思想碰撞,从而产生更具有价值的创意。

二、学科渗透模式的挑战

学科渗透模式的发展尚不成熟,在运行过程中仍旧面临许多挑战。

1.创业教育与专业教育的融合浮于表面

许多高校还只是机械地将创业教育内容与专业内容进行结合,如在工程学领域增加一些创业知识,邀请毕业生校友讲解该领域的创业特点等,实现了"1+1=2"的效果;然而,国际创业观念已经发生广泛而深刻的变化,创业教育不应该是被动适应当下就业压力的权宜之计,而应该从更加深入和多元的角度去理解,数字创业、绿色创业、社会创业、内创业等形式的创业必须得到全面重视。不同院系在对创业教育与专业教育进行融合的时候,应该考虑专业特性,针对大学生的多元价值需求,挖掘创业教育更深刻的价值。例如许多教育学、社会学、农村发展专业的学生,希望能够结合自身专业改善教育不公平状况、做社会变革代理人、振兴农村经济,相应的院系应该开设社会创业教育内容,而不必一窝蜂地涌向商业创业。

2.项目管理和协调存在难度

多样化的另一面是复杂的管理。学科渗透过程中出现的新问题,需要大学在管理制度、运行制度改革中做出回应。例如,跨院系教师合作开发课程,那么课程的归属权问题,教师的报酬分配问题随之而来;学生的跨院系选课同样也会带来复杂的管理问题。如果这些方面没有得到有效协调,师生参与的积极性则会大大降低,整个创业教育系统的有效性则无从保障。

3.创业教育项目的可持续性问题

传统的院系结构为人员流动、课程合作等带来难度,也深刻影响着创业教育项目在非商科学院的可持续发展问题。一方面,在推进创业教育与专业教育融合的过程中,可能会遭到专业教师的持续抵抗。另一方面,创业教育可能给各个院系的预算带来压力,如不能妥善解决预算问题,不能获得更多的外部支持,创业教育很有可能无法获得可持续发展。因此,能否建立完善教师激励制度和获得可持续的经费来源,是学科渗透模式创业教育的重要挑战。

第五章

中国高校创业教育组织与运行的现状

过去 20 年里,我国高校创业教育的发展目标从早期的竞赛化向突出人才培养的教育功能转变;发展模式从最初的零散化与偶然性向制度化与战略化转变;发展对象从仅仅针对少数精英学生向针对全校学生转变。这些因素都促成了高校创业教育组织结构与运行机制的变化。

第一节　中国高校创业教育组织与运行的历史变迁

一、高校自主探索背景下的酝酿期(1997—2002)

20 世纪末,随着互联网革命的兴起和社会对高层次人才需求的变化,创业教育在我国高等教育体系初见端倪。这一阶段没有专门针对创业教育的政策,但是在一些宏观的政策文本中开始提到高校要鼓励师生创业。1998 年,教育部《面向 21 世纪教育振兴行动计划》指出:"要创造条件在高等学校周围,特别是高等学校集中的地区建立高新技术产业化基地,发展科技园区,成为有目的地吸引国外高新技术企业、引进国外高新技术最新成果的窗口,并发挥科技开发'孵化器'的作用。加强对教师和学生的创业教育,采取措施鼓励他们自主创办高新技术企业。" 1999 年,《中共中央国务院关于深化教育改革全面推进素质教育的决定》指出:"高等教育要重视培养大学生的创新能力、实践能力和创业精神。"可以说,这一时期无论是创业教育实践还是相关的政策都比较零散,对大学生创业和高校创业教育的认识也不足。并且,这一阶段政府对创业的理解更偏向于"创办高新技术企业",将大学生创业视为培育经济新增长点的重要途径。

从高校层面看,清华大学经济管理学院于 1997 年首次在 MBA 项目中开设创新与创业方向的课程,并且于次年借鉴麻省理工学院(MIT)的经验,举办了国内首次创业计划大赛,由此掀开了中国高校创业教育的序幕。基于大学生创业计划大赛,这一时期快速出现了诸如"天行健""视美乐""易得方舟"等大学生创业企业,一度成为学生创业的旗帜。全国范围内的大学生创业企业也犹如雨后春笋般快速建立,创业热潮红极一时。然而,由于缺乏核心技术,缺乏商业创新能力和市场拓展能力,不具备现代企业管理的能力和资本运作的常识,这些快速建立起来的大学生创业企业也快速走向了没落。① 除了不完善的创业环境等外部因素,大学生创业者缺乏必要的风险意识和创业经验,既过度自信又缺少压力承受能力,也是创业失败的重要原因。

在创业热潮兴起的同时,仅有少数高校进行了自主的创业实践探索和课程建设。例如,复旦大学鼓励教师将创业教育融入到日常教学中,武汉大学在 2000 年合校之后,确立了"培养宽口径、厚基础、高素质、强能力的'创新、创造、创业'(三创)型复合人才"的人才培养目标。② 浙江大学于 1999 年在全国率先开设创新与创业管理强化班(ITP),由管理学院和竺可桢学院共同建设。通过打破传统学院和系的藩篱,强化班每年从全校理工农医等各个专业逾 5000 名二年级本科生中择优录取 40 位。从 2014 年起,强化班还开放 20 个名额给在校研究生和浙江大学校友(青年创业者优先),为他们提供跨学科的创业课程与实践学习,旨在培养具有扎实的专业知识、强烈创新意识、优秀创新素质及创新技能的高科技产业经营管理创业型人才;培养具有国际视野、本土智慧、足以担起民族兴衰重任的未来企业家。③ 该项目也是国内最早为本科生提供的创业辅修项目。

从总体上看,这一阶段我国高校创业教育以开展创业竞赛、创业讲座和模拟创业等创业实践为主,属于团委、学工部或就业指导中心推动的课外实践范畴。因此,这一阶段尚未出现创业教育组织的调整,仅仅是学校职能部门和院系在传

① 邓永强.从视美乐到易得方舟看学生创业[J].知识经济,2001(5):11-12.

② 罗儒国."三创教育"模式的探索与展望——以武汉大学为例[J].黑龙江高教研究,2012(6):20-23.

③ 浙江大学创新与创业管理强化班班级介绍及历史[EB/OL].http://www.itper.org/index.php/Index/viewPost/id/1,2017-08-22.

统课外实践和教学基础上增加了创业教育内容。

二、教育行政部门引导下的多样化探索期(2002—2015)

2002 年,教育部确定清华大学、北京航空航天大学、中国人民大学、黑龙江大学、上海交通大学、南京财经大学、武汉大学、西安交通大学以及西北工业大学等 9 所高校为创业教育的试点高校,由此开启了中国高校创业教育试点时期。在这一时期,创业教育政策更加全面,创业基金逐渐设立,创业课程更多开设,创业实践体系日趋完善。2005 年,由国际劳工组织开发的 KAB(Know About Business)课程引进中国,并获得了快速发展。据统计,截至 2014 年 12 月,国内有 251 所高校设立了 KAB 创业教育俱乐部,241 所高校成立了大学生 KAB 创业教育基地,50 多万大学生参加了学习实践。此外,教育部先后颁布《关于大力推进高等学校创新创业教育和大学生自主创业工作的意见》(2010)、《普通本科学校创业教育教学基本要求(试行)》(2012)等政策,推进立体化、多层次的创新创业教育体系。然而,在从精英型向普及型转变过程中,如何通过组织创新,将高校创业教育整合到大学传统的教学、科研与社会服务活动中,很多大学却没有深入的思考。每一所大学都需要考察其创业教育的目的、覆盖面,从而选择最合适的组织形式和运作机制。这些关键性的决策,不仅决定了创业教育项目的范围和对象,也影响一个项目能否可持续发展。

实践的需要和政策的推动促使我国部分高校探索不同的创业教育组织模式。一是创业学院模式。如黑龙江大学于 2002 年成立创业教育学院,在此基础上又于 2005 年成立创业教育中心,分别负责全校创业教育课程教学和实践教学的顶层设计与组织实施;温州大学在推进"岗位创业"理念进程中,于 2009 年成立了实体运作的创业人才培养学院;上海交通大学于 2010 年成立创业学院,开展"面上覆盖、点上突破"的分层创业教育。二是融合专业教育模式。一些高校通过开发与专业特色相关的创业课程,或在已有专业课程中融入创业相关内容,将创业教育与专业教育相结合。如浙江大学计算机科学与技术学院、光电科学与工程学院、经济学院、教育学院等均开设了创业课程;温州大学积极推动专业教师在教学过程中渗透创业理念和知识,并通过改革教学方法提高学生专业领域的创业能力。^① 三是跨学科众创空间模式。一些创业氛围浓厚的地方高校和职业院校率先开展创业园模式,鼓励学生组建创业团队进驻创业园,给予场地、经费、工商登记等支持。如浙江工贸职业技术学院于 2004 年建立"大学生科技创业孵化园",构建"专业创业项目＋学生创业团队＋专业导师＋三大园区"模式;浙江商业职业技术学院于 2006 年成立"创业园",开展全真环境下的创业教育。研究型大学随后也成立集实践、培训、项目培育与对接、资源服务等职能于一体的众创空间。如:清华大学于 2013 年成立依托经济管理学院并整合 14 个合作院系的跨学科三创人才培养平台"x-lab";同济大学于 2014 年成立"创业谷"以及浙江大学于 2015 年成立"元空间"等。

第二节 中国高校创业教育组织与运行的实证调研

随着国家"双创"战略的推进,越来越多高校将深化创新创业教育改革置于学校发展的突出地位。与早期侧重创业竞赛、主要针对少数精英学生以及强调基层组织自主探索相比,这一时期我国高校日益重视创业教育的人才培养功能,探索建立针对全校学生的分层分类体系,并逐渐向制度化与战略化演进。在此过程中,构建合适的创业教育组织模式成为有效且可持续实施创业教育改革的重要抓手。高校创业教育组织主要涉及以下问题:(1)创业教育项目由谁组织?依托传统的院系,还是建立新的部门?(2)创业教育项目如何开展?如何协调由教学管理部门推动的创业教育教学体系和由团委、学工部、就业指导中心等部门推动的创业实践体系?(3)创业教育项目的资源由谁提供?来自政府拨款、企业资助还是其他途径?我国高校需要根据自身的创业教育基础、专业布局、支撑条件以及所处区域的人才需求差异,形成各具特色的创业教育组织模式。

为尽可能全面了解中国高校创业教育组织形式的变迁、运行的特点、面临的主要挑战,以及探索可能的发展对策,本研究综合运用多种实证研究方法展开调研。

---

① 陈福生.创业教育与专业教育深度融合[EB/OL]. http://www.moe.gov.cn/s78/A08/moe_745/201306/t20130619_153287.html,2013-06-19.

一、实证调研设计与实施过程

1.质性数据收集过程

本研究通过访谈、实地考察、案例学校资料收集等多种途径收集质性资料，保证研究结论的有效性。半结构访谈的主要内容包括五个部分：(1)请简要阐述贵校在高校创业教育组织上的发展历程，主要的调整有哪些？(2)您认为哪些因素影响创业教育组织的调整？(3)贵校在创业教育组织与运行方面存在哪些问题？(4)您如何评价当前我国高校建立创业学院的情况？应该如何完善创业学院模式？(5)您对我国创业教育组织与运行有何建议？受访者在实际回答过程中往往结合本校的实际情况，有较大的自由度；提问者也对针对一些具体的问题进行追问。本研究系统访谈十位代表，其中五位是创业教育领域的资深学者，五位是东部高校创业教育的管理者。见表5.1。

表 5.1　受访者基本情况

编号	简要信息	编号	简要信息
R1	ZJ 大学	M1	ZJ 大学
R2	DB 大学	M2	WY 大学
R3	BJ 大学	M3	WZ 大学
R4	SJ 大学	M4	ZK 学院
R5	HS 大学	M5	ZK 学院

除了访谈之外，本研究通过参加国内外学术会议、邮件沟通、实地考察等方式，与不同高校创业教育的管理者、研究者、教师、学生等开展非正式交流。这些交流与考察对于明晰阶段性研究结论、解答数据收集和分析过程中出现的疑惑、优化问卷设计具有重要的作用。阿圭勒（Aguilar）认为，非正式访谈能够促进"局内人"和"局外人"视角的碰撞，从而不断减少研究过程中疑惑。[①] 古帕和林肯（Guba & Lincoln）[②]也指出，这种途径可以在很大程度上加强研究结论和理

---

① Aguilar, J. L. Insider Research: An Ethnography of a Debate[A]. In D. A. Messerschmidt (Ed.). Anthropologists at Home in North America: Methods and Issues in the Study of One's Own Society[C]. Cambridge: Cambridge University Press. 1981:15-26.

② Guba, E. G., & Lincoln, Y. S. Fourth Generation Evaluation[M]. Newbury Park, CA: Sage. 1989.

解的真实性(authenticity)。最后,本研究还收集了 50 多所高校创新创业教育发展现状的相关资料,作为重要辅助材料。

2.问卷调研过程

在文献回顾、访谈和实地考察的基础上,本研究设计《中国高校创业教育组织与运行现状调研》(见附录 5)问卷。通过各高校创业教育组织的官方网站以及前期研究和非正式交流中了解的相关情况,确定不同区域、不同类型高校共174 所高校的创业教育负责人为调研对象。通过问卷星调研平台、邮件一对一的方式或者微信一对一的方式发送调查问卷,每所高校由创新创业教育负责人填写一份问卷,从而保证问卷结果的有效性和权威性。共发放问卷174 份,回收有效问卷 149 份,回收率为 85.6%。

在有效调研的高校中,地方本科院校 22 所(14.77%),中央部门所属高校 9所(6.04%),高职高专院校 118 所(79.19%)。东部地区高校 67 所(44.97%),中部高校 47 所(31.54%),西部高校 35(23.49%)。创业教育开始时间最早的为黑龙江大学(1998 年)和浙江大学(1999 年),有 83 所院校(55.7%)在 2012 年以后开始实施创业教育。绝大部分高校(92.6%)成立了校领导牵头的创业教育领导小组(如图 5.1 所示)。另外,调查显示有 63.76%的高校设置了独立的创新创业教育机构。总体而言,高职院校在学校组织承诺方面力度更大。如93.86%的高职院校认为已经将创新创业教育作为全校中长期发展战略一部分。

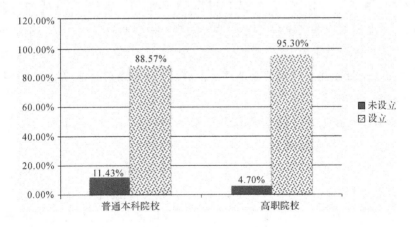

图 5.1　高校设立双创教育领导小组情况

从机构名称上看,"(创新)创业学院"、"创业(教育)学院"、"创新创业(教育)中心"较为主流,也有一些大学更加明确地指出了机构职能,如"工程实践与创新创业教育中心""创新创业教研室"和"双创教育学院"等。在这些成立的机构中,50%是实体性机构,35.5%是协调性机构,14.5%属于其他类型(如具有职能部门性质的二级教学单位、教辅部门等)。

二、实证调研结果

1. 创业教育组织的核心目标

九成多高校认为"培养大学生创新精神、创业意识和创业能力"是其核心目标,也有少部分高校将"缓解大学生就业压力""提高大学生创办企业的比例"作为核心目标。调查样本中,没有高校认为其创业教育核心目标是"促进高校技术成果转化",一定程度上反映了高校在创业教育理念方面已经走出传统的"创业等同于创办企业""创业主要是为了解决就业问题"等狭隘观念,转向人才培养的深层次目标。

2. 创业教育组织的现状与演进

创业教育组织管理机构在很大程度上影响创业教育的实施力度与效果。如图5.2所示,38.93%的高校主要由独立的创新创业教育机构统筹全校的创业教育;32.89%的高校由团委、学工部门或就业指导部门负责统筹,其他部门参与;23.49%的高校由教务处统筹,团委、学工或就业指导部门参与。仅个别高校(3.36%)表示是由管理学院/商学院组织或由各个专业学院分别组织。可见,团委、教务处与学工等职能部门和独立的创业教育机构负责是两种较为主流的创业教育组织管理类型。

创业教育组织演进过程体现出从零散到集中、从非正式到正式的特点。不少高校采取了"就业创业指导中心(校团委等)——创新创业中心(教研室等)——创业学院"的三步式发展路径,将原本零散于就业服务中心、教务处、校团委的创业教育工作进行集中。许多高校在近两年成立创业学院、创业产业园、创新创业训练中心等也正体现了这一趋势。我国高校创业教育组织的演进过程,可以从问卷的开放式问题中显示:

"最初由就业创业指导中心负责,然后成立创新创业教研室,由其负责全校创新创业教育。"(HN大学,东部)

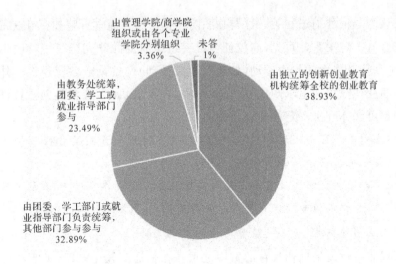

图 5.2 创业教育组织结构类型分布图

"从招生就业处分离出来到公共基础部成立就业创业训练中心,2017 年改为创新创业训练中心。"(ZJ 大学,东部)

"最初,由校团委负责;2008 年成立大学生科技创新中心,副处级机构,挂靠校团委;2012 年成立大学生创新创业中心,独立运行,正处级机构。"(HK 大学,东部)

"2008 年成立创新创业教育中心,到 2012 年成立创业教育学院"(HS 大学,东部)

演进过程同时体现出非制度化到制度化安排的转变。这种制度化取向表现在正式编制的下拨、工作辐射范围的明确与扩大、关键领导的参与等。

"2015 年 3 月在学校人员聘任中正式聘任教研室主任,并确定 5 位老师的编制,开始正式运行。"(HB 学院,东部)

"2003 年根据创业教育工作的需要,成立实体化的创业教育学院,负责组织、规划、协调、落实全校的创业教育工作。"(HLJ 大学,东北部)

"2015 年成立创业学院,建立校长直管创业教育的管理体制。"(WZ 大学,东部)

高校创业教育组织演变受各项因素影响。在普通高校中,受访者认为"校内开展创业教育实际需要"(48.7%)和"政府政策推动"(43.6%)是关键,另有5.1%认为"得到校外捐赠"也影响着高校创业教育组织的演变。在高职院校中,39%的受访者认为主要是政策推动,58%的受访者认为是校内工作的实际需要,且无人认为与校外捐赠相关。这与高职院校相比于普通本科院校更难获得校外捐赠资金有一定关系。可见,高校创业教育组织演变并非完全是一种内生性过程,不少高校受强大的外力驱动(如政府政策推动)调整创业教育组织。外延式的组织演变往往更加追求规模、数量和速度,在价值目标、管理和创业教育活动过程中都可能体现出一定的外在化倾向。

"学生的需求可以促进学校重视这项工作;创业教育关键看校领导是否重视,而且要一把手领导。"(ZK 学院,东部)

"由于创业教育的还没有真正纳入高校的办学评价体系当中,我认为政府的政策推动以及相应的专项经费投入起的作用最大。"(YN 大学,西部)

3.创业教育课程、师资、经费与协同参与

课程体系建设是创业教育的重中之重。在普通高校中,28%的高校面向部分学生开设了2学分的、教育部开发的创业基础必修课程;也有12.5%的高校仅以侧重创业实践的第二课堂为主;此外,有12.5%的高校已经建立了分层分类、与专业相结合的创业教育课程体系。在高职院校中,41%的院校面向部分学生开设了2学分的、教育部开发的创业基础必修课程的比例较高,且建立了分层分类、与专业相结合的创业教育课程体系的高校占比达到34%。

在创业教育师资上,普通高校中有三成高校认为其师资力量是综合型,既有党政管理型,也有专任教师型,同时也配备若干校外企业人士;另有三成高校认为其主要师资力量来自学工部门;23%的高校认为管理学院教师是创业教育的主要力量;仅15%的高校认为各个学院的专业教师是创业教育的主要力量。也有高校提到在其教师队伍中,创新创业学院倾向于聘用有创业经历的教师。高职院校相对而言情况不太相同,这与高职院校实践导向的文化氛围也有关系。53.51%的高校认为其师资力量主要来自于各个专业院系,27.19%的高校认为主要是学工部门的老师。

从经费来源结构上看,由于高职院校与普通高校在性质上存在差异较大,因而也进行了分开的统计。在普通高校中,34.4%的高校认为其创业教育经费来源中政府财政经费占75%以上;15.6%的高校认为其创业教育经费来源中政府财政经费占50%—74%;另有31.3%高校认为其创业教育经费来源中政府财政经费占比不到25%。高职院校获得的政府经费呈现两极分化。如图5.3所示,政府财政经费不到25%的高职院校占五成以上,远远高于普通高校;政府财政经费占75%以上的比例为27.19%。

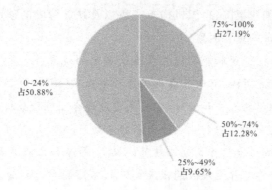

75%~100%
占27.19%

0~24%
占50.88%

50%~74%
占12.28%

25%~49%
占9.65%

图5.3 高职院校中来自政府的创业教育经费情况

总体来看,高校各二级学院参与创业教育的程度还有待提升。2/3的高校认为二级学院只是部分参与创新创业教育工作,1/3高校认为二级学院已经全程参与了该校创新创业教育工作。一些高校反馈了主要的参与方式,如:指导大学生创业竞赛和实践、开设面向本学院学生的创业教育课程等。高职院校在促进二级学院参与创业教育方面相对更好,认为二级学院全程或者部分参与了创新创业教育工作的比例高达96.49%,仅不到4%的高校认为二级学院基本没有参与。

4.创业教育组织与运行的阻碍与问题

高校在开展创业教育过程中遇到的阻碍因素主要包括:缺乏创业教育师资和课程(67.79%);创业教育概念泛化,目标模糊(46.31%);制度支撑乏力(40.94%);以及缺乏鼓励创新创业的文化氛围(39.60%)、各部门职责不明确(36.91%)、缺乏相关学科支撑(32.21%)和领导层重视不够,缺乏清晰的顶层设计(26.85%)等。问卷的开放题以及专家访谈也印证了上述阻碍因素。

关于"缺乏创业教育师资和课程",有受访者指出:"由于我国创业教育发展历史相对较短,且没有明确的学科支撑,创业师资和课程非常短缺,严重阻碍了面向全体学生的创业教育发展。"(R4)

很多受访者尤其对"制度支撑乏力"感同身受。有受访者指出:"目前,我国高校的评定职称、申报科研奖励甚至研究生培养等都在特定的学科领域中完成,作为跨学科的创业教育研究者在个人学术道路上会碰到很多制度上的障碍。比如,我个人是思想政治学科,我的研究生选题为创业教育,在开题的时候就碰到了问题。"(R2)

缺乏良好的创业氛围、组织机构不完善以及缺乏清晰的顶层设计是影响中西部高校创业教育的重要因素。

"学校领导重视但是职能部门存在多头领导的现象；没有专业的师资队伍；双创活动太多，有点泛滥，有时候会感觉应接不暇。"(XB 大学,西部)

"由于缺乏专门的人手和经费，学校主要是迎合上级行政机构(如教育厅)检查的需要，来开展一些类似创业设计大赛的活动。"(YN 大学,西部)

"第一，未能成立专门负责创业教育的机构，导致分工不明确，出现有些工作大家都抢着做，有些工作没人做的情况；第二，不同的部门之间对于创业教育的认识和理解都不尽相同，这样会导致全校的创业教育很难形成合力；第三，教师的学科归属不清，导致生涯发展路径出现瓶颈，教师数量、质量和稳定性都存在风险。"(DB 大学,东北)

"领导不重视、学校没有形成良好的创业氛围。"(LJ 大学,中部)

5.保障制度

一些创业教育管理者提出差异化发展、加强企业合作、将创业教育纳入教学主渠道等建议。

"创业教育不能在传统的象牙塔里实施，要敢于和企业合作，敢于与狼共舞。"(M5)

"北大、浙大可能是一种传统的跑道，一些地方高校如果想要发展，在这个传统的跑道去发展肯定是不行的，要选择适合自己的一个跑道。"(M4)

"一个高校里如果没有将创业教育纳入人才培养的主渠道，即教学的主渠道，那它就在高校中就没有真正的地位。所以，思考创业教育怎么样去真正地纳入人才培养的方案、纳入到教学的主渠道是非常的重要。"(M3)

"创业与否取决于个人。但是学校必须提供给学生选择的能力与资本。而且，创业在很大程度上是经验式的、实践性的，很少有学生毕业后就直接创业，必须经过实践的锻炼。因此，将创业课程纳入到某些特定的学院对于学生的帮助更大，使得这些学生在毕业后有不同的选择。他们可以选择创业生涯，也可以选择管理生涯，技术生涯等。"(R1)

为保障创业教育顺利开展，出台相应的制度激励是各个高校的普遍做法。调研发现，最广泛采用的制度保障是休学创业保留学籍制度(77%)，其次分别是学校各部门协同机制(69%)、校企合作制度(66%)、学分互认制度(60%)、激励教师参与创业教育制度(57%)和校院两级协同机制(51%)。也有不少高校为解

决相关制度难题出台了政策,如:

"2016 年 5 月出台《关于成立创业学院的实施方案》,2017 年 7 月出台了《关于鼓励开展创新创业工作的若干意见》,同年修订《实践创新教育学分认定及项目管理办法》。"(CF 学院,西部)

"成立双创学院;成立双创领导小组;制定学分认定和休学创业政策;经费投入比较大,每年都在 500 万左右;场地设备等保障。"(XB 大学,西部)

"成立创新创业教育指导委员会,出台各项奖励制度,激励教师参与创业项目的竞赛、指导。"(QF 大学,中部)

6.相关性分析

本研究通过 SPSS 20.0 软件进行了卡方检验,首先探索分析了不同高校类型(中央部门所属高校、地方本科院校、高职高专院校)和不同所在地域(东部、中部、西部)在高校创业教育组织与运行各要素上是否存在显著差异。如我们针对高职院校的经费问题,探讨了政府经费比重与地域的相关性问题。表 5.2 显示了无论是来自哪个区域,经费占比少于 25% 的高校占多数。交叉表及卡方检验的结果发现最小期望计数为 4.0,期望计数小于 5 的比例低于 20%,$df=(3-1)(4-1)=6$,$p=0.402>0.05$,得出的结论是假设不成立,即政府经费占比与高校所在地域并非显著有关,院校财务状况、校企合作情况等因素更能够对经费比例产生影响,而非地域因素。见表 5.3。

表 5.2　地域(东部、中部、西部)与政府经费占比的交叉表

			地区			合计
			东部	中部	西部	
经费	75%～100%	计数	19	18	7	44
		期望的计数	19.8	13.9	10.3	44.0
		经费中的 %	43.2%	40.9%	15.9%	100.0%
		地区中的 %	28.4%	38.3%	20.0%	29.5%
		总数的 %	12.8%	12.1%	4.7%	29.5%
	50%～74%	计数	12	3	5	20
		期望的计数	9.0	6.3	4.7	20.0
		经费中的 %	60.0%	15.0%	25.0%	100.0%
		地区中的 %	17.9%	6.4%	14.3%	13.4%
		总数的 %	8.1%	2.0%	3.4%	13.4%

续表

			地区			合计
			东部	中部	西部	
经费	25%～49%	计数	8	4	5	17
		期望的计数	7.6	5.4	4.0	17.0
		经费中的 %	47.1%	23.5%	29.4%	100.0%
		地区中的 %	11.9%	8.5%	14.3%	11.4%
		总数的 %	5.4%	2.7%	3.4%	11.4%
	0%～24%	计数	28	22	18	68
		期望的计数	30.6	21.4	16.0	68.0
		经费中的 %	41.2%	32.4%	26.5%	100.0%
		地区中的 %	41.8%	46.8%	51.4%	45.6%
		总数的 %	18.8%	14.8%	12.1%	45.6%
	合计	计数	64	47	35	149
		期望的计数	67.0	47.0	35.0	149.0
		经费中的 %	45.0%	31.5%	23.5%	100.0%
		地区中的 %	100.0%	100.0%	100.0%	100.0%
		总数的 %	45.0%	31.5%	23.5%	100.0%

表 5.3 地域(东部、中部、西部)与政府经费占比的卡方检验

	值	df	渐进 Sig.（双侧）
Pearson 卡方	6.196[a]	6	0.402
似然比	6.566	6	0.363
线性和线性组合	0.946	1	0.331
有效案例中的 N	149		

a.2 单元格(16.7%)的期望计数少于 5。最小期望计数为 3.99。

统计结果也显示,地区与是否设置独立创业教育机构之间呈现出显著差异,如东部地区高校设置独立创业教育机构的期望计数为 42.7,而实际计数为 53,经卡方检验,$p=0.002<0.05$,可以认为东部地区高校设置独立创业教育机构的情况更普遍,相对而言中部和西部地区设置独立创业教育机构的情况较为不足。见表 5.4、5.5。

表 5.4　地域与是否设置独立创业教育机构的交叉表

			地域			合计
			东部	中部	西部	
是否设置独立创业教育机构	是	计数	53	24	18	95
		期望的计数	42.7	30.0	22.3	95.0
		是否设置独立创业教育机构中的 %	55.8%	25.3%	18.9%	100.0%
		地区中的 %	79.1%	51.1%	51.4%	63.8%
	否	计数	14	23	17	54
		期望的计数	24.3	17.0	12.7	54.0
		是否设置独立创业教育机构中的 %	25.9%	42.6%	31.5%	100.0%
		地区中的 %	20.9%	48.9%	48.6%	36.2%
合计		计数	67	47	35	149
		期望的计数	67.0	47.0	35.0	149.0
		是否设置独立创业教育机构中的 %	45.0%	31.5%	23.5%	100.0%
		地区中的 %	100.0%	100.0%	100.0%	100.0%

表 5.5　地域与是否设置独立创业教育机构的卡方检验

	值	df	渐进 Sig.（双侧）
Pearson 卡方	12.409[a]	2	0.002
似然比	12.819	2	0.002
线性和线性组合	9.629	1	0.002
有效案例中的 N	149		

a.0 单元格(0.0%)的期望计数少于 5。最小期望计数为 12.68。

调研结果发现,高校在创业教育的改革过程中,不同高校类型和不同所在地区在许多要素上并未表现出显著差异。除了上述的政府经费占比没有显著差异外,不同类型高校和不同地区高校在是否成立校领导牵头的创业教育领导小组、领导机构类型、组织机构类型和具体组织落实人员、课程体系类型、师资来源及组织演变影响因素等方面均没有体现出显著差异。结合访谈,本研究认为,出现这种情况的最主要原因是在国务院和教育部等出台相关政策的大力推动下,很多高校创业教育组织结构在短时期内已经出现了趋同的倾向。高校成立领导小组、建设独立的创新创业教育机构、提供必修课程等,已经成为必要的评估内容。

本研究认为,高校创业教育组织模式与运行机制改革,不仅仅是改革组织架构,而是应该更加关注理念创新、内涵发展、制度变革,因地制宜地探索符合自身特色与区域需求的创业教育模式,从而确保这些组织架构能够得到更好地运行。

为探索"是否成立校领导牵头小组"与"是否成立独立创新创业教育管理机构",在创业教育领导机构类型、组织机构、具体组织落实人员、课程体系、教师力量等因素上是否有显著差异,本研究再对问卷数据进行了卡方检验分析。结果显示,是否设置了独立创业教育机构的高校在课程体系建设方面呈现出显著差异(df=3,pearson卡方=12.642,p=0.005)。相对而言,已经建立了独立创业教育机构的高校更倾向于"建立分层分类、与专业相结合的创业教育课程体系",说明建立独立创业教育机构确实有利于高校创业教育课程体系建设的推进,并与各个专业进行融合。而没有建立独立创业教育机构的高校则更多选择"侧重创业实践的第二课堂"和"面向所有学生开设2学分的创业教育基础课程",一定程度上也是因为缺乏组织领导和机构系统推进的能力,在课程体系建设上缺少机构支撑。

总而言之,不同高校在发展创业教育过程中突破了一定的资源和地域限制,受高校层次、所在地域影响较小;是否成立了校领导牵头的创业教育领导小组,是否设立了独立的创新创业教育机构,对高校创业教育的组织与运行产生了一定影响,最明显的是对课程体系建设的影响,对其他要素(如师资来源、组织演变因素、具体落实人员等)影响有限。

第三节　中国高校创业教育组织与运行的核心问题

以下将结合中国高校创业教育的试点高校、典型经验高校和示范性高校的实践,对创业教育组织与运行的核心问题进行探讨。

一、高校创业教育的组织目标与领导力

"培养大学生创新精神、创业意识和创业能力"已经基本成为我国高校创业教育的共识性目标。在我国高校创业教育发展早期,创业教育"缓解就业压力"的就业性目标以及"创办企业"的功利性目标曾被广为诟病,目前这一状况有较大改善。从领导力角度看,我国高校创业教育的发展既受到外部环境影响,更离

不开学校内部领导层的支持和推动。这种学校领导层对于创业教育的认同和支持以及由此带来的在资源分配、政策倾斜等方面的努力,在很大程度上推动了高校创业教育的发展。[①]

二、中国高校创业教育的组织模式

从中国高校创业教育组织的历史变迁可以看出,当前我国高校创业教育组织主要形成了创业学院模式、融合专业教育模式和跨学科众创空间模式,由于创业学院模式将在第六章进行系统分析,本章将着重结合清华大学的案例剖析融合专业教育模式。清华大学是国内最早开展创业教育的高校之一。早在 20 世纪 90 年代初就成立了清华大学科技园。1997 年清华大学经济管理学院在 MBA 项目中开设创新与创业方向的课程,并成立了学生创业协会,于 1998 年借鉴麻省理工学院模式首办大学生创业计划大赛,由此掀开了中国高校创业教育的开端。

清华大学深化创新创业教育改革的目标是:"将创新创业教育系统融入到学生培养体系,实现创新创业教育的常态化和可持续。促进创新创业教育与专业教育的有机融合,重视创新精神、创业意识、创新创业能力的培养,使创新创业教育覆盖全体学生。"[②]清华大学创业教育的组织目标,不是短期功利性的培养多少创办企业的企业家,而是将创业真正融入学生培养体系,培养每一位学生的创业思维和能力。为达到这一目标,清华大学从 2003 年开始系统建设创业课程体系,并着力打造"创意、创新、创业"三创实践平台。从创业教育组织的领导层面看,清华大学成立了由校长牵头的学校创新创业教育领导小组,并由教务处牵头,研究生院、学生处、研工部、团委等部门协同,建立学校创新创业教育协调委员会(图5.4)。

---

① 黄兆信,王志强. 地方高校创业教育转型发展研究[M]. 杭州:浙江大学出版社,2013:69.
② 教育部. 清华大学关于深化创新创业教育改革的实施方案[EB/OL]. http://www.moe.gov.cn/s78/A08/gjs_left/s3854/cxcyjy_ssfa/201604/t20160413_238103.html,2016-04-13.

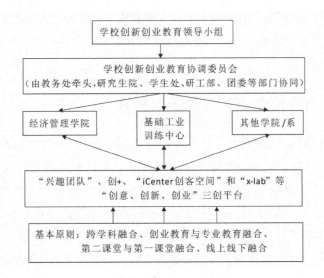

图 5.4　清华大学创业教育的组织与运行

资料来源:作者根据相关资料自行绘制。

　　清华大学创新创业教育注重发挥专业学院的力量,将创业教育融入大学的人才培养、科学研究和社会服务核心使命。在课程体系建设方面,一方面面向全校学生建设 2 学分的通识课程"创业导论",另一方面鼓励各个专业学院开设创业辅修,将创业教育与专业教育相融合。例如,五道口金融学院于 2015 年开设互联网金融与创业辅修专业,扩展非金融类学生的金融知识储备,提高社会适应力和创业能力;此外,清华大学还启动了跨院系交叉的技术创新创业辅修专业,首批有智能硬件(信息学院和美院合作)、机器人(机械系和信息学院合作)、智能交通(信息学院和汽车系合作)3 个方向。① 清华大学重点建设了"跨学科系统集成设计挑战"等 15 门挑战性学习示范课程,探索将全球性挑战问题引入课程,培养学生的创业思维、创新意识和能力。通过国际化培养创新创业人才是清华大学创业教育的重要组成部分。清华大学经济管理学院与加州大学伯克利分校合作,从 2009 年起针对全校研究生和高年级本科生开设"清华-伯克利全球技术创业项目"。该项目学制为一年,由清华大学与加州大学伯克利分校共同开发、设计并讲授课程。项目共包括必修课、选修课以及实践必修项目 3 个模块。学生

---

　　① 邱勇.创新创业教育融入培养体系——教育部"深入推进高校创新创业教育改革座谈"发言摘编[EB/OL]. http://www.moe.gov.cn/s78/A08/moe_745/201510/t20151029_216447.html,2015-10-26.

要求修满 7 个学分,可获得该项目证书。

　　除了创业教育课程体系建设,清华大学还依托经济管理学院、基础工业训练中心等师资力量,着力建设"兴趣团队"、创十、"iCenter 创客空间"和"x-lab"等"创意、创新、创业"三创平台,将第二课堂与第一课堂相融合,将体验式学习、团队合作、跨学科融合等新型教育手段与传统的课堂学习相结合,促进创业教育理论学习与实践应用的结合。例如,清华大学 iCenter 创客空间于 2015 年 10 月正式投入使用,目前是全球最大的校园创客空间。该创客空间由清华大学基础工业训练中心联合校内各院系和校外合作单位共同成立。作为清华大学最大的工程实践教学基地,基础工业训练中心起主导作用。名字中的"i"包含多重寓意:工业(industry)、国际化(international)、学科交叉(interdisciplinary)、创新(innovation)……以及学生之主体"我"(I)。① 因此,该创客空间不是单纯意义上鼓励学生将想法变成现实的创客空间,而是与清华大学工业工程系、美术学院、计算机系等专业院系日常教学紧密结合,通过为学生提供实践教学基地完善的硬件设施,鼓励学生开展思想碰撞,以知识创新、技术创新为基,运用和发展现有的开源和学术研究成果将想法变成现实。② 2013 年正式启动的"x-lab"依托清华大学经济管理学院,由清华大学经济管理学院、机械工程学院、理学院、信息科学技术学院、美术学院、医学院、航天航空学院、环境学院、建筑学院、材料学院、公共管理学院、工程物理系、法学院、新闻与传播学院 14 个院系合作共建。③ "x-lab"还根据当前创业的最新热点,将行业发展、专业教育与创业教育相结合,通过整合清华大学教授团队、企业界、非营利机构等合作,设立了知识产权中心、联合设计中心、社会创新中心、健康医疗创新中心、科技与智能制造创新中心、教育创新中心和下一代技术创新中心。这些中心成为校企合作推动创业教育的重要平台。总的来说,清华大学的创意、创新、创业三创平台逐步递进,协同互动,从而构成学校三创教育体系。④ 其中,未来兴趣团队依托于校团委,重点发掘学生

　　① 王蕾."创客"在清华——一项基于创新型人才培养的崭新模式[EB/OL]. https://news.tsinghua.edu.cn/info/1003/26403.htm,2014-12-01.

　　② 李双寿,王德宇,杨建新.帮学生做梦想的实践家——清华大学众创空间的创新实践[N].中国教育报,2015-4-21.

　　③ 清华大学创意创新创业教育平台[EB/OL]. http://www.x-lab.tsinghua.edu.cn/about.html♯xlabjj,2018-08-30.

　　④ 王蕾."创客"在清华——一项基于创新型人才培养的崭新模式[EB/OL]. https://news.tsinghua.edu.cn/info/1003/26403.htm,2014-12-01.

的原始创意；创客依托 i-Center，以创新的方式实现创意，开发原创性产品；"x-lab"依托经济管理学院，更侧重于学生的创业教育与实践。

借助大规模在线开放课程改革的东风，清华大学尤其注重创业教育在线课程的建设。2013 年开通了"学堂在线"，汇聚了近 400 门国内外知名学府的课程，选课总人数突破 500 万次；2015 年 3 月 24 日开通"中国创业学院"频道，推出系列创业课程。目前平台拥有来自学术界、投资界、咨询界、企业界的国内一线创业导师 35 位，建设了 25 门创新创业精品课程；选课人数达到 30 多万次，成为中国最大的创业在线教育平台之一。[1] 这种创业教育 MOOC 教学方式满足了学生创业者对更加灵活的学习方式的需求，也对传统的学分互认机制提出了挑战。

清华大学创新创业教育的组织建设非常注重"融合"：一是打破院系藩篱，建立学科交叉的辅修专业，探索跨院系培养创新人才的新机制，实现跨院系"融合"。[2] 二是创业教育与专业教育的融合，发挥专业教师在创业教育过程中的积极性。目前，尤其以经济管理学院和基础工业训练中心为核心。三是第二课堂与第一课堂的融合。通过建设三创平台，鼓励学生跨学科组建兴趣团队，开展基于前沿技术创新的创业项目。四是线上线下融合。不仅建设线下创业教育课程体系，而且建设线上"中国创业学院"，为学生提供优质的国内外创业教育在线课程。

三、中国高校创业教育组织的运行机制

1. 领导与管理机制

九所创业教育试点高校组织管理机构变迁可以在很大程度上反映出过去15 年我国高校创业教育在领导和管理机制方面的变化轨迹（如表 5.6），与本研究开展的实证调研结果也较为吻合。2002 年大部分高校创业教育由校团委作为主要领导部门；到 2015—2016 年，九所试点高校都成立了由校长或书记任组长的学校创新创业教育领导小组。从领导机制的转变可以看出创业教育地位的变化以及反映出越来越多高校将创业教育纳入学校发展的战略。

---

① 清华学堂在线"中国创业学院"聘任首批创业导师[EB/OL]. http://edu. china. com. cn/2016-03/22/content_38084563. htm, 2016-03-22.

② 邱勇. 创新创业教育融入培养体系[N]. 中国教育报, 2015-10-22.

2.资源整合机制

高校组织和运行创业教育项目需要充分考量资源的重要性。创业教育资源按照类型可以划分为人力资源、财力资源和物力资源；按照来源可以划分为校内资源和校外资源。首先，人力资源是创业教育最关键的资源。校内的人力资源包括专业教师、辅导员等学生工作的教师、管理人员以及学生社团等。校外的资源更为丰富，包括来自企业、政府以及非政府组织以及其他高校的人力资源。其次，财力资源是创业教育顺利实施的保障。由于各国政治体制、经济发展水平、创业文化等方面的区别，推动高校创业教育组织模式创新的利益相关主体也各有不同。我国高校创业教育经费主要来源于政府支持，无论是早期的创业教育试点高校项目，还是近年来的"创新创业教育人才培养模式实验区"和"高校实践育人创新创业基地"项目，政府提供的经费支持和政策倾斜是高校创业教育资源的核心来源。再次，物力资源主要包括校内和校外的物质支撑。有些高校的创业教育除了依托本校的资源，还依托区域资源。

近年来，组建联盟成为各个高校资源整合、经验交流、明确自身优势和劣势从而更好推进本校工作的重要途径。2009年以来，我国相继建立了中国高等教育学会创新创业教育分会(2009)、联合国教科文组织中国创业教育联盟(2014)、中国高校创新创业教育联盟(2015)等综合性联盟，也建立了全国高等职业院校创新创业教育联盟(2015)、全国大学生创新创业实践联盟(2017)等分类别的联盟。见表5.6、5.7。

表 5.6　九所试点院校创业教育组织管理机构的变迁

序号	院校名称	管理机构(2002)①	管理机构(2008)	管理机构(2015/2016)
1	清华大学	团委负责，相关研究工作由经济管理学院成立的"清华大学中国创业研究中心"承担	校团委负责总体协同，集校内多个部门和院系资源，如经管学院、校团委、教务处、研究生院、清华科技园、就业指导中心等	成立了由校长牵头的学校创新创业教育领导小组，并由教务处牵头，研究生院、学生处、研工部、团委等部门协同，建立学校创新创业教育协调委员会。

---

① 王占仁.中国创新创业教育史[M].北京:社会科学文献出版社,2016:99.

续表

序号	院校名称	管理机构(2002)①	管理机构(2008)	管理机构(2015/2016)
2	北京航空航天大学	设有创业管理培训学院,专门从事创业教育研究与实践;学生处、孵化器、招生就业处、团委、科技园等机构分工协作	创业管理培训学院下设创业教育研究中心、创业指导中心、创业培训中心、职业技能培训部;创业教育由创业管理培训学院、各专业学院、教务处、学生处、就业指导中心、团委、孵化器、大学科技园等多部门协调推进	成立由校长任组长、副校长任副组长、教务处、研究生院、学生处、团委、招生就业处、科研院、资产公司、继续教育学院负责人参加的创新创业教育工作领导小组,建立由教务处牵头,研究生院、学生处、团委、招生就业处、科研院、资产公司、继续教育学院齐抓共管的创新创业教育工作机制,成立创新创业指导委员会,指导创新创业教育改革与实施。 成立创业学院,整合学校创新创业教育资源,具体负责学生管理、创新创业课程体系建设、创业帮扶等具体工作。②
3	中国人民大学	校团委统一领导		将学校"毕业生就业工作领导小组"更名为"学生就业创业工作领导小组",领导小组由书记、校长任组长,主管学生工作的副书记、主管就业创业工作的副校长任副组长,成员单位由学校办公室、党委组织部、研究生院等 14 个部门组成。 学校层面成立创业学院,作为创业教育和创业实践的综合平台学院设置创业教育专家咨询委员会和综合服务办公室、创业教育中心、创业训练中心、创业实践中心等执行部门,同时积极筹建创业教育基金和创业投资基金。③

① 王占仁.中国创新创业教育史[M].北京:社会科学文献出版社,2016:99.

② 北京航空航天大学深化创新创业教育改革实施方案[EB/OL]. http://www.miit.gov.cn/n1146285/n1146352/n3054355/n3057816/n3057826/c4474888/content.html, 2015-12-01.

③ 中国人民大学深化创新创业教育改革实施方案[EB/OL]. http://www.moe.gov.cn/s78/A08/gjs_left/s3854/cxcyjy_ssfa/201605/t20160516_244082.html, 2016-05-16.

序号	院校名称	管理机构(2002)①	管理机构(2008)	管理机构(2015/2016)
4	上海交通大学	校团委统一领导,教务部门、学生工作系统、就业服务和职业发展中心、校团委、各学院级学生科技创新实践中心分工协作	由校党政主要领导直接负责,学校有关部门合作,下属安泰经济与管理学院具体组织落实	成立以校长任组长、相关分管校领导任副组长的学校创新创业教育工作领导小组,进一步夯实和完善教务处、研究生院、学指委、团委、科研院、国家大学科技园、经管学院等部门齐抓共管的创新创业教育工作体制。 建设创业学院,着力构建涵盖四个层次的教育教学体系,包括面向全体学生的"普及教育"、面向有创业意向学生的"系统教育"、面向有创业目标学生的"重点教育"以及面向创业实践学生的"实践教育"四个层次。② 学校同时聘请劳动人事学院、商学院、教务处、招生就业处、学生处、文化科技园、法学院、校团委等单位负责人担任创业学院副院长。
5	西安交通大学	学校多部门协调合作		学校成立创新创业教育专家指导委员会、工作领导小组与工作组。专家指导委员会由富有经验的一线教师、资深的创新专家和具有创业实践经验的企业家等组成,对学校创新创业教育工作进行研究、咨询、指导、评估和服务。成立由校长任组长、分管校领导任副组长、有关部门负责人参加的创新创业教育工作领导小组,建立由教务处牵头,校团委、研究生院、学生就业创业指导服务中心等部门齐抓共管的创新创业教育工作机制。 成立创新创业教育工作组,工作组的组长单位为教务处,配备副处长专职负责推进创新创业教育工作。工作组实行定期的联席会制度。③

①　王占仁.中国创新创业教育史[M].北京:社会科学文献出版社,2016:99.

②　上海交通大学深化创新创业教育改革实施方案[EB/OL]. http://www.moe.gov.cn/s78/A08/gjs_left/s3854/cxcyjy_ssfa/201604/t20160413_238078.html,2016-04-13.

③　西安交通大学关于深化创新创业教育改革的实施方案[EB/OL]. http://www.moe.gov.cn/s78/A08/gjs_left/s3854/cxcyjy_ssfa/201603/t20160315_233607.html,2016-03-15.

续表

序号	院校名称	管理机构(2002)①	管理机构(2008)	管理机构(2015/2016)
6	武汉大学	大学生创业指导中心统一组织协调		成立学校创新创业教育领导小组,由校主要领导担任组长,分管校领导任副组长,学校相关职能部门及学院(系)领导任组员,全面领导,统筹协调。 继续发挥创业学院的作用。②
7	黑龙江大学	成立了学校创业教育领导小组,负责学校重大决策制定;成立创业教育学院,负责全校创业教育工作的宣传、组织、协调、实施	成立独立的创业教育学院	继续完善创业教育学院,负责学校创新创业教育管理工作。
8	南京财经大学	校领导统一负责。学校成立"大学生创新创业教育中心",组织教务处、学生处、工商管理学院、团委、科研处、教务处、高教所等部门共同参与,负责全校创业教育试点管理工作	由校级领导负责主持;由学校教务处和团委分别牵头落实创业教育课程体系设计和第二课堂活动;成立校级创业教育中心,具体统筹、规划和指导全校创业教育相关工作,下设学生创业基金会、学生创业活动管理中心、大学生创业协会等机构;设置创业教育研究所	成立南京财经大学创新创业教育工作领导小组。由校长担任组长,分管教学和学生工作的校领导为副组长,教务处、学生处、团委、研究生处、科研处、人事处、财务处、实验教学中心、信息化建设管理处、大学科技园等相关职能部门负责人和相关学院负责人为组员。领导小组负责创新创业教育工作的统筹规划、政策制定、经费保障、管理和决策。领导小组下设办公室,由教务处牵头,学生处、团委和相关部门负责协调日常工作的落实。 建立南京财经大学大学生创新创业教育联席会议制度。 各学院成立"大学生创新创业教育推进工作小组"。③

---

① 王占仁.中国创新创业教育史[M].北京:社会科学文献出版社,2016:99.

② 武汉大学深化创新创业教育改革实施方案[EB/OL]. http://www.moe.gov.cn/s78/A08/gjs_left/s3854/cxcyjy_ssfa/201603/t20160315_233619.html, 2016-03-15.

③ 南京财经大学大学生创新创业教育实施方案[EB/OL]. http://jwc.njue.edu.cn/s/119/t/26/10/f3/info4339.htm, 2017-04-13.

续表

序号	院校名称	管理机构(2002)[①]	管理机构(2008)	管理机构(2015/2016)
9	西北工业大学	校团委统一领导		成立"西北工业大学创新创业教育工作领导小组",由校长担任组长,分管教学和学生工作的校领导担任副组长,教务处、研究生院、学生处、研工部、团委、学校办公室、发展规划处、科学技术管理部、科技产业集团、人事处、校友会等相关部门负责人为成员。领导小组下设办公室,挂靠教务处,负责日常事务。[②]

注:2002 年和 2008 年的资料来源于:王占仁.中国创新创业教育史[M].北京:社会科学文献出版社,2016:99;2015/2016 年的资料根据各高校深化创新创业教育改革实施方案整理。

表 5.7　我国主要的高校创业教育联盟一览表

组建时间	名称	创始主席单位	领导部门
2009	中国高等教育学会创新创业教育分会	中南大学	教育部
2014	联合国教科文组织中国创业教育联盟	浙江大学	联合国教科文组亚太教育局中国联合国教科文组织全国委员会
2015	中国高校创新创业教育联盟	清华大学	教育部
2015	全国高等职业院校创新创业教育联盟	南京工业职业技术学院	教育部
2017	全国大学生创新创业实践联盟	厦门大学	教育部

3. 激励与保障机制

《国务院办公厅关于深化高等学校创新创业教育改革的实施意见》(2015)针对高校创业教育的激励与保障机制提出了明确要求:针对大学生创业者,"实施

---

① 王占仁.中国创新创业教育史[M].北京:社会科学文献出版社,2016:99.

② 西北工业大学关于深化创新创业教育改革的实施方案[EB/OL]. http://www.miit.gov.cn/n1146285/n1146352/n3054355/n3057816/n3057826/c4475713/content.html,2015-12-01.

弹性学制,放宽学生修业年限,允许调整学业进程、保留学籍休学创新创业";针对大学生创新创业资金支持和政策保障体系构建,要求"深入实施新一轮大学生创业引领计划,落实各项扶持政策和服务措施,重点支持大学生到新兴产业创业"。针对全体教师的创新创业责任,要求"完善专业技术职务评聘和绩效考核标准,加强创新创业教育的考核评价";要求"加快完善高校科技成果处置和收益分配机制,支持教师以对外转让、合作转化、作价入股、自主创业等形式将科技成果产业化,并鼓励带领学生创新创业"。① 2017 年 2 月 16 日,教育部颁布新版《普通高等学校学生管理规定》,突出为学生创新创业提供制度支持。"健全休学创业的弹性学制,新生可以申请保留入学资格开展创新创业实践,入学后也可以申请休学开展创业;对休学创业的学生,可单独规定最长学习年限,并简化了休学批准程序。建立更加灵活的学习制度,规定学生可以多种方式学习,包括申请跨校辅修专业或修读课程,对参加学校认可的开放式网络课程学习明确了学生学分积累和认可制度;规定参加创新创业等活动,可以折算为学分,计入学业成绩,鼓励学校建立创新创业档案、设置创新创业学分。"② 目前,我国有 20 余省陆续出台高校创新创业改革方案,深化学分制改革,进一步明确大学生休学创业保留学籍的具体时间,最短 2 年、最长 8 年。③ 此外,各省市还推出大学生创业引领计划。例如,浙江省从 2016 年起实施浙江省大学生创业能力提升行动计划,计划到 2020 年培训有创业意向的大学生 30 万名,每年重点培训有创业项目的大学生 2 万名。④

在国务院、教育部与各省市政府相继推出大学生创新创业政策的背景下,各高校针对大学生的激励与保障机制相对明朗。但是相对的,无论是政策层面,还是高校层面,关于教师激励和保障的体制机制改革却相对迟缓。尤其在"双一流"建设背景下,如何在强化以学科为导向、为中心和基础的知识生产模式 I 的同时,对问题导向、应用导向、跨学科导向的新知识生产模式 II 给予充分的重视

---

① 国务院办公厅.国务院办公厅关于深化高等学校创新创业教育改革的实施意见[EB/OL]. http://www.gov.cn/zhengce/content/2015-05/13/content_9740.htm,2015-05-13.

② 教育部.教育部颁布新版《普通高等学校学生管理规定》[EB/OL]. http://www.moe.gov.cn/jyb_xwfb/gzdt_gzdt/s5987/201702/t20170216_296400.html,2017-02-16.

③ 曾骊,张中秋,刘燕楠.高校创新创业教育服务"双创"战略需要协同发展[J].教育研究,2017(1):70-76,105.

④ 浙江省人民政府办公厅.浙江省人民政府办公厅关于推进高等学校创新创业教育的实施意见[EB/OL]. http://www.gov.cn/zhengce/2016-01/14/content_5057433.htm,2016-01-14.

并留出相应的空间；如何改变单纯"以论文论英雄"的价值取向，[①]认可教师在创新创业人才培养和促进知识转化方面的贡献，并纳入教师评价制度，需要引起各利益相关者的高度重视。

---

① 龚放.知识生产模式Ⅱ方兴未艾：建设一流大学切勿错失良机[J].江苏高教，2018(9)：1-8.

第六章

中国高校创业学院的兴起与发展

　　组织制度理论认为,在组织场域生命周期的初期阶段,不同的组织在发展路径和结构形式方面都表现出相当的多样性;但是组织场域一旦确立,就会出现一种强大而不可抗拒的力量,推动场域中的组织逐渐同形化。① 随着我国高校创业教育组织场域的逐步确立,既能够促进创业通识教育,又能够推动跨学科的创业专门人才培养的创业学院模式获得了政府与高校的青睐。截至 2017 年 7 月 31 日,教育部 99 所首批"示范高校"已经有超过七成高校成立或拟成立创业学院。②浙江省已有 101 所高校建立了创业学院;③广东省 137 所高校中有 52 所设置创业学院。④ 其中,大部分创业学院在 2014 年、2015 年之后成立。为什么我国高校如此大规模地建设创业学院? 目前创业学院发展有哪些类型? 创业学院建设遇到了哪些阻力? 未来创业学院应该朝着什么方向发展? 本章将围绕这些问题展开讨论。

第一节　中国高校创业学院兴起的动因

一、政策动因

　　中国是"政府推动型"创业教育的典型代表。除去高校自主探索阶段,政府

　　① 保罗・J.迪马吉奥,沃尔特・W.鲍威尔.关于"铁笼"的再思考:组织场域中的制度性同形与集体理性[A].沃尔特・W.鲍威尔,保罗・J.迪马吉奥.组织分析的新制度主义[C].姚伟,译.上海:上海人民出版社,2008:69.

　　② 朱家德.高校创业教育的组织特征分析——基于首批深化创新创业教育改革示范高校的实证数据[J].中国高教研究,2017(11):49-53.

　　③ 吴俏婧.为浙江经济发展孕育新动力 我省百所高校建创业学院[EB/OL].http://zjnews.zjol.com.cn/zjnews/201710/t20171011_5310611.shtml,2017-10-11.

　　④ 王烨捷.一窝蜂建创业学院 接下来怎么办[N].中国青年报,2016-06-07.

在其他阶段都发挥了主导作用。通过不同的制度创业策略,政府不仅影响了高校创业教育的发展理念、方向和规模,也影响了高校领导层在创业教育发展过程中的地位、创业教育的组织结构以及创业教育的参与者等。在创业学院形成和建设的过程中,政府作用主要表现在以下两个方面。

(一)建立健全高校创业教育以及大学生自主创业相关的政策、法规与平台,完善创业教育的制度环境,提升创业教育场域合法性

2010 年 5 月 13 日出台的《教育部关于大力推进高等学校创新创业教育和大学生自主创业工作的意见》(教办〔2010〕3 号),是教育行政部门第一份系统阐述高校创业教育地位以及如何推进创业教育的指导性意见。这份意见颠覆了创业教育的"二课堂论"和"创办企业论",首次明确提出"创新创业教育要面向全体学生,融入人才培养全过程"的观点,并从课程体系建设、师资队伍建设、创业实践活动、质量检测体系、创业基地等方面对高校提出了要求;也从创业扶持政策、资金投入、创业培训等方面对升级教育行政部门提出了指导细则。2012 年 8 月 1 日出台的《普通本科学校创业教育教学基本要求(试行)》进一步延续教育部 2010 年 3 号文件的精神,提出了"面向全体、注重引导、分类施教、结合专业、强化实践"的教学原则,并要求高等学校把创业教育教学纳入学校改革发展规划,指出高校除了要面向全体学生开设"创业基础"核心课程(纳入教学计划,不少于 32 学时、不低于 2 学分);还鼓励高校将创业教育与专业教育相结合。这两份重要文件的出台,在很大程度上推动了高校在注重创业论坛、创业实践、创业竞赛的同时,开始从学校层面思考创业课程建设事宜。

2014 年之后,由于国务院的大力推动,中国高校创业教育如燎原之势不断发展。2014 年 9 月 10 日,李克强总理在夏季达沃斯论坛开幕式上指出,"要借改革创新的'东风',推动中国经济科学发展,在 960 万平方公里土地上掀起'大众创业'、'草根创业'的新浪潮,形成'万众创新'、'人人创新'的新态势"。在此后召开的国务院常务会议上,李克强总理进一步强调要增强自主创新能力、扶持小微企业发展、完善支持和促进创业就业的税收政策等,切切实实在中国大地上掀起了"大众创业、万众创新"的热潮。此后,中共中央、国务院连续出台了一系列针对创新创业教育改革、众创空间、支撑平台等方面的政策,表明了中央全面推进大学生创新创业的决心和力度。

2015 年可以被称为创业教育战略改革之年。2015 年 3 月 23 日公布的《中

共中央国务院关于深化体制机制改革加快实施创新驱动发展战略的若干意见》，从营造激励创新的公平竞争环境、建立技术创新市场导向机制、强化金融创新的功能、完善成果转化激励政策、构建更加高效的科研体系、创新培养、用好和吸引人才机制、加强创新政策统筹协调等层面提出具体的改革意见，为中国实现更高层次的创新创业保驾护航。例如，该意见明确"允许高等学校和科研院所设立一定比例流动岗位，吸引有创新实践经验的企业家和企业科技人才兼职。试点将企业任职经历作为高等学校新聘工程类教师的必要条件"。这种制度性改革带来的红利，将打通产学界限，通过实践育人并提高高校的人才培养质量。国务院的这份意见针对当前我国创业环境存在的诸多问题和挑战，进一步提升中国创业的创新贡献度和影响力。

国务院还于 2015 年 5 月 13 日出台了《国务院办公厅关于深化高等学校创新创业教育改革的实施意见》(国办发〔2015〕36 号)。[①] 该政策规定："各高校要落实创新创业教育主体责任，把创新创业教育纳入改革发展重要议事日程，成立由校长任组长、分管校领导任副组长、有关部门负责人参加的创新创业教育工作领导小组，建立教务部门牵头，学生工作、团委等部门齐抓共管的创新创业教育工作机制。"该实施意见规定了校领导对创新创业教育的责任，并促使高校探索足以支撑"把创新创业教育贯穿人才培养全过程"的组织形式和运行机制。意见提出，在组织与运行方面应该"坚持协同推进，汇聚培养合力。把完善高校创新创业教育体制机制作为深化高校创新创业教育改革的支撑点，集聚创新创业教育要素与资源，统一领导、齐抓共管、开放合作、全员参与，形成全社会关心支持创新创业教育和学生创新创业的良好生态环境"。政策还提出了我国到 2017 年和 2020 年高校创业教育发展的战略目标，也明确了为实现该战略目标需采取的九大任务：完善人才培养质量标准；创新人才培养机制；健全创新创业教育课程体系；改革教学方法和考核方式；强化创新创业实践；改革教学和学籍管理制度；加强教师创新创业教育教学能力建设；改进学生创业指导服务；完善创新创业资金支持和政策保障体系。教育部在国务院办公厅 2015 年 36 号文件下发之后，于 6 月 2 日在京召开了深化高等学校创新创业教育改革视频会，共有 7600 余人分别在主会场和分会场参加会议。

---

① 国务院办公厅. 国务院办公厅关于深化高等学校创新创业教育改革的实施意见[EB/OL]. http://www.gov.cn/zhengce/content/2015-05/13/content_9740.htm,2015-05-13.

国务院文件以及教育部的视频会之后,地方政府和高校纷纷采取行动响应号召。通过对教育部官方网站上公布的 31 个省(含直辖市、自治区)深化高等学校创新创业教育改革实施方案进行整理,本研究发现共有 16 个省的实施方案鼓励高校通过建立创业学院(或创业教育学院)的形式统筹推进创业教育改革。这些有力政策的结果是,原先具有前瞻性的高校更加大胆地进行改革,原先处于观望状态的高校也开始将创业教育作为学校综合改革的突破口,学习典型院校的先进经验。

支持创业学院建设的省市主要分为三种类型(如表 6.1):一是在全省高校范围内全面推进创业学院,以浙江省、黑龙江省为典型代表。《浙江省教育厅关于积极推进高校建设创业学院的意见》(2015)不仅规定了全省高校建设创业学院的目标,指出"2016 年 3 月底前,全省普通高校(含独立学院)除公安类等特殊类型高校外,普遍建立创业学院,并完善相应的管理体制和运行机制";而且对创业学院的组织和运行提出了建议,"创业学院设立理事会,由学校领导、相关部门负责人、合作企业、风投机构和创业教育专家等组成。依托校内二级学院、就业创业指导中心,校外地方科技园、大学生创业园和特色小镇,开展建设创业学院探索"①。在此思路基础上,《浙江省人民政府办公厅关于推进高等学校创新创业教育的实施意见》(浙政办发〔2016〕9 号)在协同育人机制和运行模式方面进一步作出了规定。在协同育人方面,提出要"积极吸纳社会资源和国外优质教育资源参与创新创业人才培养";在运行模式方面,指出要"探索创业学院建设与运行新模式,选择若干所高校开展本专科'3+1''2+1'、研究生专业硕士融合创业教育等不同类型的创业教育模式改革试点。"黑龙江省教育厅《关于深化高校创新创业教育改革促进大学生创新创业的实施方案》(2015)提出,要"推动各高校普遍设立创业教育学院或创业教育指导中心"。② 二是鼓励有基础和条件的高校设立创业学院。如,江苏省政府将创新创业学院视为校内综合协调机构。《江苏省深化高等学校创新创业教育改革实施方案》(苏政办发〔2015〕137 号)指出:"有条件的高校可以成立创新创业学院等校内综合协调机构,负责推进创新创业

---

① 浙江省教育厅.浙江省教育厅关于积极推进高校建设创业学院的意见[EB/OL]. http://www.zjedu. gov. cn/news/144098633313254525. html, 2015-8-31.

② 黑龙江省教育厅.关于深化高校创新创业教育改革促进大学生创新创业的实施方案[EB/OL]. www. moe. gov. cn/s78/A08/gjs_left/s3854/cscyjy[EB/OL]ssfa/201603/t20160315_233645. html,2016-03-15.

教育改革。"宁夏、广西、贵州、山东等地的方案分别使用了"支持有条件的高校整合校内外资源探索建立创新创业学院"、"条件成熟的高校要建立创新创业学院"、"鼓励有条件的高校设立创新创业学院（中心）"、"具备条件的高校可成立创新创业学院"等表述方式。需要指出的是，尽管《广东省教育厅关于深化高等学校创新创业教育改革的若干意见》（粤教高〔2015〕16 号）并未提及创业学院相关内容，广东省人民政府出台的《关于进一步促进创业带动就业的意见》（2015），也提出要"鼓励有条件的学校充分依托现有资源建设创业学院，省给予适当奖补"。三是支持高校建立创业学院，如，《上海市深化高等学校创新创业教育改革实施方案》（2016）提出："支持高校成立创新创业学院，推动实践育人和协同育人的体制机制探索。"①《云南省教育厅关于深化高等学校创新创业教育改革的实施意见》（2015）提出"到 2020 年，鼓励和支持各州市与当地高校合作创办至少 16 所创新创业学院"。

表 6.1　地方政府关于高校创业学院建设的政策内容

序号	省（自治区、直辖市）	政策内容	特点
1	浙江	到 2016 年 3 月底前，全省高校普遍建立创业学院	在全省高校范围内全面推进创业学院
2	黑龙江	推动各高校普遍设立创业教育学院或创业教育指导中心	
3	云南	到 2020 年，鼓励和支持各州市与当地高校合作创办至少 16 所创新创业学院	支持高校建立创业学院
4	上海	支持高校成立创新创业学院，推动实践人和协同育人的体制机制探索	
5	山西	探索举办创新创业学院和创新创业教育实验班	
6	湖北	在全省高校建设一批省级示范创新创业学院和创新创业教育实验班	
7	海南	设立创新创业教育学院或创新创业教育研究室	
8	福建	设立创新创业教育学院或创新创业教育研究室	

---

① 上海市人民政府.市政府办公厅关于印发《上海市深化高等学校创新创业教育改革实施方案》的通知[EB/OL].http://www.shanghai.gov.cn/nw2/nw2314/nw2319/nw12344/u26aw46215.html,2016-01-18.

续表

序号	省(自治区、直辖市)	政策内容	特点
9	宁夏	支持有条件的高校整合校内外资源探索建立创新创业学院,统筹开展创新创业教育教学培训、指导与研究等工作	支持有条件有基础的高校建立创业学院
10	广西	条件成熟的高校要建立创新创业学院	
11	贵州	鼓励有条件的高校设立创新创业学院(中心)	
12	山东	具备条件的高校可成立创新创业学院	
13	江苏	有条件的高校可以成立创新创业学院等校内综合协调机构,负责推进创新创业教育改革	
14	安徽	鼓励高校设立创新创业学院	
15	江西	鼓励有条件的学校整合校内外资源建立创业学院,开展创业教育教学培训、指导与研究工作,强化学生创业指导服务	
16	甘肃	支持有基础和条件的高校成立创新创业教育学院	

资料来源:根据教育部网站各省市提供的深化高等学校创新创业教育改革实施方案整理。http://www.moe.gov.cn/s78/A08/gjs_left/s3854/cxcyjy_ssfa/index.html,2017-07-20.

随着中央和地方出台鼓励创业学院成立的政策,我国高校纷纷探索新的组织模式,建立由分管校领导牵头的创新创业教育领导小组,并出现大规模建立创业学院的浪潮。通过对教育部高教司"创新创业教育"网站上 73 所高校深化创新创业教育改革实施方案进行分析,共有 30 所高校明确提出要建设创业学院。此外,浙江、广东等地的地方高校也成立了大量创业学院。

(二)除了颁布指导性文件,政府还通过评选典型经验高校、认定示范性高校等策略,推进优秀经验的扩散

从 2016 年开始,教育部开始评选创新创业典型经验高校,2016 年评选出首批 50 所"全国创新创业典型经验高校",其中中央部门所属高等院校 19 所,省属本科院校 25 所,高职高专院校 6 所;2017 年第二批 50 所"全国创新创业典型经验高校",其中中央部门所属高等院校 13 所,省属本科院校 30 所,高职高专院校 7 所。此外,教育部还于 2017 年 1 月和 7 月分别认定了 99 所和 101 所"全国深化创新创业教育改革示范高校"。这些"典型""示范"性政策沿袭了我国教育政策的一贯传统。通过政策倾斜、经费支持、舆论宣传，这些高校成为全国创业教育工作的"排头兵"，从而对其他高校发挥引领和示范的作用。除了这些策略，教育部还组织教学指导委员会对 92 个本科专业类教学质量国家标准作了进一步修改完善，明确创新创业教育目标要求。[①]

国务院评选双创示范基地的举动更具有综合性的特点。其目的不仅仅是推动高校创业教育的特色化发展，更为重要的是通过引导地方政府和企业参与双创，形成政府-高校-企业相互协同推进双创的生态系统。2016 年 5 月 12 日，《国务院办公厅关于建设大众创业万众创新示范基地的实施意见》（国办发〔2016〕35号）出台后，我国相继实施了两轮双创示范基地建设。2016 年首批双创示范基地 28 个，其中区域示范基地 17 个，高校和科研院所示范基地 4 个（清华大学、上海交通大学、南京大学和四川大学）；2017 年第二批双创示范基地 92 个，其中区域示范基地 45 个，高校和科研院所示范基地 26 个，企业示范基地 21 个。可以看出，国务院的示范基地建设不仅仅针对高校，而且评选区域和企业的示范基地，对政府、高校和企业在双创过程中的职责都做出了明确要求，从而激发地方政府、企业参与高校创新创业的积极性。该实施意见明确了各主体在双创示范基地建设中的重点要求。对区域示范基地的评价标准主要聚焦在五个方面：一是服务型政府建设；二是双创政策措施落地；三是创业投资发展；四是创新创业生态建设；五是双创文化建设。对高校和科研院所示范基地评价标准的重点有四个方面：一是创业人才培养和流动机制；二是科技成果转化；三是大学生创业支持体系；四是双创支撑服务体系。企业示范基地评价标准包括四个方面：一是适合创新创业的企业管理体系；二是企业员工创造力；三是创新创业投融资渠道；四是企业创新创业资源。[②]

---

① 陈亚聪. 去年我国投入近 5 亿元支持约 12 万大学生创新创业 [EB/OL]. http://news. xinhuanet. com/politics/2016-04/20/c_128912309. htm, 2016-04-20.

② 国家发改委. 国家发展改革委办公厅关于做好第二批大众创业万众创新示范基地建设工作的通知（发改办高技〔2017〕1111 号）[EB/OL]. http://www. ndrc. gov. cn/zcfb/zcfbtz/201706/t20170630_853096.html, 2017-06-30.

二、组织动因

(一)创业教育的合法性问题

由于我国尚未设立创业教育学或创业学学科,创业教育发展缺乏专门师资和系统性课程的支撑。通过对西方国家学院主导模式创业教育组织结构进行分析,本研究认为,从早期的课程,到设立创业教育项目,再到创业系乃至创业学院的成立,从初级的创业教育组织到相对完善的创业教育组织的设立,西方国家设立创业教育组织综合考虑了社会需求、学生需求、创业教育已有基础等因素。并且,西方高校创业教育的发展经历了长期的争论阶段,使得对创业教育持有不同意见的政府官员、学者和社会人士进行充分的辩论,对创业教育进行各种学理的分析,从而在高校内部和全社会形成对创业教育的共识。从比较中可以看出,中国高校和国外高校在创业教育组织方面存在较大区别。尤其是随着2014年"大众创业、万众创新"战略的提出,以及2015年国务院等部门一系列重要政策的出台,高校创业教育的组织颇有"全校总动员"的架势。但是,这种总动员并非受到全校师生价值统一之后的"内源性"力量驱动,而在很大程度上是由外力推动而不得不开展的一项工作。[1] 随着教育部和国务院号召将创业教育纳入人才培养全过程,高校的各个部门,如教务处、团委、学工处、就业指导中心,以及一些专业学院,如管理学院、经济学院、教育学院等开始开展创业教育,但又往往不成体系。高校内部部门林立,各自为政,创业教育教学、创业教育实践、科技成果转化等不同环节难以有效衔接,导致分散重复、效率不高。因此,从高校层面迫切需要建立起统一的组织机构,统筹安排全校的创业教育。

(二)中国高校传统的"层级式"组织管理思路影响

调研发现,2015年以来我国高校创业教育组织模式开展了一轮深入的变革。总体思路是成立独立的创新创业教育机构(大部分以创新创业学院的形式出现)。如前所述,尽管这些独立机构依托的部门不同,发展重心有差异,规模有大小,对不同的领导负责;但是其发展思路是一致的,基本上都是尝试在学校层面建设统一的创业教育机构,统一规划、组织、协调、推动全校的创业教育发展。

---

① 黄兆信,王志强.地方高校创业教育转型发展研究[M].杭州:浙江大学出版社,2013:165.

这种组织与管理模式是和我国传统的"层级式"管理思维一脉相承的。

第二节　中国高校创业学院的主要进展

2015 年以来,受到政府的推动,多数高校成立了以校领导为组长的创新创业教育工作领导小组以及成立了创新创业学院。但是,如果更为贴近现实进行分析,我们可以看到一幅幅更为鲜活的创业教育图景。高校通过寻求特色、整合资源、组建联盟等方式,不仅逐渐形成了多样化的发展模式,甚至在一定程度上影响了相关政策的出台与实施,成为了制度变革的重要推动者。

一、创业学院的类型

由于不同高校的组织架构、学科专业、所处区域的产业结构各异,高校在开展创业教育过程中努力寻求特色。2002 年 9 所试点高校确立之后,以黑龙江大学为典型代表的高校最早开始建设创业教育学院,开始了创业学院建设的最初探索。设立"创新实验区"(2008)之后,温州大学、中山大学、上海交通大学也相继成立了创业学院,这些早期创业学院的积极探索和经验,在 2015 年之后凝聚成为政府重要的政策文本,影响了高校创业教育政策的议程与内容,在很大程度上影响了其他高校在创业教育组织机构方面的选择,显著地推动了全国高校创业教育的组织化和制度化进程。而政府通过评选示范性高校等举措,使得建设创业学院的经验不断得以扩散,并最终促进了创业学院这种模式在全国范围内的快速发展。从总体上看,高校创业学院的发生过程经历了从高校内生到政府引导,从非独立建制到独立建制的制度变迁过程。[①] 对于各高校而言,建设创业学院不是另起炉灶搞创业教育,而是如何通过创业学院建设,结合自身的专业优势理顺创业学院和职能部门以及各专业二级学院的关系;以创业教育改革为契机,更为深入地推进全校人才培养模式改革和知识生产模式创新,由创业教育的特色化发展,推动高校自身的特色化发展。目前我国的创业学院主要可以分为协调型、依托型、独立型三种类型。

---

① 朱家德,王佑美.高校创业学院的发生学研究[J].高等工程教育研究,2017(3):158-161.

(一)协调型创业学院

协调型创业学院是虚拟的学院,发挥全校创业教育的统筹规划、资源调配和督促落实等职能,旨在全校范围内形成对创业教育齐抓共管的局面。院长往往由校领导担任,副院长由教务处、学工处、研工处、团委等学校各职能部门负责人兼任。也有一些高校增加管理学院、教育学院或科技园等部门的负责人兼任副院长。在具体运行方面,协调型创业学院可以分为教务处主导型和学工部门主导型两大类。前者由教务处作为牵头单位,后者由学工部作为牵头单位。

(二)依托型创业学院

依托型创业学院指的是依托校内已有机构成立的创业学院。各高校根据自身的创业教育传统和专业优势,依托机构各有不同。从总体情况看,主要包括依托学校的荣誉学院、依托管理学院和依托其他特色专业或学科三类。

一是依托荣誉学院建设创业学院。荣誉学院(Honors College)是国内外培养高层次拔尖创新型人才的重要机构。依托荣誉学院旨在将创新教育和创业人才培养相结合。二是依托商学院或管理学院创办的创业学院。这类学院依托商学专业教师的支持,并且容易和社会各方面建立联系。三是依托特色专业和学科建设创业学院。例如,有位受访者表示:"我们创新创业学院是根据2015年省里的文件成立的。学校党委当时是有两个方向。第一是成立一个实体的学院,第二是成立一个虚体的学院。现在省里实体虚体都有。我们学校想成立一个实体的学院。但是一开始人财物到位比较困难。所以学校主要有两个选择,一是和工程训练中心合署,所有的人财物基础都有了;还有一个选择是依托经济管理学院。学校党委经过慎重考虑,最后决定和工程训练中心合署。经济管理学院非常专业,也有较强的师资基础,但是创新创业教育是向全校学生推广的,如果放在经管学院,学生会不会认为'我是到经管学创新创业了'。所以学校党委就考虑放在原来没有自己学生的机构,这样全校的学生都可以到这里来。"(M4)可以看出,创业学院的建立需要充分考虑高校自身的专业特征,并没有放之四海而皆准的模式。

(三)独立型创业学院

独立型创业学院指的是独立建制、实体化运作的创业学院。目前我国独立建制的创业学院有两种类型:一是新建独立建制的创业学院,以温州大学创新创业学院①为典型代表。温州大学创新创业学院秉承"岗位创业"的基本理念,在改革过程中不断理顺组织关系,将实体化的创新创业学院发展成为联结学校教务处、团委、就业处等部门与专业学院的纽带。二是由其他学院转变而来。如大连理工大学创新创业学院由原来的创新实验学院转变而来,设学术型院长和副院长,全面负责学院的创新实验班和各类创新创业竞赛。

二、创业学院的创业班建设

创业学院除了为全校学生提供创新创业类必修、选修课程,近年来强化了创业班建设,从全校遴选优秀的学生编入创业班,开展系统的理论学习和实践训练。例如,中山大学创业学院每年从全校其他学院招收 30—50 位学生加入"创业黄埔班",采取"2+2"或"2.5+1.5"的教学模式,学生前两年或两年半学习专业知识,后两年或一年半进行创业学习。学生毕业后除获得本专业的学位,还可以获得创业学院颁发的"工商管理学"学士学位。西安外事学院创业学院开展了系统的创业课程构建,为学生提供创业必修课程;每年遴选 200 人左右大四学生进入"创业生班",在"双导师"指导下着手启动项目,用商业计划书代替毕业论文答辩。② 很多高校以创业班为载体,开展制度创新。例如,一位受访的创业教育管理者表示:"教务处对创业学院的支持是决定性的。教务处发布通知,在创业特色班里获得的学分,可以替代全校任何选修课学分,最多可以替换 18 个学分。等于说创新创业学院拿了一个'通用粮票'。"(M5)

第三节　中国高校创业学院:制度同形还是制度创业?

一、同形压力与创业学院的创建③

根据组织制度理论,组织趋同主要有两种类型,一种是效率机制下的竞争性

---

① 2009 年成立时名为"创业人才培养学院",2019 年更名为"创新创业学院"。

② 姜峰.创业教育:营造氛围自前行——一家民办高校试验深化创业教育改革路径[N].人民日报,2015-06-03.

③ 该部分内容来源于:梅伟惠.我国高校创业教育组织模式:趋同成因与现实消解[J].教育发展研究,2016(13-14):29-34.

同形（competitive isomorphism）；另一种是合法性机制下的制度性同形（institutional isomorphism）。[①] 制度同形理论认为，为了获得和维持合法性，组织往往倾向于服从内部和外部压力。在场域中的各种组织都受到制度同形压力的影响。高校系统作为一个相对成熟的组织场域，由一系列的规范和价值观构成，形成高等教育独特的制度逻辑。[②] 为了在高校中获得认同，被师生或者校友广泛接受，或者说在场域中获得"合法性"，创业教育组织从产生之日起，就有形或者无形地受到这些规范影响，并逐渐采用与高校内其他组织类似的模式与运行方式。

受政治体制、社会文化以及创业教育发展阶段等因素影响，我国高校创业教育组织模式演化过程不同于美国。美国高校创业教育组织趋同属于汉纳和弗里曼（Hannan & Freeman）所分析的"竞争性同形"，[③] 即在自由、开放的竞争场域，各个高校根据市场需求，为争取生源和资源不断提高创业教育质量，逐渐形成了学院主导模式和学科渗透模式。鉴于我国高校创业教育场域并不存在自由、开放的竞争，其组织模式趋同更加符合迪马吉奥和鲍威尔（Dimaggio & Powell）于1983 年提出的"制度性同形"逻辑，即主要受到强制性同形、模仿性同形和规范性同形三种机制的影响。[④] 资源的集中程度和依赖程度、目标模糊性与技术上的不确定性、专业化与结构化对制度同形起着正相关的影响。[⑤]

（一）资源依赖与追求合法性的强制性同形

强制性同形（coercive isomorphism）源于一个组织所依赖的其他组织向它施加的正式与非正式压力，以及由其所运行的社会中存在的文化期待对其所施

---

① Dimaggio, P. J. & Powell, W. W. The Iron Cage Revisited: Institutional Isomorphism and Collective Rationality in Organizational Fields[J]. American Sociological Review, 1983(48):147-160.

② 罗格尔·弗利南德，罗伯特·R. 阿尔弗德. 把社会因素重新纳入研究之中：符号、实践与制度矛盾[A]. 沃尔特·W. 鲍威尔，保罗·J. 迪马吉奥. 组织分析的新制度主义[C]. 姚伟，译. 上海：上海人民出版社,2008:252-285.

③ Hannan, M., & Freeman, J. H. The Population Ecology of Organizations[J]. American Journal of Sociology, 1977, 82:929-964.

④ Dimaggio, P. J. & Powell, W. W. The Iron Cage Revisited: Institutional Isomorphism and Collective Rationality in Organizational Fields[J]. American Sociological Review, 1983(48):147-160.

⑤ Dimaggio, P. J. & Powell, W. W. The Iron Cage Revisited: Institutional Isomorphism and Collective Rationality in Organizational Fields[J]. American Sociological Review, 1983(48):147-160.

加的压力。① 主要体现为政府强制性权力的影响以及高校为获得创业教育合法性而开展的一系列举措。资源集中化和追求创业教育合法性是导致高校大规模建立创业学院的主要原因。众创空间的发展也存在明显的趋同现象。据不完全统计,2015 年我国的众创空间数量已经达到 1.6 万家。但是众创空间快速发展的同时,也存在平台特色不显著、质量参差不齐、同质化现象严重等情况,难以为不同创业者提供差别化服务。由于部分地区存在众创空间指标政绩化,热衷于数量规模扩张,众创空间随意建设、重复建设的严重现象,且主体比较单一,发展模式缺少区域特色或产业特色,优质创业项目源太少。② 可以看出,无论是对创业教育项目的组织方面,还是对创业实践活动的组织方面,中国高校创业教育都出现了较为严重的趋同倾向。

目前,我国高校创业教育发展高度依赖政府拨款,来自企业捐款、项目创收等来源的经费有限。据统计,广东省 137 所高校仅 2015 年用于创新创业教育的经费投入达 1.15 亿元。③ 政府运用拨款机制规定或引导高校成立创业学院。此外,由于缺乏学科载体,"合法性"成为高校创业教育发展的瓶颈问题。而成立创业学院,意味着创业教育拥有显性的组织平台、特定的目标群体、持续的经费来源以及可衡量的办学效果,因此是创业教育较快获得合法性的途径。

(二)目标模糊和技术不确定性下的模仿性同形

模仿性同形(mimetic isomorphism)是组织对不确定性的回应。当组织的目标模糊、技术不确定,组织就会倾向于模仿那些在实际运作过程中看上去更为成功或更具合法性的组织。中国高校创业教育发展的模糊性和不确定性主要受两个因素影响。一是创业活动本身具有实践性、模糊性与不确定性,以创业为主要内容的教育活动必然区别于传统的教育。从创业教育目标的层次看,创业教育培养具有创业型思维的人才、具有创业型能力的人才以及真正开展创业实践的人才;从创业教育目标的领域看,创业教育培养科技创业人才、社会创业人才、内创业人才等不同类型创业人才;从创业教育的手段看,创业教育需要为学生提供创业体验学习,充分发挥学生学习的自主性。目标的多样性以及技术的模糊性

① 保罗·J.迪马吉奥,沃尔特·W.鲍威尔.关于"铁笼"的再思考:组织长语种的制度性同形与集体理性[A].沃尔特·W.鲍威尔,保罗·J.迪马吉奥.组织分析的新制度主义[C].姚伟,译.上海:上海人民出版社,2008:72.
② 刘巍伟.中国创客运动发展的现状、问题与对策[J].浙江社会科学,2017(8):148-155.
③ 陶达嫔.创业风潮下高校创业教育如何走?[N].南方日报,2016-05-17.

促使了创业教育项目的复杂性。二是我国高校创业教育的快速发展主要由于政府推动,且发展时间短,高校对于创业教育的目标、创业教育所需的资源、如何组织创业教育、如何培养创业师资、如何建设创业课程以及如何评价创业教育都存在较大不确定性,高校还来不及厘清适合自身专业布局、地理分布、文化传统的组织模式,为节省"探索有效组织模式的成本",大部分高校倾向于模仿在创业教育组织方面已经获得合法性或者较大成功的组织。因此出现了我国在较短的时间内成立大量创业学院的状况,但是"创业学院到底怎么办、干些什么、谁来干的问题却没有研究透"。[①]

(三)历史积累与专业化不足导致规范性同形

规范性同形(normative isomorphism)是迪马吉奥和鲍威尔提出的第三类同形机制,是专业化(professionalization)的结果。一般情况下,教育场域中的专业化主要通过两种方式:其一是通过大学正规教育提供认知层面的合法性;其二是通过专业学会(协会)之类的学术团体来界定与传播专业行为的规范性准则。[②]目前,我国尚未设立创业教育学或创业学学科,也缺乏大量受到大学专业化培训的创业师资。创业教育研究尽管成果数量快速增长,但是在研究内容上主要关注理念、国别比较、案例分析,较少研究具体的课程设计、师资培养、效果评估等问题;在研究范式上偏向于思辨研究,实证研究不足。我国在创业教育标准、规范、评价体制等规范性设定上仍处于起步阶段。规范性和专业性不足导致创业教育组织出现低水平的同形。

高校创业教育组织模式的趋同,使得各个高校开展创业教育呈现出相似性,这在一方面有利于不同高校之间拥有共同的"话语",能够进行沟通与交流;有利于创业教育在传统的高等教育机构内部获得更为显性与清晰的地位,为争取资源提供平台;有利于创业教育获得合法性认可和声誉。但是这并不能够保证这种组织模式就能够更为有效推进高校创业教育,也不能保证这种组织模式能够促使创业教育真正融入人才培养全过程。

---

①　王烨捷.一窝蜂建创业学院 接下来怎么办[N].中国青年报,2016-06-07.
②　杜驰,沈红.教育场域中的制度同形与组织绩效[J].清华大学教育研究,2009,30(5):67-70.

二、制度创业与创业学院的革新

(一)制度创业理论

制度创业(institutional entrepreneurship)是指组织或者个人认识到改变现行制度或者创造新制度蕴含潜在利益,通过建立并推广获得认同所需的规则、价值观、信念和行为模式,从而创造、开发和利用盈利机会。[①] 作为新制度主义学派[②]的重要分支,制度创业理论与早期新制度主义理论在制度环境对组织影响、组织的特性以及合法性机制等方面都存在不同观点。早期的新制度主义理论强调制度环境对组织的形塑,强调组织的适应性、稳定性与持久性,注重研究组织为获取合法性而产生的制度性同形。[③] 而制度创业理论则认为,组织虽然部分受到制度环境的影响,但都具有主观能动性,能够抵抗或者甚至改变他们所嵌入的制度环境。[④] 在制度创业理论框架下,组织的变革从关注同形与相似性转移到关注制度变革与能动性。尽管制度同形理论的强制性机制、模仿性机制以及规范性机制可以较好地分析中国高校创业教育组织发展过程中的趋同倾向,[⑤]却无法分析创业教育这样一个独特场域所伴随的制度创新、个体或集体打破常规培养创业型人才的努力等;也无法解释创业教育组织发展过程中形式同质、内容多样的发展现状。

制度创业理论的兴起标志着研究者认同了相关行为主体在组织变革中的关键作用;因为行为主体既受到制度框架的限制,也在现有的制度框架中获得权力和资源,从而为实现利益而挑战或试图改变现有制度。[⑥] 而且,作为制度理论研究中有关制度与组织关系的核心分析单元,场域内部既有倾向于维持现状的既得利益

① Maguire, S., Hardy, C. & Lawrence, T. Institutional Entrepreneurship in Emerging Fields: HIV/AIDS Treatment Advocacy in Canada[J]. Academy of Management Journal, 2004(5):657-679.

② 1977 年,美国社会学家梅耶(Meyer)和罗恩(Rowen)在《美国社会学杂志》发表题为"制度化的组织:作为象征符号和典礼仪的正式结构"的文章,标志新制度主义学派的诞生。

③ 张铭,胡祖光.组织分析中的制度创业研究述评[J].外国经济与管理,2010,32(2):16-23.

④ Lawrence, T.B., & Suddaby, R. Institutions and Institutional Work[A]. In S. R. Clegg, C. Hardy, T. B. Lawrence, & W. R. Nord(Eds.). The Sage Handbook of Organization Studies(2nd edition) [C]. Thousand Oaks, CA: SAGE. 2006:215-254.

⑤ 梅伟惠.中国高校创业教育组织模式:趋同成因与现实消解[J].教育发展研究,2016(13-14):29-34.

⑥ Kirst, M. W., & Stevens, M. L. Remaking College: The Changing Ecology of Higher Education [M]. Palo Alto,CA: Stanford University Press, 2015:28-29.

者,也存在挑战者,他们如果被赋予机会,便会整合资源来推动改革。场域远不是宁静与和谐的岛屿,而是具有不同利益和议程的行为主体之间争夺权力的竞技场。[①]高校创业教育作为新兴的场域,组织化与制度化程度相对较低,能够为制度创业者带来较大的制度空间、较多的创业收益以及较少的创业限制。[②]

(二)创业学院案例剖析

高校创业教育的发展兼有受高校自身因素和地域性力量影响的特征。高校自身因素指的是高校开展创业教育的意愿、基础以及是否有积极的倡导者和推动者。地域性力量指的是高校所在区域政府对创业的重视以及创业文化的强弱。一般而言,创业教育的组织与运行改革往往发源于所处地域创业文化氛围浓厚、自身又有很高创业意愿的高校。但是在中国,由于中央政府的调控和政策倾斜,一些地处创业文化氛围薄弱地区的高校也率先开展了组织模式的创新,尝试在全国层面发挥示范作用。这些高校开展创业教育的创新模式,通过政府部门示范高校的选择、各类学术会议的报告、发表学术著作与论文、媒体的宣传报道等途径,开始向其他后发高校传播。对于后发型高校而言,其松散耦合组织文化中针对创业教育组织的趋同力量和趋异力量共同作用,会产生形式同质与内容多样的情形。

1. 浙江大学:以创新创业学院作为全校创业教育的协调机构

1998 年,同根同源的原浙江大学、杭州大学、浙江农业大学和浙江医科大学合并成为新浙江大学,[③]开启了建设世界一流大学的新征程。近 20 年来,浙江大学将"创新创业"融入人才培养、科学研究和社会服务三大核心的职能,不断提升国际影响和服务区域社会经济的能力。在国家公布的"双一流"建设名单中,学校入选一流大学建设高校(A 类),18 个学科入选一流建设学科,居全国高校第三。[④]根据软科"世界大学学术排名"(ARWU),浙江大学从 2003 年的世界

---

① Fligstein, N. , & McAdam, D. A Theory of Fields[M]. Oxford, UK: Oxford University Press, 2012.

② 项国鹏,胡玉和,迟考勋. 国外制度创业研究前沿探析与未来展望[J].外国经济与管理,2011,33(5):1-8,16.

③ 1952 年全国高等学校院系调整,原浙江大学部分系科转入其他高校和中国科学院,留在杭州的主体部分发展成为单科性院校,分别是成为以工科见长的原浙江大学、以文理见长的杭州大学、以农学见长的浙江农业大学以及以医学和药学为主的浙江医科大学。1998 年随着高校扩招以及中国高等教育政策的再调整重新合并成为新浙江大学。

④ 浙江大学.学校概况[EB/OL]. http://www.zju.edu.cn/512/list.htm, 2020-04-20.

301—400 位上升到 2018 年的 67 位；QS"世界大学排名"显示，浙江大学从 2010 年以前的世界 200 多位，快速发展到 2017/2018 年的 87 位。见表 6.2。

表 6.2　浙江大学在 QS"世界大学排名"的表现（2012—2018）

2011/2012	2012/2013	2013/2014	2014/2015	2015/2016	2016/2017	2017/2018
191	170	165	144	110	110	87

资料来源：https://www.topuniversities.com/qs-world-university-rankings.

浙江大学创业教育有其独特的发展历史。早在 1999 年，浙江大学竺可桢学院和管理学院合作，共同创立创新创业管理强化班（ITP），培养未来创业领导者。2006 年，浙江大学管理学院获批设立全国首家"创业管理"二级学科博士点，推动创新管理研究与创业人才培养。2009 年，管理学院与美国百森商学院、法国里昂商学院合作，联合开展全球创业管理联培硕士项目（GEP），培养具有较强国际视野、交叉文化背景、熟练外语能力、扎实创业管理理论与方法的复合型人才，推动浙江大学创业教育的国际化进程。[①] 2010 年，浙江大学成为联合国教科文组织创业教育教席单位。2017 年，浙江大学入选第二批国家双创示范基地，创业教育迈上新台阶，着力打造具有浙大特色的创业教育新模式。

（1）领导与决策机制

2017 年 4 月，浙江大学在调研国内外高校创业教育组织模式的基础上，正式成立创新创业学院。新建的创新创业学院作为全校创新创业教育的协调机构，统筹全校创新创业教育资源，协调学校各部门创新创业教育工作，打造全校性的创新创业教育体系（如图 6.1 所示）。浙江大学创业教育的具体开展主要由各学院及相关部门协同合作。在创新创业教育教学方面，本科生院、研究生院以及各专业学院发挥主体作用，开展创业知识教育、创业课程建设、创业教育与专业教育相结合等工作。其中，教育学院与管理学院发挥学科优势，重点负责创业教育研究、辅修学位教育及专业学位教育。在创新创业教育实践方面，学工部、团委及研工部负责组织创新创业竞赛、建设创业实践平台，组织学生开展创新创业实践活动。在科研成果转化、与校外资源对接方面，大学科技园、科研院、就业指导中心、校友联络办、宣传部等部门则发挥更加重要的作用。

---

① 浙江大学管理学院 MBA.GEP 全球创业管理硕士项目［EB/OL］.http://mba.zju.edu.cn/mba/admissions_det/3/2105.2017-11-12.

在领导与决策方面,除学生创新创业教育工作领导小组的引领之外,各院系的领导与决策至关重要。浙江大学积极发挥院系创新创业教育主体作用,把创新创业教育纳入各学院(系)改革发展重要工作内容,将创新创业教育工作质量作为对学院(系)办学水平评估及领导班子考核的重要指标。此外,学校还要求各院系成立由院长(系主任)任组长、分管党政领导任副组长、有关科室负责人共同参加的学院(系)创新创业教育工作领导小组,加强各院系的创新创业教育领导与决策。

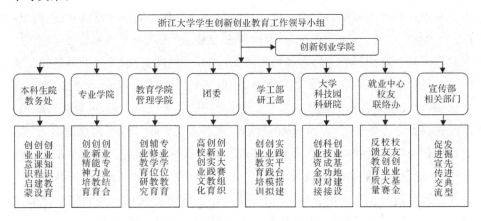

图 6.1　浙江大学创新创业学院的运行机制

资料来源:http://cxcy.zju.edu.cn/frontend/web/index.php? r=collegeintro%2Finstitution,
2018-12-20。

(2)院校两级协同机制

在课程体系建设方面,浙江大学充分发挥各个专业学院在开设创新创业教育课程方面的积极性,将创业教育与专业教育相融合。开设创业类课程的学院有管理学院、计算机科学与技术学院、药学院、机械工程学院、公共卫生学院、电气工程学院、教育学院等。在创业实践基地建设方面,浙江大学积极推进创业实训基地建设,加强大学生的创业实践教学。2015 年以来,学校积极推进"四位一体"(创业苗圃、众创空间、创业孵化器、创业加速器)、校内外联动的创业实践基地建设,先后新增了紫金创业元空间、e-WORKS 创业实验室、梦想小镇湾西创业加速器、Cookie 创客空间、Ideal Bank 创客空间等一批创新创业实践基地,为科研成果转化、创业团队孵化、创业实践训练等提供了广泛的平台。但是,在实际运行过程中,创业实训基地也暴露出一些问题。例如,由于缺乏专门的管理人员和运行机制,创客空间服务师生开展创业实践的作用没有得到充分发挥,导致出现部分创客空间闲置的现象。为此,学校积极采取应对措施,包括加强对创业实训基地的管理,制定和完善相关入驻评审机制、日常管理机制以及退出机制;加强对创业团队的培训与考核,帮助创业团队有效利用相关资源;此外,学校还通过校企合作、经费聘请等方式,积极引进校外创业实训基地管理人才,加强对创业实训基地的运营与管理。

(3)资源整合机制

在创业教育经费整合方面,《浙江大学双创示范基地工作方案》(2017)指出,浙江大学将"双创"行动计划作为学校"双一流建设"重要任务加以落实和推进;在学校单列常规创新创业教育经费年均 2500 万元基础上,额外给予创新创业学院"双一流"建设 1000 万元的经费支持;同时积极拓展社会捐赠、政府扶持等资金来源,设立学生创业无偿扶持基金,积极对接社会天使投资人、风险投资机构、政府扶持资金等各类资金,全面推进高校"智本"与产业"资本"深度融合。① 通过整合创业教育经费,学校在开展创业教育日常教学的基础上,设立了创新创业奖学金、创新创业基金,鼓励和扶持学生开展创新创业活动;创业教育经费同样保障了紫金创业元空间的运营、创新创业教育发展中心建设及高新创业苗圃建设等,这些基地的建设为学生开展创业实践提供了广阔的平台。

在创业教育师资力量整合方面,浙江大学积极整合校内创业教育师资力量,成立创业教育教学委员会及创业教育专家委员会,指导学校创新创业教育工作。同时学校还积极建立创业导师库,切实指导与帮助学生开展创业活动。见表 6.3。学校也尝试引进校外优秀创业教育资源。例如,学校与校外创业孵化器开展合作,借助后者丰富的创业教育师资力量及创业教育在线视频平台,推动创业导师库建设,促进学校创业教育的数字化转型。

(4)支撑机制

学校出台《浙江大学关于进一步加强学生创新创业教育的实施意见》《浙江大学教师科研成果转化政策》《浙江大学新东方创业奖学金评审办法》《浙江大学关于实施创新驱动 促进成果转化的若干意见》等,通过学分转换、保研激励、休学创业、资金与空间扶持、知识产权管理等政策激励,进一步激发全校师生创新

---

① 浙江大学. 面向世界引领未来——浙江大学建设国家双创示范基地工作方案[R]. http://www. zju. edu. cn/_ upload/article/files/87/23/3c5f7cdc40d3b8f16066c12cd1aa/0530bcd1 - f34d - 4ae0 - 86bd - 6ff58ca328ed. pdf, 2017-10-20.

创业热情。

其中，在学分转换方面，根据《浙江大学本科生第二、三、四课堂学分管理办法（试行）》的有关规定，将创新创业训练、就业创业实践实训、创新创业交流等纳入第二、三、四课堂学分。[1] 在保研激励方面，根据《浙江大学"挑战杯"大学生系列科技学术竞赛管理办法》有关规定，获得"蒲公英"创业大赛特等奖的团队，排序第 1 名的本科生可获得推荐免试攻读研究生资格；获得浙江省"挑战杯"大学生创业大赛特等奖的团队，排序前两名的本科生可获得推荐免试攻读研究生资格；获得"创青春"全国大学生创业大赛金奖、银奖的团队，排序前 3 名的本科生可获得推荐免试攻读研究生资格。[2] 在休学创业方面，学校通过修改《浙江大学研究生学籍管理实施细则》及《浙江大学本科学生学籍管理办法》，允许学生保留学籍及之前已修读的课程成绩和已获学分，进行休学创业。在资金与空间扶持方面，学校通过建设创客空间、大学生科技园、良渚创业育成中心等创业平台，为在校学生及校友提供创业指导、优惠的场地支持及无偿资助。此外，学校还出台了《浙江大学关于教师从事科技成果转化工作管理暂行办法》，允许教师通过从事兼职、离岗创业等方式开展创业活动。见表 6.3。

表 6.3　浙江大学创业教育发展大事记

年份	主要事件	开创意义
1999	1. 成立创新与创业管理强化班（辅修） 2. 成立学生创业协会 3. 成立研究生创新创业中心	全国首个为本科生提供创业教育辅修的高校
2000	建立浙江大学科技园	国家首批 15 个大学科技园试点园区之一
2001	1. 举办首届"蒲公英"学生创业计划竞赛 2. 承办第三届"挑战杯"中国大学生创业计划竞赛	国家级大学生创业计划大赛首次引入浙大
2002	1. 成立亚太区学生企业家精神协会浙大分部 2. 成立未来企业家俱乐部	浙江大学首次引入具有国际资源与背景的学生创业组织

---

[1]　浙江大学.浙江大学本科生第二、三、四课堂学分管理办法（试行）[EB/OL]. www. youth. zju. edu. cn/sztz/102? object_id=156,2017-04-11.

[2]　浙江大学规范性文件信息库.浙江大学"挑战杯"大学生系列科技学术竞赛管理办法[EB/OL]. http://xwfw. zju. edu. cn/gfxwenjianku. php? cmd=chakan&id=41042,2015-12-07.

续表

年份	主要事件	开创意义
2003	成立学生科学技术协会	浙江大学学生创业计划大赛首次有了专门的承办组织
2005	成立国际大学生企业家联盟浙大分部	首次引入倡导社会创业的国际学生组织
2006	1. 成立涵盖三个层次的创业管理精英班 2. 成立全球创业研究中心	全国首家获得国务院学位办授权的创业管理硕士点和博士点
2007	成立国际创新研究院	将产学研合作与创业孵化相结合
2008	1. 创办"求是强鹰"实践成长计划 2. 引入"SYB""模拟公司"等国外成熟的创业培训项目进入校园	"求是强鹰"获2008年度浙江省十大青年工作团工作创新奖
2009	1. 设立"创业管理精英班"(本科生) 2. 设立"创业管理"二级学科博士点	1. 全国首个创业管理精英班 2. 全国首个创业管理二级学科博士点
2009	与百森商学院,里昂商学院合作的全球创业管理联培硕士项目(GEP)启动	全国首家与创业管理全球排名第一的百森,欧洲排名第一的里昂商学院合作的硕士学位项目
2010	联合国教科文组织在浙江大学设立创业教育教席	全国首家(唯一)获得联合国教科文组织创业教育教席的单位
2014	1. 成立联合国教科文组织中国创业教育联盟 2. 成立 e-WORKS 创业实验室	1. 联合团教科文组织中国创业教育联盟主席单位 2. 为科技创业项目提供孵化平台与服务
2017	成立创新创业学院	协调全校创新创业教育工作
2019	承办第五届中国"互联网+"大学生创新创业大赛	参赛项目和学生数接近前四届大赛的总和

资料来源:作者整理。

2. 温州大学:以创新创业学院为主导践行"岗位创业"理念

温州大学的创业教育发展可以分为两个阶段。第一个阶段是 2000—2008 年自下而上的探索阶段。2000 年,温州大学开设了"温州人精神与创业"课程,标志着温州大学推动创业教育的开端。此后,一些学院陆陆续续成立了学生创业工作室。基层的学生创业(室)达到一定规模之后,温州大学于 2007 年成立了大学生创业园,目前已经发展到 6000 平方米。2008 年,温州大学入选教育部创新与创业类人才培养模式创新实验区,成为全国 32 个创新创业实验区之一。2008 年以后进入了第二阶段,即自上而下发展阶段。温州大学从学校层面加强了顶层设计,于 2009 年 6 月成立了创业人才培养学院(2019 年更名为"创新创业学院"),全面负责全校大学生的创业教育教学管理、创业实践与创业研究等工作。可以说,创新创业学院是温州大学创新创业教育改革实验区的重要成果,也成为温州大学后续一系列创新创业教育改革的组织基础。依托创新创业学院,温州大学大刀阔斧地开展了创新创业教育改革,设立了创业管理双专业双学位班、创业先锋班(辅修专业)、大学生村官创业班等。

温州大学创业教育的基本理念是"立足区域、分层分类、专创融合、协同递进",其本质是将创业教育理念与内容融入人才培养全过程,提升全体在校生的创业意识、创业精神和创业能力;核心是培养区域经济社会发展需要的既懂专业又善创业管理的高素质复合型应用人才。[①] 创新创业学院现有专职人员 12 人,设专职院长和副院长各一名,下设综合办公室和创新创业科两个科室,并设有创业发展研究所。此外,学院还设立三名兼职副院长,分别由教务处副处长、团委副书记和就业处副处长兼任。[②] 由于创业具有综合性、覆盖面广以及实践性强等特点,创业教育与专业教育相融合过程中需要教务处的协调;参与大学生创业计划大赛过程中需要团委的组织;同时,大学生就业与创业也存在千丝万缕的联系,与就业处的工作密不可分。此外,温州大学由分管教学的副校长专门负责全校的创业教育,也在很大程度上保障了创业教育与专业教育的融合,以及创新创业与教务处的良好协作。成立专门的创新创业学院,完善了以岗位创业为导向的人才培养模式的运行,包括创业班级设置、创业课程开设、创业师资政策、创业实践环节、创业资源整合以及各环节的管理与评估等。

为保障创业教育组织目标的实现,温州大学主要从领导与决策机制、院校两级协同机制、资源整合机制、保障机制等方面开展了运行机制创新。

(1)领导与决策机制

温州大学将创业教育纳入学校发展的战略,由分管教学的副校长专门负责。出台了一系列顶层设计的文件,如《温州大学创新创业教育改革实施方案》、《温州大学创业学院建设试点工作方案》,以及《温州大学创业教育创新行动计划》和《温州大学课堂教学创新行动计划》,明晰全校创业教育发展的理念、方向、路径和策略。温州大学将创业教育纳入学校"十三五"发展规划,明确了"深度融合,

---

① 黄兆信,曾纪瑞,曾尔雷.以岗位创业为导向的人才培养体系研究与实践——以温州大学为例[J].教育研究,2013(6):144-149.

② 信息来源于访谈。

提升创业人才培养的质量与水平""服务区域,打造创新驱动的创业教育平台与服务基地""内外联动,提升创业人才培养的国际化水平与影响力"三个层层递进的发展方向,并在每个子方向内明确了具体的工作任务。

(2)院校两级协同机制

目前,我国大部分高校创业教育主要停留在学校层面,形式包括开设通识课、设立全校性创业园、开展创业实践(创业计划大赛、论坛、工作坊)等。温州大学从吸引基层专业教师参与和打造二级学院实践平台两个方面双管齐下,将学院力量的引入作为改革的重要突破口。一方面,温州大学创设了支持专业教师参与创业教育的激励机制,将创业教育与专业的教改项目相结合,目前已经累计立项建设专业类创业课程 50 余门,涉及 15 个学院,吸引了 400 多名专业教师的参与。[①] 另一方面,构建"专业创业工作室、各学院独立的创业中心、学校层面的大学生创业园"三级联动的创业实践基地,引导专业学习与创业实践的无缝对接。

在此基础上,温州大学运行了金字塔式的创业人才培养体系。最底层针对的学生最多,通过开设"大学生创业基础"必修课和全校性的通识课,主要培养学生的创业精神、创业意识和创业理念,帮助学生树立岗位创业的理念。金字塔的中间层涉及了创新创业学院开设的创业管理班、创业先锋班(辅修专业)等班级,以及由各个学院提供的创业课程、创业实践等。创业先锋班是根据创业热点开设的班级,比如电子商务的先锋班,突破传统意义上的淘宝,引入时代发展需求的速卖通、亚马逊等跨境电商课程。最顶层以创业为导向实施的精英化创业教育。针对极少数有强烈创业意向的学生,着力打造"3+1 创业精英班"。学生前三年在专业学院学习专业课程,第四学年进入创新创业学院或者专业学院设置的创业精英班进行系统性创业学习。在一年的学习中,以实战项目牵引,通过依托"专业课程导师"和"企业创业导师"的双导师制,每组学生选择独特的创业方向开展实践。这个过程,实际上是教务处、创新创业学院、专业学院相互协同的过程。创业精英班的管理机制具有如下特点:

"①招收的学生不打破原学科专业的班级建制,同时单独编班,单独制定培养方案。班级配备专职班主任 1 人,负责学生培养的日常事务管理及相关协调工作。

---

① 黄兆信,曾纪瑞,曾尔雷. 以岗位创业为导向的人才培养体系研究与实践——以温州大学为例 [J]. 教育研究,2013(6):144-149.

②每位学员定制个性化培养方案。开班第一周统计学员前三年所修课程及学分情况,根据专业毕业要求及学员创业需求,在学校统一学分管理机制下,为学员定制培养方案,实现一人一方案,实施个性化创业人才培养。

③培养方案完全对接原专业最后一年的专业课程学分,通过必修＋选修课模块确保学分完全等效;公共课等非专业课程学分仍需跟班修满。

④学员完成培养方案所规定的学习任务后准予毕业,发放原专业本科毕业证书,符合学士学位授予条件的授予原专业学士学位。

⑤学员修读的一年创业教育课程及学分,以原学院按照学校规定的收费标准缴纳学费、住宿费等有关费用,不再额外另收费用。"①

除了由创新创业学院设立创业精英班,目前温州大学正在尝试由专业学院设置类似的班级,真正实现创业与专业的高层次融合。例如,温州大学的美术与设计学院,个别专业毕业生的创业率达到 25％左右。因此,美术与设计学院单独成立了一个精英班,而其他专业的学生都是集中在创新创业学院。此外,温州大学在实践平台方面也鼓励专业学院参与,目前已经建成了 17 家专业学院的创客空间。温州大学在学校层面建设了大学生创业园,目前已经成为国家级的众创空间,孵化了五六十家学生公司。但是,创业教育的实践仅仅由团委、就业处等部门推动远远不够,更主要的是调动专业教师参与创业教育的积极性。因此,温州大学在学院层面建设创客空间,强调"机构、场地、人员、经费"的四到位。由学校层面提供经费支持,但是要求各个参与学院必须达到 80 平方米的场地,并且要孵化一些学生注册的企业。

(3)资源整合机制

创业教育的顺利开展需要高校通盘考虑政策资源、教师资源、经费资源、场地资源等。以教师资源为例,目前创新创业学院除了建立专职教师队伍,还建立了由 200 多位校内外兼职专家组成的师资队伍,其中企业家和创业指导师 170 余人,针对"3＋1"创业精英班,温州大学设立了双导师制,即由一位校内导师和一位校外导师共同扶持一个创业团队。校内导师侧重于创业知识、创业团队等理论方面的传授,而校外导师则主要指导学生了解创业现状,提供资源和帮助解

---

① 温州大学.温州大学 2017 年"3＋1"创业精英班招生简章[EB/OL].http://cyxy.wzu.edu.cn/info/1015/2346.htm,2017-05-17.

决具体的创业难题。为充分整合资源,温州大学提出"一体两翼"运作模式。"一体"指的是创新创业学院,开展各类创业教育项目;"两翼"分别指的是国际化和产教融合。在国际化方面,温州大学响应"一带一路"号召,从 2016 年开始招收来自一带一路沿线国家的硕士生,以应用型为导向培养这些学生的创业能力。由于中国还没有创业学的学科,因此温州大学探索和韩国国立群山大学合作,于 2017 年开始联合培养国际创业专业博士生。目前全国高校成立了大量的创业学院或创业中心,急需创业方向的博士充实教学和研究队伍。因此,温州大学探索通过国际化的途径培养这方面的人才具有重要的启发意义。在产教融合方面,除了与企业合作开办各类"内创业"试点班、邀请创业者担任导师等比较初步的合作形式,温州大学非常重视与温州各类企业、行业协会、各级商会之间在大学生创业实践方面的合作,建立了专门为学生岗位创业实践提供综合性服务的创业实习基地。①

(4)保障机制

在创业教育实施过程中,温州大学逐步建立健全创新创业学分转换、创业教育绩效评估、学生创业能力认证证书等三项制度,建立灵活合理的创业学分累计与评估机制,将创业教育绩效纳入学院教学业绩考核体系。② 以学分转换和认可为例,"3+1"创业精英班第四年学习的学生来自二三十个不同的专业,温州大学为学生订制最后一年的培养方案,并通过学分转换和认可机制,帮助学生完成专业学习和创业学习的有效衔接。比如,温州大学大概有 1/4 左右的师范生,也有一部分学生进入了创业精英班学习。在传统的培养方案中,大四的学生需要到中小学做一些实习实践。学生可以通过在学校做创业方面的实习实践来进行学分互认。此外,毕业论文多样化机制的设立也是一个重要的机制创新。每个学生原来的培养方案中都有毕业论文的要求。进入创业精英班之后,学生既可以选择做传统的毕业论文,拿到毕业论文的学分;也可以在创新创业学院做创业计划书。但是,所有这些过程都需要教务处、创新创业学院、专业学院的教师和学生进行充分沟通,根据学生学习进度和学习兴趣,作出最合适的安排。

温州大学开展创业教育具有两个独特的优势。一是区域优势。受永嘉文化的影响,温州创新创业活动活跃,温州人也因此被称为"东方犹太人"。据统计,

---

① 黄兆信,王志强.地方高校创业教育转型发展研究[M].杭州:浙江大学出版社,2013:165.
② 温州大学.保持优势、创新模式——"十三五"期间学校再创业教育方面的规划[EB/OL].http://www.wzu.edu.cn/Art/Art_85/Art_85_82736.aspx,2017-05-10.

每十三个温州人里就有一位创业者。创新创业的文化和发达的民营经济有效支持了温州大学创业教育的校企合作。二是侨民优势。目前有 68.84 万温籍华侨华人、港澳同胞分布在 131 个国家和地区。这些侨务资源对于温州大学探索国际化改革，建立海外创业实习基地，拓展大学生国际创业等都发挥了重要作用。但更为重要的是温州大学抓住了创业教育的时代契机，对创业教育组织结构和运行机制开展了系统的创新。温州大学融合区域特征、专业特征、师生特征，以培养应用型人才为目标，不断探索创新创业教育组织与运行的新机制。

第四节　中国高校创业学院改革的风险与策略

创业学院作为一种我国创业教育特有的"增量改革"，尽管规避了大规模变革可能造成的问题，但是仍旧存在一定的风险。高校需要在洞察风险的基础上，采取适当的策略，促进创业学院的良性发展。

一、创业学院改革的风险

"对于后发外生型的中国而言，变革型的政策常常是由官方提出的，而且每一项改革政策都追求新意和亮点，政府不仅不保守，反而是变革的积极推动者。但是，政府颁布的政策的新意和亮点并不能完全兑现。"[①]科层组织内部的惯性和阻力，以及高校区别于其他组织的特性，在一定程度上阻碍了新政策的实施及其效果的体现。从总体上看，我国创业学院发展还处于起步阶段，主要存在以下几方面风险。

(一)管理者不当可能导致创业学院形同虚设

为了发挥创业学院在全校创业教育发展中的作用，我国高校普遍由校领导担任创业学院的院长[②]，由教务处、学工处或管理学院等部门负责人兼任常务副院长，其他相关职能部门负责人兼任副院长。在这种情况下，负责牵头创业学院核心任务与日常运转的管理者任命至关重要。基于掌握的资源、先前的经验以

---

① 阎凤桥,闵维方.从国家精英大学到世界一流大学:基于制度的视角[J].北京大学教育评论,2017(1):34-48.

② 也有少数高校创业学院设置了专职的院长、副院长。

及承担的任务,由教务处、学工处或者管理学院等不同部门负责人来牵头推进的创业学院,在具体运行过程中也必然充满差异性。闵维方在阐释高等教育运行机制过程中,构建了管理者的"三我互动"模型。[①] 他认为,管理者由于在改革中承担并扮演了不同的角色(任务的我,职工的我,个体的我),在同一个体身上的不同身份组合构成了"现实的我"。这一模型同样可以用来分析创业学院管理者三重不同身份的统一与矛盾。"任务的我"指的是高校任命"我"担任创业学院的管理职务,承担该职务要求的一系列任务。"我"之前可能积累了大量创业教育的相关经验,但也有可能丝毫没有创业教育教学、实践或科研的基础,而仅仅因为"我"在某个特定的岗位上,被要求承担相应的创业教育任务。"职工的我"指的是"我"常常会做一些事情以满足一定的要求与期望,同时希望获得其他人员(如下属或专业教师)对"我"的认可。由于创业学院是全校创业教育的枢纽,往上需要向中央政府或教育行政部门争取资源,在校内是全校创业教育政策的发布者和创业教育发展的规划者,对外是与其他高校开展合作的实施者,管理者是否具备了一定的威信、威望以及能力来协调不同的关系将在很大程度上影响创业学院的顺利运行。"个体的我"表现为个体的价值观以及对创业教育是否有发自内心的认可与兴趣。由于创业学院的发展并没有多少国际经验可以借鉴,在国内也处于起步阶段,任何高校内部创业学院朝着什么方向发展、应该有什么特色、如何做好做强,事实上有非常大的空间。但是这些都基于管理者是否有意愿和能力发挥主观能动性,破除改革过程中可能存在的制度障碍。从"三我互动"模型可以看出,"三我"越一致、越协调,"现实的我"则越统一,矛盾越少,越有利于改革任务的完成。[②] 反之,如果创业学院的管理者选择不当,很有可能使得创业学院形同虚设。

(二)组织任务不明确可能导致创业学院的不稳定性

创业学院在建设之初面临的最大问题是宏大愿景与薄弱基础之间的不匹配。一方面,创业学院的建设涵盖了课程体系建设、创业教育实践、创业教育研究、大学生创业孵化、技术转移等多维度任务;但是在另一方面,由于我国高校创业教育缺乏在商学院内部"自生长""自成熟"的专业发展历程,缺少相对成熟的

---

① 闵维方.高等教育运行机制研究[M].北京:人民教育出版社,2002:294.
② 闵维方.高等教育运行机制研究[M].北京:人民教育出版社,2002:294.

课程体系和师资队伍,创业学院的发展基础又是极为薄弱的。[①] 有学者认为,创业学院是中国在推进创业教育改革过程中的一个"变通办法":创业学院的大量成立是国家层面鼓励创新创业的大背景;高校决策者也希望在创业教育方面有所作为;并且成立创业学院不需要对原来的体制做太多改变。[②] 因此,创业学院在发展过程中存在很多不稳定因素:一是管理者的不稳定,绝大部分创业学院的管理者由其他部门领导兼任。二是师资的不稳定性,由于缺乏学科依托,创业学院很难吸引博士毕业生或在职教师,其师资队伍主要由来自其他专业学院或校外的兼职教师组成,他们的经费来源、评价主要不是依托创业学院。三是学生的不稳定性。尽管创业学院实施了"创业班"甚至"2+2""3+1"等人才培养模式,但是这些学生都隶属于其他专业学院,创业学院并没有独立招收的学生。四是资源的不稳定性。创业学院资源的多寡主要受到三个因素影响:一是校领导重视程度。一些高校的校领导非常重视创业学院的建设,每年拨出一定的经费支持创业学院的日常运作和项目运行。二是高校创业学院的发展基础。一些高校的创业学院起步较早,经过多年的发展已经积累了大量的经验,因此当教育行政部门大力推进创业学院建设,并择优建设若干所示范性学院之时,这些高校的创业学院更容易获得政府经费支持。三是校企合作程度。企业可以通过参与创业课程、设立孵化基金、提供创业咨询和实习机会、提供众创空间建设经费等途径,为创业学院发展提供人力、物力和财力资源。目前,我国高校创业教育资源既存在总量不足的状况,也存在闲置浪费的现象。一方面,对于大部分高校来说,资源仍旧是限制创业学院发展的重要瓶颈。即使获得了来自政府或者企业的经费资助,创业教育的可持续性仍旧是各高校需要关注的问题。另一方面,资源利用的有效性亟待评估。一些具有短视效应、能够立竿见影的活动迅速开展;但是在课程、师资、制度建设等关系创业教育长远发展的要素却发展缓慢,严重不足。

(三)运行不当可能导致行政权力与学术权力的冲突

尽管传统上大学被认为是具有松散性和分权特征的组织,但是大学规模扩大、大学使命复杂化所导致的大学管理机构科层化以及行政管理人员专业化,正使得大学越来越像政府,成了一台具有多个纵的层级和横的部门交织的"官僚"

---

① 王占仁.中国创新创业教育史[M].北京:社会科学文献出版社,2016:167.
② 陈彬."创业"中的创业学院[N].中国科学报,2015-08-06.

机器。① 在公立大学中,"实际上,每位校长、副校长之下,都还设有许多办公室,以下又有许多层次、很多分支机构,包括了各院、所的行政管理机构,从而使这个行政管理机构,不仅十分庞大,而且异常错综复杂"。② 行政管理机构的庞大与复杂化导致大学内部行政逻辑与学术逻辑的冲突日益严重。

中国高校创业学院从成立到运行,都彰显出行政权力对高校事务的影响。从各个高校创业学院的组织架构图可以看出,在推动创业教育过程中高校的权力结构呈现出向上集中的"倒金字塔"型,从而使得我国高校创业教育组织模式在一定程度上存在着理念上的"扁平式组织"与现实中"科层式组织"的矛盾。在理念上,我国诸多重要的政策文件都指出"要将创业教育融入人才培养全过程"、"促进创业教育与专业教育相结合"。但是在具体实施过程中,充分发挥基层教师主动性的机制尚未建立。其主要原因有两个:一是观念不匹配,学院层面的领导和教师对创业教育缺乏"内源性"的关切。专业教师的晋升不是基于对创业教育和大学生创业实践的贡献,而主要取决于在自己学科领域的学术成果。很多专业教师认为创业教育主要是管理学院或者学校行政部门的任务。二是平台不匹配,学院层面缺乏开展创新创业教育的实践平台。目前的众创空间主要集中在学校层面,由团委或者学工处统一管理,能够进入这些空间的往往是已经比较成熟的团队,在入驻的学生人数上往往有限定,学生覆盖面非常有限。创业学院的建设在一定程度上强化了"资源聚焦"的趋势,如果实施不当,可能进一步弱化各个专业学院在推进创业教育过程中的关键作用。

二、创业学院改革的策略

针对创业学院建设过程中的可能风险,需要进一步明确发展定位、创新组织管理,同时和各个专业学院联动,从而实现内涵发展。

(一)明确发展定位

当前我国的创业教育研究对创业教育的本质与内在价值、创业教育的核心概念体系、创业的功能与目的等关键本体论问题缺乏关注。③ 创业教育本体论

---

① 闵维方.高等教育运行机制研究[M].北京:人民教育出版社,2002:665.
② 顾宝炎.美国大学管理[M].武汉:武汉大学出版社,1989:145.
③ 王志强、杨庆梅.我国创业教育研究的知识图谱——2000—2016年教育学 CSSCI 期刊的文献计量学分析[J].教育研究,2017(6):58-64.

研究的不足导致创业学院在发展初期缺乏理论支撑。本研究认为,创业学院发展定位应该与高校转型目标相吻合,创业学院既是创业人才的"孵化器",也是创业教育改革的重要抓手。围绕创业人才培养目标这一核心问题,创业学院应该厘清以下问题:创业学院和专业学院的关系是领导型还是合作型?创业学院承担全校所有的创业教育任务,还是通识性的创业教育任务?创业学院主要是基于系统性创业教育课程的,包括课程与项目(辅修、主修、创业方向等),还是主要聚焦于支持学生创业实践的(如创业计划大赛、创业孵化),或者主要关注社区服务的?作为高校综合改革的"试验田",创业学院需大胆尝试新的产教融合模式,创新课程体系和教学方法,改革教师聘用和评价机制。

(二)组织治理创新

从国际发展经验看,各国大学治理呈现出两个紧密联系的趋向:一是从"一元主导"到"多元参与"的共同治理;二是寻求有效治理。[①] 由于创业教育的实践性、系统性和复杂性,有必要成立由高校内部成员和外部利益相关者共同组成的治理委员会,推进创业学院的共同治理和有效治理。创业学院的成功运行,不仅需要内部委员会帮助摆脱机构阻力、官僚化以及其他复杂问题困扰,而且需要由外部咨询委员会为创业教育的发展提供建议、经费、合作研究等。内部委员会可以由各个学院的院长、资深教授、年轻的教师、专门的管理领导者(比如技术转移办公室主任、大学外延拓展活动协调人、学生事务副校长等人员组成;外部咨询委员会可以由成功创业者、投资家(校友)组成,他们并不参与决策和具体的运行,往往是提供建议、经费、人脉资源以及合作研究合同。

(三)资源整合与利用

创业教育资源指的是创业学院在向全校学生提供创业教育与活动的过程中,所拥有或所能支配的有助于实现组织目标的各种要素以及要素的组合。创业学院应多管齐下,完善资源整合与利用策略。首先,通过优化治理,推进国际化与产教融合,充分整合校内外资源。很多创业学院由校领导担任院长、各职能部门领导担任兼职副院长,在一定程度上为创业学院支配其他全校性的资源提供了组织基础和开展制度创业的空间。通过国际化,与国外高校合作培养急需的创业人才可以突破我国目前缺乏创业学学科支撑的窘境。通过与企业合作,

---

① 顾建民.大学有效治理及其实现机制[J].教育发展研究,2016(19):48-53.

除了开设各种校企合作的创业班、邀请创业者担任导师等比较初步的合作形式，还可以与各类企业、行业协会、各级商会之间在大学生创业实践方面展开合作，建立专门为学生岗位创业实践提供综合性服务的创业实习基地。[①] 其次，充分利用身边的资源。创业学院除了进一步拓展资源来源渠道，还应该关注现有资源要素的整合以及资源的利用效率。创业研究中的"步步为营"（bootstrappting）策略和"拼凑"（bricolage）策略对于创业学院的资源利用同样具有借鉴意义。前者指的是在缺乏资源的情况下，创业者分多个阶段投入资源并且在每个阶段或决策点投入最少的资源；"拼凑"一词来自法国人类学家列维-施特劳斯（Claude Levi-Strauss）的研究成果。[②] 他认为，创业者应该充分利用手边各种工具和材料来完成项目，要求创业者充分利用手头资源，即刻开展创业行动，并且进行有目的的资源重组。[③] 通过自主地适应情境，创造性地利用可获得的工具和材料来找到解决问题的独特方案。近几年由蒂夫·布兰克（Steve Blank）和埃里克·莱斯（Eric Ries）提出的"精益创业"理论对于资源不足的创业学院整合创业教育资源也具有重要的启发。莱斯指出，创业过程应强调"最小化可行产品""客户反馈""快速迭代"，即"尽快拿出最小化可行产品立即投向市场与用户沟通，然后根据反馈快速改进，甚至不惜抛弃原有的绝大部分假设"。[④] 创业学院的发展是循序渐进的过程。高校需要在运行已有创业教育项目的基础上，根据利益相关者的反馈，在实施的过程中不断调整和改进策略，提升资源使用效率。

---

① 黄兆信，王志强.地方高校创业教育转型发展研究[M].杭州：浙江大学出版社，2013：165.

② Levi-Strauss, C. The Savage Mind[M]. Chicage, IL: Unviersity of Chicago Press. 1968.

③ Baker, T., & Nelson, R. E. Creating Something from Mothing：Resource Construction through Entrepreneurial Bricolage[J]. Administrative Science Quarterly, 2005, 50(3)：329-366.

④ 不蜚.创新与创业可以是一门科学吗？——埃里克·莱斯著《精益创业：新创企业的成长思维》[J].北大商业评论，2015(2)：118-123.

第七章

高校创业教育组织变革的影响因素
与未来展望

面对充满变化和复杂性的世纪,无论是对于个人还是机构来说,最重要的是以更加创业型的方式思维与行动。

第一节 高校创业教育组织变革的影响因素

目前,世界各国正沿着不同的路径,为不同学科背景的学生接受创业教育创造机会。从总体上看,创业教育的驱动力、创业教育的发展基础以及大学与区域文化都在很大程度上影响了高校创业教育的组织模式与运行机制。

一、创业教育驱动力

市场与政府是影响高校创业教育组织变革的重要驱动力。市场驱动下的高校创业教育组织变革往往是自下而上的,根据现实需求呈现出多样性特征;而政府驱动下的高校创业教育组织变革往往是自上而下的,能够在短时期呈现快速增长。

(一)市场驱动的高校创业教育

美国高校创业教育是典型的"市场驱动模式",通过市场需求的变化调整创业教育供给。哈佛大学开设第一门创业课程后的二十多年里,由于大企业仍旧在经济发展中占据主导地位,美国高校创业教育整体上发展非常缓慢。20世纪80年代以后,随着创业型经济的发展,中小企业成为新工作岗位的主要创造者和创新的主要源泉,是保持经济发展活力和增长的主力军。社会需要高校培养出更多的创业型人才。在这种背景下,美国高校创业教育不断向商学院外部拓展,注重创业精神和学生专业的结合。同时,美国文化对失败的宽容、对创业者的尊重也促成了学生对高校创业教育的极大兴趣。在这种发展模式下,公共政策的主要作用是进行基础设施建设、创设良好的创业环境、出台有利于创业型经济的法律和政策等。

美国高校创业教育以市场需求为导向,开展创业教育的资金主要来自私人和基金会捐赠。美国创业者认为,如果在高等教育阶段就有机会系统学习创业课程和参与创业活动,也许自己在创业过程中的难题能更好得到解决。因此,美国创业者积极支持高校建立创业中心和设立创业教席。如:2003 年,哈佛大学商学院接受阿瑟·洛克的 2500 万美元捐赠,成立"阿瑟·洛克创业中心"。相比于零星的或随机的捐赠,这种成立创业中心或设立创业教席的形式,将创业者捐赠创业教育项目的传统制度化和可持续化,保障了经费来源的稳定性。根据考夫曼基金会的调查,成功创业者对美国高校创业中心和教席的捐赠已经接近 10 亿美元。目前,美国高校所有创业中心的平均捐赠规模达到 389 万美元。其中,排名靠前的创业中心平均捐赠高达 1300 万美元。一般情况下,排名越靠前、质量越高的创业中心越容易获得捐赠。[①] 市场驱动下高校创业教育的组织变革,在很大程度上受到市场(学生、雇主、基金会等)需求的影响。目前,美国不同高校提供 2100 多个创业教育项目,并且创业向不同学科渗透的趋势越来越明显。[②]

(二)政府驱动的高校创业教育

政府资金是欧洲高校创业教育项目的主要经费来源。与公司、基金会、大学本身相比,欧洲各国政府在创业教育的投入上发挥最主要的作用。以英国为例,英国政府启用高等教育创新基金、科学创业挑战基金、新创业奖学金等多种基金资助高校创业教育的开展。据统计,英国 80% 的高校创业教育经费来源于公共支出,其中最主要的来源包括:高等教育创新基金(31%)、大学核心基金(15%)、

① Finkle, T. A., Kuratko, D. F., & Goldsby, M. The State of Entrepreneurship Centers in the United States: A Nationwide Survey[J]. Journal of Small Business Management, 2006, 44(2):184-206.

② Vanevenhoven, J., & Drago, W. A. The Structure and Scope of Entrepreneurship Program in Higher Education around the World[A]. In D. Rae & C. L. Wang(Eds.). Entrepreneurial Learning: New Perspectives in Research, Education and Practice[C]. New York: Routledge. 2015.

地区发展局基金(13%)等,仅有 1% 的经费来源于捐赠。[1] 一份针对 22 所欧洲大学和 47 所美国大学的调查显示,欧洲高校 64% 的创业教席由政府资助(如表7.1),28% 的教席由私人资助(如表 7.1)。[2] 但是近年来,随着欧洲大学创业转型的推进,欧洲各国意识到公共经费资助创业教育的最大挑战是其可持续性。尤其是欧债危机以来,欧洲各国也开始拓展来自私人领域的经费来源,构建混合型的创业教育经费来源渠道。

表 7.1 欧洲和美国创业教席资助不同来源比较

来源	欧洲	美国
私人	28%	95%
政府	64%	0%
公司	8%	3%
基金会	0%	2%

资料来源:Twaalfhoven, B. Entrepreneurship Education and Its Funding: A Comparison between Europe and the United State[R]. http://www.efer.nl/pdf/RP-EnrepreneurshipEducation&Funding2000.pdf,2000.

中国高校创业教育也是典型的"政府驱动模式"。美国特殊的历史和社会环境形塑了具有美国特征的大学组织形态,使其具有独立的法人资格,通过董事会与外部社会发生联系;中国的历史和社会背景塑造了具有中国特征的某种大学组织形态,使其具有集中行政管理体制和"单位制"的特点。[3] 在这样的背景下,政府政策对于高校创业教育组织形式的调整具有重要的影响。随着《国务院办公厅关于深化高等学校创新创业教育改革的实施意见》(国办发〔2015〕36 号)出台,各个高校纷纷成立了由校长任组长、分管校领导任副组长、有关部门负责人参加的创新创业教育工作领导小组;越来越多的高校成立了创新创业学院,作为全校创新创业教育的枢纽,整合全校资源推动创新创业教育发展。但是在另一方面,基层教学与科研组织的积极性还需要进一步调动。我国高校创业教育有必要创新组织形式与运行机制,克服资源上、制度上和文化上的障碍,将创业教

---

① National Council for Graduate Entrepreneurship. Report on Enterprise and Entrepreneurship in Higher Education[R]. http://www.ncge.com/uploads/NCGE_Report_2007.pdf, 2007:5.

② Twaalfhoven, B. Entrepreneurship Education and Its Funding: A Comparison between Europe and the United State[R]. http://www.efer.nl/pdf/RP-EnrepreneurshipEducation&Funding2000.pdf,2000.

③ 阎凤桥,闵维方.从国家精英大学到世界一流大学:基于制度的视角[J].北京大学教育评论,2017(1):34-48.

育与高校的教学、科研和社会服务职能紧密结合。

二、创业教育发展阶段[①]

由于创业教育组织涉及创业课程、创业实践、创业师资以及创业孵化基地等一系列要素,创业教育的发展阶段在很大程度上影响高校选择何种组织形式。从国际创业教育的发展经验看,创业教育的发展基础对组织与运行的影响可以分为以数量增长为特征的初级阶段、以组织转型为特征的中级阶段和以理念提升为特征的高级阶段。全校性创业教育是一个从低水平向高水平过渡的过程。

(一)初级阶段:数量增长

这个阶段主要以数量的增长为核心目标,主要体现在创业课程数量的增加、教师数量的增加、学生受益面扩宽等。这个阶段的主要特征有以下几个方面。

1.商学院教师在创业教育中发挥主导地位。由于其他学科教师缺乏创业基本知识和经验,同时在观念上认为创业教育仅仅是商学院教师的任务,因此,全校性创业教育发展的初期主要依托商学院教师为其他学科学生开设创业相关课程。

2.课程数量增加,但缺乏必要的整合。衡量创业课程发展程度主要有两个维度:创业课程数量与种类的增长;创业课程的整合程度。[②] 在初级阶段,尽管创业课程的数量不断增加,但是课程内容较为单一,不同课程之间整合度较差。

3.学生受益面拓宽,但精英痕迹明显。很多创业教育项目虽然针对全校学生,但是由于名额限制,仅有少数学生经过严格筛选才能入围。由于没有调动其他学科参与创业的积极性,仅仅依靠商学院开展创业教育的人力和物力资源毕竟有限。因此,课程数量有所增加,但仍旧无法满足学生的大量需求。这个阶段的创业教育通过整合有限的资源,以培养精英型创业人才为导向。

(二)中级阶段:组织转型

这个阶段主要以组织结构的革新为目标,主要体现在跨学科创业教育项目的建立。主要特征有以下几个方面。

1.高校层面进行组织结构的革新。一方面,采用多种形式的跨学科路径开

---

① 该部分内容来源于:梅伟惠.创业人才培养新视域:全校性创业教育理论与实践[J].教育研究,2012(6):144-149.

② Plaschka, G. R. & Welsch, H. P. Emerging Structures in Entrepreneurship Education: Curricular Designs and Strategies[J]. Entrepreneurship Theory and Practice, 1990, 14(3):55-71.

展创业教育。根据高校的创业教育基础和整体规划,既可以依托原有的商学院或建立独立的创业教育学院为不同学科的学生提供辅修、双学位等项目,也可以鼓励各个学院发挥主动性,将创业教育与专业教育相结合,由各个学院的教师提供与学科内容融合的创业教育。随着全校性创业教育组织从低水平向高水平转型,将出现"混合"特征,即同时存在多种不同形式的创业教育组织。另一方面,建立创业支撑体系,促进创业实践的顺利开展。如多种形式的学生创业社团、创业计划大赛等不断涌现;学校内部或周边建立起孵化器、创业园、科技园等机构,鼓励学生将创新理念转化为创业实践。

2.课程内容整合度明显提高。课程的整合程度主要体现在三个方面:一是大学内外部不同群体对创业课程的接受和支持水平;二是其他学科教师所提供合作及协调的程度;三是全校范围内大量作为创业课程补充的创业活动的发展。① 首先,其他学科教师对创业教育的认同度及所提供的合作程度提高。其次,全校性创业教育针对不同学科的特点提供侧重点不一的创业教育。② 比如,工程与技术领域的学生往往有着良好的产品创意,但是缺乏商业化和市场化观念,创业教育可以为这些学生提供知识产权、商业化过程、市场营销、风险资本等知识;针对人文学科的学生,创业教育可以鼓励学生关注社会创业;针对艺术与设计专业的学生,全校性创业教育应该鼓励他们开展创造性工作,帮助他们成为自由职业者或自我雇佣者。第三,活动课程与学科课程等互相补充,全校层面发展不同类型的创业活动。

(三)高级阶段:理念渗透

这个阶段是全校性创业教育发展的理想阶段,以理念的提升为目标,主要体现为创业精神与学校整体发展相融合,内化为学校的核心使命。其主要特征有以下几个方面:

1.创业上升为全校的核心理念。将创业精神融入高校教学、科研以及社会服务过程,是解决创业教育"时限性"问题的根本出路。任何项目都有其起点和终点,这种"时限性"特征意味着在期限以内创业教育项目可以享受充分的资源支持,但是一旦这种期限过去,创业教育项目就将面临生存危机。外力驱动下的

---

① Plaschka, G. R. & Welsch, H. P. Emerging Structures in Entrepreneurship Education: Curricular Designs and Strategies[J]. Entrepreneurship Theory and Practice, 1990, 14(3):55-71.

② European Commission. Entrepreneurship in Higher Education, Especially within Non-business Studies[R]. Brussels: European Commission, 2008. 23-24, 25-27.

高校创业教育尤其面临时限性的困扰。目前,政府、基金会以及国际组织通过政策驱动或者经费支持引导高校开展全校性创业教育。一旦这些机构的兴趣发生转移,是否意味着高校创业教育项目也将终结?本研究认为,创业教育不是一种"时尚",不是解决就业压力或推动经济发展的权宜之计。只有将创业教育与学校的整体发展紧密结合,培养大学生的创业精神和创业能力,如创造力、机会识别与利用能力、问题解决能力等,才是创业教育的终极目的。

2.各种不同目标、不同类型的创业教育项目存在并和谐共存。这个阶段的全校性创业教育无论在培养目标、组织形式还是内容上都体现出多样性,以适应社会对多元化创业人才的需求。但是这些创业教育项目背后的"创业原则"是一致的,即都是"开发和培养学生的创业能力,使之能够识别、评估和利用机会,加快创造持久的社会和经济价值的过程"。因此,运用实践性的教学方法,培养学生对机会的敏锐性、团队协调能力、对风险的承受力、灵活的问题解决能力是全校性创业教育共有的原则与价值。

3.创业型生态系统逐步形成。随着利益相关者积极参与全校性创业教育,内外部创业型生态系统逐渐形成。外部创业型生态系统涉及政府、高校与企业之间的紧密联系,政府提供资金和政策支持,为创业教育和大学生创业活动创造良好氛围;企业提供财力、人力以及理念上的支撑,参与高校各种外延拓展活动。高校内部众多创业教育项目、学生创业实践活动以及旨在促进创新创业的跨学科机构有机整合,在校园内形成网状结构,有益于创业教育的开展,并在更大范围促进社会和经济的发展。见表7.2。

表 7.2　全校性创业教育发展阶段及其特征

发展阶段	体现形式	特点
初级阶段	数量的增加	• 商学院教师在创业教育中发挥主导地位 • 课程数量增加,但缺乏必要的整合 • 学生受益面拓宽,但精英痕迹明显
中级阶段	组织的革新	• 高校层面进行组织结构的革新,一方面采用多种形式的跨学科形式路径开展创业教育;另一方面建立起孵化器、创业园和科技园等支撑系统 • 课程内容整合度明显提高,创业与学科的联系更为紧密
高级阶段	理念的提升	• 创业内化为全校的核心理念 • 各种不同目标、不同类型的创业教育项目存在并和谐共存 • 创业型生态系统逐步形成

资源来源:作者提炼。

三、大学与区域文化

创业教育的成功开展需要有良好的创业氛围和文化。它不仅指向学生创新和创业精神的培养，还需要使大学本身成为创业型机构。高校需要在转变文化价值取向、鼓励大学教师创业以及保持与工商界的密切联系等方面进行了不懈的努力。首先，在文化价值取向上，需倡导学生的创业精神与商业潜能和传统的专业技能、学术研究能力具有同等的价值，鼓励学生创业。其次，高校应该鼓励大学教师将自身的学术技能和研究成果转化为知识产权、市场化的产品或服务，尤其在工程学、生命科学、计算机科学等学科，鼓励大学教师广泛参与创业活动。再次，校友也在创业教育过程中具有无法替代的作用。应鼓励校友通过资助创业中心的建立、担任高校的兼职教师、参与创业计划大赛（担任评委或者导师）、提供教学案例和思路等等途径有效支持创业教育的开展。

区域创业文化对高校创业教育有重要影响。如果仅仅借鉴某些大学在创业教育方面的具体做法，而忽视后面隐形的制度与文化因素，那么这种借鉴的效果是有限的。例如，温州精神强调永嘉学派的"义利并举"，温商具有"白天当老板，晚上睡地板"的"两板精神"。温州中小企业众多，民营经济发达，具有独特的创业的氛围、创业的传统、创业的世界观和温商的网络，这些都成就了温州大学得天独厚的创业教育环境。并且，温州大学的生源中有很大一部分具有强烈创业意识，创业教育需求非常强烈。受到独特区域文化和校园文化的影响，温州大学将创业基因渗透到组织的方方面面，率先在全国建立实体的创新创业学院，配备专职的学院领导，也率先开展"专业人才＋创业人才"培养方面的体制机制创新。

必须指出的是，尽管大学和区域文化对高校创业教育组织有重大影响，但是这种影响不是绝对的。高校是否对创业教育有正确的认识，是否有推进创业教育的坚定决心，或者高校内部是否有德高望重的领袖型人物愿意排除万难推动创业教育的发展和组织模式的革新，才是更为根本的因素。例如，克罗地亚奥西耶克大学（Unviersity of Osijek）的创业教育项目在经济学院经过短短20多年的发展，目前已经构建了从创业教育本科项目、硕士项目到博士学位项目的体系。其创业教育项目是在20世纪90年代克罗地亚独立后极为恶劣的经济和文化条件下产生的。[①] 一方面,创业教育项目负责人斯拉维卡·辛格(Slavica Singer)教授被大学赋予极大的自主权发展创业教育,并且学校给予极大的经费和政策支持;另一方面,辛格教授通过个人的学术影响、持续不断的呼吁、为教育部提供咨询报告、建设国际专家咨询委员会等形式不断克服不利校园文化的影响,推进创业教育项目的持续发展。充分利用国际化资源是奥西耶克大学创业教育项目运行过程中的重要特征。和国际创业教育领域知名学者建立联系,不仅获得了来自国际上的智力支持,也显著提升了奥西耶克大学创业教育的全球影响力。例如,他们邀请哈佛大学著名的创业教育学者霍华德·史蒂文森(Howard Stevenson)教授担任国际专家咨询委员会主席。随着国际专家咨询委员会的成立和运行,奥西耶克大学创业教育课程体系、教学方法和实践体系都得到了极大的完善。辛格教授也因为她在推动创业教育方面的突出贡献在2008年被任命为联合国教科文组织创业教育教席主持人。日前她所领导的国际创业研究中心((International Center for Entrepreneurial Studies,ICES)已经成为奥西耶克大学培养创业型人才的重要基地。

第二节 中国高校创业教育组织变革的深层次问题

从国际趋势看,各国高校创业教育呈现学科建设和跨学科发展的双重趋势。未来中国高校创业教育发展需要在学科体系建设和将创业教育与专业教育相结合两条路径上同时发力。一是建立创业教育学科体系,提升创业教育在高校教学和科研过程中的合法性,为全校性创业教育的发展奠定创业师资、课程等基础;二是推动创业教育与专业教育的结合,将创业精神和创业能力培养渗透到各个专业。

一、构建创业教育学科体系

从高等教育发展的历史看,高校的教学与科研根植于学科与专业的演进。[②]

---

① Ellermann, L. University of Osijek: Developing Entrepreneurship Education from Scratch over Time[A]. In Volkmann, C. K., & Audretsch, D. B. Entrepreneurship Educaiton at Universities: Learning from Twenty European Cases[C]. Cham,Switzerland: Springer, 2017:261.

② Clark, B. The Higher Education System: Academic Organization in Cross-National Perspective [M]. Berkley, CA: University of California Press. 1983:8.

伯顿·克拉克认为,高等教育系统是学科和院校组成的二维矩阵(metrics),且高校"基层结构遵循的是学科、专门知识和专业化无序状态的逻辑"[①]。尽管跨学科的趋势越来越明显,但是"在新的跨学科研究和科学会聚机制普遍建立之前,系科结构仍然有其存在的价值。就像在现代大学里学科制度和系科结构的建立曾是一个漫长的过程一样,学科制度和系科结构的瓦解以及跨学科研究和科学会聚制度的创建也不可能一蹴而就"[②]。因此,在现阶段建立创业教育学科体系,作为全校性创业教育宏伟"大厦"的基石,仍旧至关重要。

西方国家高校通过建立创业学科体系追求创业教育在学术上的合法性和领导力。大学本身见证了"创业学"作为一个独立于经济学、管理学、社会学、心理学等学科所取得的重大成就。主要体现在创业系科的发展、课程的系统化、捐赠席位的产生与发展、创业博士学位项目发展、专门创业学刊物以及研究成果的大量涌现、管理学会建立创业学分部等。根据《美国创业教育全国调查报告(2012—2014)》,在206所参与调查的四年制高校中,共有76所高校提供本科创业学主修专业,93所提供本科创业辅修,27所提供研究生证书项目,43所提供MBA创业学位,24所提供创业学硕士学位,23所提供创业学博士学位。[③]考夫曼基金会的调研也反映了类似的趋向。参与调查的321所高校中,有25%提供本科阶段的创业主修项目,48%高校提供本科阶段的创业辅修项目;18.5%的高校提供针对研究生的创业主修项目;19%的高校提供创业学博士项目。[④]研究水平也是反映一个学科发展是否成熟的重要标志。除了提供系统性的创业教育课程和项目,西方国家还发展相关的学术期刊,提升创业教育研究的质量。《商业创业杂志》(*Journal of Business Venturing*)、《小企业管理杂志》(*Journal of Small Business Management*)、《创业理论与实践》(*Entrepreneurship Theory and Practice*)以及《创业和区域发展》(*Entrepreneurship and Regional*

①　伯顿·克拉克.高等教育系统——学术组织的跨国研究[M].王承绪,等译.杭州:杭州大学出版社,1994:90.

②　王建华.以创业思维重新理解学科建设[J].清华大学教育研究,2018,39(4):40-48.

③　The George Washington University Center for Entrepreneurial Excellence. The National Survey of Entrepreneurship Education: An Overview of 2012—2014 Survey Data [R]. http://www. nationalsurvey. org/files/2014KauffmanReport_Clean. pdf, 2014: 14.

④　Vanevenhoven, J. , & Drago, W. A. The Structure and Scope of Entrepreneurship Program in Higher Education around the World[A]. In D. Rae & C. L. Wang(Eds.). Entrepreneurial Learning: New Perspectives in Research, Education and Practice[C]. New York: Routledge. 2015:125.

Development)等是创新创业教育的重要刊物。1997 年《创业教育杂志》（*Journal of Entrepreneurship Education*）创刊。近年来，教育领域的重要刊物，如《高等教育研究》（*Studies in Higher Education*）、《高等教育》（*Higher Education*）等也刊发创新创业教育改革的大量文章。

美国高校创业教育教育经过 70 多年的发展，从早期的零星课程，到建立创业管理系或独立的创业系，乃至建设实体的创业学院，开展了一系列的组织变革。这些组织变革是随着项目的扩大自然演变的结果。本章第一节提到的克罗地亚奥西耶克大学创业教育项目原先隶属于经济学院。随着学科体系的不断完善，辛格教授认为创业教育不应该仅仅局限于经济学院的学生，而应该培养所有专业背景的学生的创业思维，使他们能够对自己的选择采取"积极主动、创新和负责任的态度"[①]。因此，奥西耶克大学将原先从本科到博士的创业教育项目纳入到新建设的独立的国际创业研究中心里，有独立的教师、独立的财务，面向全校学生提供分层分类的创业教育。可以看出，创业学学科化不仅是创业教育取得合法性的基础，也是创业教育向全校拓展、与专业教育相融合的基础。因为在学科化的过程中，西方国家不仅发展了系统性的创业教育课程与学位项目，而且培养了一大批创业教育领域的优秀师资和研究者，这些都是全校性创业教育发展的基础性资源。

中国高校创业教育缺乏在商学院或者管理学院"自成熟"的过程，但是由于来自社会与学生的广泛需求以及来自政府"双创"战略的驱动，创业教育在发展初期就被要求与同时期西方国家高校创业教育向全校拓展的趋势相吻合，将创业教育融入人才培养全过程。可以看出，创业教育无论在课程、师资、研究等各个方面都是未做好充足的准备，因此在向全校拓展或者与专业结合过程中就呈现出很多的后天乏力。其根本原因是高校在人力资源、课程资源以及制度配备上难以满足快速扩张的需求。目前在中国，关于是否要建设创业学学科仍旧存在很大的争议。不支持的学者认为："一个专业应该有自己的基本研究对象、研究边界和基本的理论体系支撑……创业教育具有学科渗透性，而如果简单地将创业教育专业化，也就是将'创业'与其他学科并列了起来，这也就破坏了这种渗

---

① Ellermann, L. University of Osijek: Developing Entrepreneurship Education from Scratch over Time[A]. In Volkmann, C. K., & Audretsch, D. B. Entrepreneurship Educaiton at Universities: Learning from Twenty European Cases[C]. Cham, Switzerland: Springer, 2017:260.

透性,使创业教育空洞化了。"[1]但是也有学者认为,尽管我国当前创新创业教育研究的数量呈现快速增长,但是研究范式、研究方法、研究团队都需要进一步完善,并且学科"漂泊"状态使得从事创新创业教育和研究的教师缺乏学科归属感,从而在很大程度上影响了这些教师持续推进创新创业教育的积极性。[2]

虽然随着科学的持续分化与发展,大学的组织、结构与功能都发生了很大变化,但是按照学科进行人才定向培养的传统至今并未改变,知识学科门类越来越多,学科划分越来越细而已。[3] 目前,如火如荼开展的"双一流"建设更是强化了学科的重要性,以及通过发展学科获得资源的正当性。虽然我国很多高校建立了创业学院或创业中心,但是涉及教师聘任、考核、职称评定、学位项目等核心问题的控制权仍旧在各个专业学院或系。由于缺乏创业学或创业教育学学科,总体上创业学院或创业中心在全校的人才培养体系中仍旧处于相对边缘的地位。因此,我们需要关注这门学科在中国发展的特定背景,需要建立一整套课程体系并且开发相应的教材,培养服务于创业教育理论与实践的教师,深入开展创业教育相关研究并发展相应的高水平期刊。尽管目前有些高校通过"双创示范基地"的渠道,或者通过捐赠,或者通过争取国家和地方政府双创的专项经费获得创业教育资源,但是这些渠道的经费很难使得创业教育可持续化。由于创业教育师资队伍相对匮乏、教学方法尚需改进、教材建设有待加强、办学经费可持续性等问题非常突出,建设创业教育学科体系迫在眉睫。[4]

二、推动创业教育与专业教育相结合

高校创业教育同时承担了培养学生和促进经济发展的双重职能。这就决定了高校创业教育既要培养学生普遍的创业意识和创业精神,也要将专业知识与创业相结合,促进高校为社会经济发展服务。目前,创业教育与专业教育相结合成为国际高校创业教育的重要发展趋势。欧盟的报告反复强调,高校应该"构建跨学科方法,使所有学生有机会接受创业教育,构建团队开发和利用商业创意,

---

① 陈彬."创业"中的创业学院[N].中国科学报,2015-08-06.
② 王占仁.中国高校创新创业教育的学科化特征与发展取向研究[J].教育研究,2016(3):56-63.
③ 罗芸.中国重点大学与学科建设[M].北京:中国社会科学出版社,2005:34.
④ 王占仁.中国创业教育的演进历程与发展趋势研究[J].华东师范大学学报(教育科学版),2016(2):30-38.

将经济、商业的学生和其他学院和不同背景的学生混合在一起学习"①。因此，在高校创业教育的组织上，创业教育应该通过整合不同院系甚至不同高校的优势，共建创业教育项目。

由于创业的跨学科本质，创业越来越被认为是各个专业学生必须具备的一种能力。目前，国际上不少高校向全校不同专业学生提供创业辅修课程，有些高校则鼓励不同学院开发适合自身专业特点的创业教育项目，并颁发创业教育与专业教育相融合的学位。根据"英格兰高等教育创业调查"报告，高校学生参与创业教育的比例从 2007 年的 11％增长到 2012 年的 18％；商学院和管理学院提供创业教育的比例从 2010 年的 60％降低为 2012 年 50％，表明越来越多的非商学院教师参与到创业教育。同时，高校也通过一系列政策制度，保障创业教育的跨学科发展。参与调查的英国高校中，57％将创业纳入到高校发展战略；58％出台了创业教师发展支持政策；66％为学生提供创业基金。② 因此，不管是学院主导模式，还是学科渗透模式，高校创业教育应以需求为导向，注重与专业相结合的正规创业课程体系建设和全校性的创业实践平台与支撑体系建设，从而形成纵横交错的创业教育体系，提升创业教育的有效性和服务社会经济发展的能力。

根据《全球创业观察 2017/2018 中国报告》，中国低学历创业者比例逐步下降，高学历创业者比例有所提高，收入高的人群创业增多。这表明高校创业教育经过 20 多年的发展，在一定程度上使部分接受高等教育的人群参与到创业活动中，提升了高学历创业者比例。而该报告同时也指出，虽然中国创业失败的比例呈下降趋势，但创业者对自己创业能力的认可程度有所下降，且高附加值产业创业比例较低。③ 因此，中国高校创业教育应该提升不同专业学生的创业思维和创业能力，从而进一步扩大高学历创业者比例和创新驱动的创业比例。

从总体上看，高校创业教育跨学科组织具有两难困境：一是获得学术上的合法性；二是获得文化上的合法性。能否获得这些合法性取决于高校能否产出高质量的创业教育研究成果，能否通过创业教育项目切实提升大学生的创业能力，

---

① European Commission. Entrepreneurship in Higher Education, Especially within Non-business Studies[R]. Brussels: European Commission, 2008:7.

② NCEE. Enterprise and Entrepreneurship in Higher Education - 2012 National Survey[R]. http://ncee.org.uk/wp-content/uploads/2014/06/NCEE__2012_Mapping_Report.pdf, 2012.

③ 清华大学二十国集团创业研究中心发布《全球创业观察 2017/2018 中国报告》[EB/OL]. http://www.sem.tsinghua.edu.cn/news/xyywcn/13187.html, 2018-11-16.

并服务社会经济发展。因此,创业教育的发展需要从以下几个方面着手:一是从多学科角度深入开展创业教育研究,既要审视宏观的国内外创业教育发展格局,深刻剖析国外创业教育发展的先进经验,开展比较研究;更需要深入总结和提炼中国过去近二十年创业教育的创新实践,凝练基于中国高校创业教育实践的本土理论。二是推动创业教育标准、规范、评价体制建设,提高创业人才培养质量。一方面,创业教育应该在传统的管理学、经济学、社会学、教育学等学科理论基础上,建立独立的学科,有着明确的学科目标与学科边界,有系统的课程和独立的师资队伍,应逐步建立创业学位项目、专门的创业教育研究刊物和相应的创业教育学会。另一方面,鉴于创业教育的实践性与跨学科性,需要进一步推进创业教育与其他学科的融合。中国高校创业教育需要发挥不同学科教师的积极性,推动"专业＋创业"的复合型人才培养。我国高校将创业教育融入专业教育的实践还非常薄弱,高校需要不断加强学科支撑与制度激励,改变专业教师在开展创新创业教育过程中处于边缘状态的现状。

第三节　中国高校创业教育组织变革的未来展望

于伊和明茨伯格(Huy & Mintzberg)在其著名的"变化三角"(The Change Triangle)模型中提出三类组织变革的形式,即剧烈变革(Dramatic Change)、系统变革(Systematic Change)和有机变革(Organic Change)。[①] 剧烈变革往往出现在有危机或者有巨大机会的时刻,由权力高度集中的组织领导层自上而下发起,旨在对现有组织进行彻底变革;系统变革由组织内部的专家发起,更具有结构性和连续性,注重秩序;有机变革往往来自基层,是组织变革所需的"广大参与"基础。我国高校创业教育发展的主要障碍,不是来自顶部的政策力量,而是来自高校内部具有结构性和连续性的组织制度变革,以及来自基层师生的广泛支持。我国高校可以从推进顶层设计与自下而上的统一、探索多样化的创业教育组织模式以及搭建内外融通的运行机制三方面着手,切实促进高校创业教育的转型升级。

---

① Huy, Q. N. , & Mintzberg, H. The Rhythm of Change[J]. MIT Sloan Management Review, 2003, 44(4):79-84.

一、坚持顶层设计与自下而上的统一

顶层设计模式,也称为自上而下模式,通过明确大学创新创业战略与目标,推动组织转型,带动创业教育与技术转移。一方面,顶层设计可以彰显学校层面对于创业教育的重视,能够为创业教育提供专项的经费;另一方面,全校层面的通盘考虑可以在很大程度上减少课程分散、重复建设的状况,增进课程的系统性和相关性。随着创业教育重要性的凸显,越来越多高校将创业教育纳入高校发展战略,并制定专门的创业教育发展目标与计划。如第四章欧盟对 664 所高校的调研所示,在拥有商学院的综合型大学中,已有 73% 的高校将创业纳入高校发展战略,超过 65% 的高校由校长或其他校领导承担创业教育的主体责任,并且有 53% 的高校实施了全校范围的创业行动计划。

加拿大滑铁卢大学是采取自上而下策略推动创业教育发展的典型。滑铁卢大学出台了《独特创业型大学实施计划 2013—2018》(*Uniquely Entrepreneurial University Implementation Plan*),从教育、研究、支持系统等方面明确了滑铁卢大学开展创新创业的具体计划、进展指标和预期结果(如表 7.3)。

表 7.3　滑铁卢大学独特创业型大学实施计划(2013—2018)

	行　动	进展指标	预期结果
教育	• 在创业教育机会中培养学生的创业意识和创业积极性 • 建立新的全校性创业教育项目,包括创业合作教育项目	• 更多学生参加创业课程和学位项目 • 更多学院提供创业课程和创业教育机会 • 更多学生参与到更广泛的提升创业意识的活动中	滑铁卢大学学生将参与更加多样化的创业项目,促进新企业、创业型员工和社会创业者的诞生。
教育支持	• 扩大基础设施建设以支持广泛的创业探索和创业孵化 • 为创业企业和创业生态系统提供资金渠道	• 越来越多创业团队申请并被纳入孵化项目,如速度之城加速器项目(Velocity)、康拉德中心（Conrad）、温室项目(Greenhouse)等 • 为新创企业提供更多资金 • 为创业基础设施、项目、教席及人员提供更多资金 • 更多学生被培养成为高绩效创业型员工	滑铁卢大学将拥有强大而多样化的创业生态系统,在广泛的领域和活动中教育、培养并维持更多的创业人才和创新型员工。

续表

	行　动	进展指标	预期结果
研究	• 推动和支持滑铁卢大学的创业研究	• 更多学生追求创业和创新的相关学位项目 • 教授和研究生将获得更多与创业有关的研究经费	滑铁卢大学将成为创业与创新研究领域的领导者。
研究支持	• 保持滑铁卢大学创新创业声誉 • 继续扩大经济影响力	• 通过大学创业活动为滑铁卢地区创造更多就业机会 • 滑铁卢大学创新体系对安大略省国内生产总值的贡献增加 • 发展更多以风险投资为后盾的学生公司	滑铁卢大学创新体系将继续推动区域经济发展。 滑铁卢将保持在麦克林排名中最具创新力大学的排名，并在世界主要排名中成为前25位的创业型大学。

资料来源：University of Waterloo. Strategic Plan - Uniquely Entrepreneurial［R］. https://uwaterloo. ca/strategic - plan/eight - themes/uniquely - entrepreneurial - university/implementation-plan, 2018-04-28.

　　国际上也有很多高校实施了"自下而上"模式的创业教育。如麻省理工学院（MIT）创造各种教师、学生和校友的独立项目，通过"放手的方式"，建构有助于促进新创和年轻公司形成和成长的充满活力的生态系统。① 除了斯隆管理学院，MIT各种组织还形成了内部创业体系，培养学生的冒险精神和执行力，并引导学生形成能够解决社会问题的创意点子，激发学生将创意付诸实施。如图7.1所示，在基于创业流程的七个主要阶段，不同的组织为学生提供相应的服务。莱姆尔森（Lemelson）项目和媒体实验室（Media Lab）侧重于激发学生的发明创新和创意；技术许可办公室侧重于为学生申请专利提供服务；德什潘德技术创新中心（Deshpande Center for Technology Innovation）帮助教职员工和学生将有突破性的科技和发明商业化，并提供资金支持；列格坦中心（Legatum）帮助改善商业规划、组建企业；挂靠于斯隆管理学院的创业中心为学校学生提供创业教育和其他创业活动。六大组织相互协作，共同促进MIT的创新创业教育。

　　加州大学洛杉矶分校（UCLA）是美国高校采取中间模式的典型代表，注重

---

① 美国商务部创新创业办公室编.创建创新创业型大学——来自美国商务部的报告［M］.赵中建，卓泽林，译.上海：上海科技教育出版社，2016：VI.

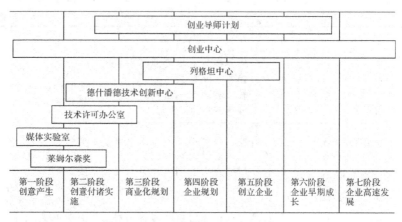

图 7.1　MIT 不同创业阶段的支持组织

资料来源:黄亚生,等. MIT 创新课:麻省理工模式对中国创新创业的启迪[M]. 北京:中信出版社,2015:54.

大学创新创业战略与基层师生创业积极性的平衡。[①] 一方面,UCLA 主管科研的副校长詹姆斯·埃科诺穆于 2010 年 7 月发起建设"创业生态系统"的倡议,尝试在 UCLA 原有各基层组织分散的创业教育与实践基础上,重组技术转移的治理结构,开展创业教育组织变革,建设全校性创业教育项目,并构建强有力的创业支撑体系。UCLA 认为,创业是提升发明或创新影响力、将好的创意转化为现实福祉的重要方式,需要大学具备适应改变、风险、不确定、竞争以及模糊性等一系列能力。[②] 经过几年的实践,2014 年,UCLA 的发明公开数为 371 个,衍生企业数量为 19 个,专利授权收入为 3878.6 万,这些创业指标都在加州大学系统中位列第一。不仅如此,2009 年至 2013 年,UCLA 衍生企业数量排在北美主要研究型大学首位,累计达到 98 个,多于犹他大学(93)、麻省理工学院(90)、多伦多大学(77)、哥伦比亚大学(69)和斯坦福大学(57)。[③]

UCLA 的创业生态系统建设呈现出以下特点:一是以高质量教学与科研为基础。从科研角度看,UCLA 始终保持前沿学术研究,并通过恰当的方式商业

① 该部分内容来源于:梅伟惠,李涵. 美国公立研究型大学建设创业生态系统的策略与特点[J]. 高等工程教育研究,2017(6):173-177.

② Ouchi, W. , & Rauw, B. UCLA Ecosystem for Entrepreneurs[R]. http://oip. ucla. edu/sites/default/files/UCLA-EcosystemI-Report. pdf,2014:9,7,5.

③ Sá, C. M. , & Kretz, A. J. The Entrepreneurship Movement and The University[M]. New York: Palgrave MacMillan, 2015:38.

化,从而保障大学有足够的资金能够自主地、持续地支持创造性学术研究的开展,而不是受限于外部资源;从教学角度看,UCLA 通过为学生提供广泛的创业教育机会,培养学生开展高层次创业的能力。二是注重创业生态系统运行的可持续性。创业生态系统可持续运行不是系统内各要素的简单累加,而是呈现出各要素高密度性、流动性、关联性以及多样性等特点。从高密度性角度看,UCLA 将创业纳入全校发展的核心使命,通过课程建设、学生社团、创业家论坛、孵化器与加速器建设等方面为学生营造良好的创业氛围和文化。从流动性角度看,一个完善的创业生态统应该清除创业过程中知识、资金、信息以及价值流动的障碍。在这个过程中,激励因素在促进学生、发明者、基层组织以及创业者参与创业教育技术转移过程中发挥重要作用。从关联性角度看,UCLA 注重生态系统内部大学、政府、企业以及各类非营利性组织各司其职、分工合作。从多样性角度看,UCLA 既提供商业创业教育项目,也提供社会创业教育项目;既鼓励管理学院为全校提供辅修项目,也鼓励将创业融入工程、生物等不同学科;既开展系统的创业课程,也提供各类注重体验与实战的加速器项目。

结合我国独特的高等教育管理体制和创业教育发展现状,我国高校需要通过顶层设计和自下而上的统一,从以下几个方面,推动创业教育组织与运行机制的创新:[1] (1)学术支持。将创业渗透到其他学科并非易事,创业教育与专业教育融合需要拥有创业思维的领导者积极推动,也需要关于创业如何能够影响其他学科的明确愿景,以及其他学科参与创业活动的强烈意识。(2)明确定义。由于创业定义的宽泛性,不同大学、不同学科可能会有不同的见解。因此,在全校范围内最好采用统一的创业定义,共享的概念模型有利于不同学科之间的交流与合作。(3)明确目标。全校性创业教育项目需要受到明确目标的驱动,培养"创业能力"是一个核心的议题,如机会识别、资源整合、减少风险以及创新价值等。[2] (4)组织模式。不管是在商学院内部还是由其他学院来承担主要的职责,创业教育项目必须有统一的领导和协调。(5)支持人员和设施。除了行政资源,更为重要的是拥有足够的教师支持。(6)课程模式。高校需要不断完善创业课

① Morris, N. M., Kuratko, D. F., & Pryor, C. G. Building Blocks for the Development of University-Wide Entrepreneurship[J]. Entrepreneurship Research Journal, 2014,4(1):45-68.

② Morris, M. H., Webb, J. Fu, J. & Singhal, S. A Competency-Based Perspective on Entrepreneurship Education: Conceptual and Empirical Insights [J]. Journal of Small Business Management, 2013, 51(3):352-369.

程体系,而不是随意的课程组合。(7)课外活动。除了学术性的课程,高校的创业教育项目还应该包括创业计划大赛、电梯演讲竞赛、学生孵化器、创业导向项目、小企业咨询项目、创业俱乐部,以及相关的创业体验学习机会。在实施过程中,要充分理解和创造性地解决不同学科学生对创业活动的独特需求。(8)资源模式。获得可持续的资源支持是保障全校性创业教育项目发展的重要挑战。(9)激励机制。无论是职业晋升还是年终的考核,都应该较好地考虑教师是否支持了全校的创业教育项目,指导了学生的创业活动等。有必要改革教师的评价制度,更好地激励教师开展创业型人才的培养。(10)共享学习。将创业系统地整合到不同的学科,不管是出于教学的目的、作为研究的一部分还是社区服务项目,在很大程度上都是未开发的前沿。因此需要不同高校增进交流,共享经验,共同探讨。(11)积极宣传。高校可以通过校园新闻、大学网站、学生报纸、大学相关的社会网络等各种传统与新型的传播形式,大力宣传创业的重要性以及学校开展的创业教育活动,强化创业教育对于大学发展的价值。(12)结果与度量。需要通过明确的指标,对创业教育的运行效果进行衡量,包括是否达到了既定目标,是否提升了高校的社会影响力等。见图7.2。

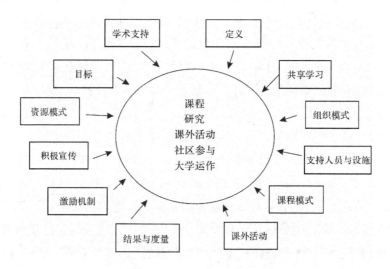

图7.2 全校性创业教育的核心要素

资料来源:Morris, N. M., , Kuratko, D. F., & Pryor, C. G. Building Blocks for the Development of University-Wide Entrepreneurship[J]. Entrepreneurship Research Journal,2014,4(1):45-68.

二、探索多样化的创业教育组织模式

每所高校都是一个独特的生态,在推进创业教育组织变革的过程中不必拘泥于某种特定的形式。由于高校创业教育仍旧是一个新兴的场域,与其他场域相比具有如下特点:第一,创新创业教育的制度变革将面临各种惰性和既得利益者的阻碍。对于高校创业教育的组织变革来说,新建一个组织,或者在已有的组织内部增加创业教育的职能,却仍旧按照传统的机制运行,那么其有效性是值得怀疑的。第二,专业是高等教育机构的重要基层组织,高等教育机构内部的资源投入、师生来源、项目组织在很大程度上依托专业开展。在获取创新创业教育合法性的过程中,必须寻求能够将专业教育与创业教育相结合的制度创新。只有通过扁平化发展,充分调动各个专业二级学院教师的积极性,创业教育才能真正融入高校的教学、科研和社会服务三大核心使命。第三,创新创业教育涉及不同的利益相关者,有必要建立和完善第一课堂(课程教学)与第二课堂(创业实践与实战)、校内创业教育与校外支撑平台的协同机制。高校需要通过一定的组织机构和制度设计帮助大学成员重新发现并且充分实践其创业潜能。高校需要结合自身的专业特征和区域特征,探索多样化的创业教育组织模式。

美国高校创业教育经历了开设单一课程、设立创业中心、系统开发创业课程、成立学位项目、提供跨学科与全校性创业教育项目等发展阶段,呈现出从商学院向全校拓展的共同趋势。受到高校的学科基础、创业教育发展历史以及各种发展契机(如获得基金会或企业家捐赠)的影响,实践中的美国高校创业教育组织创新呈现出多样性的特点。目前,商学院或管理学院的创业教育逐渐向其他学院开放;工程学院、教育学院、文理学院、艺术学院等提供与专业相结合的创业教育与孵化平台;有条件的高校成立了专门的创业学院,通过整合全校资源和增强自治性来为学生提供从学士到博士学位的创业教育。网络平台也成为推进高校创业教育的重要途径。例如斯坦福大学依托商学院和工程学院开展创业教育,同时建设"E-Corner"平台,整合了大量创业者、风险投资家、校友的创新创业讲座视频,成为学生学习的重要的资源。多样的组织模式与有效的运行机制促成了美国高校创业教育的繁荣。

目前国内高校创业教育组织,不管是由管理学院提供的创业辅修,还是由创业学院提供"3+1"或"2+2"形式,实质上都是由资源相对集中的某个部门负责全校学生创业教育的模式。这类组织模式有其显著的优势,尤其体现在培养少数精英型创业学生方面,却抑制了其他学科教师开展创业教育的积极性,也限制了普通学生参与创业教育的机会。本研究尝试在对比国内外高校创业教育组织模式基础上,以"集中—渗透""理论—实践"为两个维度,区分出学科渗透模式、学院主导模式、创业园模式、实训平台模式等四个不同的创业教育组织区间(见图 7.3)。"集中—渗透"维度主要考察创业教育由某个主导的机构实施,还是渗透到不同学科;"理论—实践"维度主要考察创业教育偏向于课程体系建设还是以课外实践为主。高校需要结合自身的专业特征和区域特征和区域特征,践行多样化的创业教育组织模式。

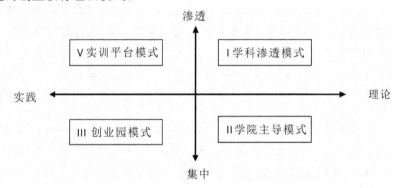

图 7.3　高校创业教育组织模式分类图

资料来源:作者自行绘制。

三、搭建内外融通的运行机制

创业教育具有实践性、系统性、复杂性等特点,要求不同利益相关者发挥各自优势,形成生态系统。

(一)宏观层面:明确政府、高校与社会的责任[①]

摩立特集团(Monitor Group)对来自北美、欧洲、亚洲等 22 个国家的创业者进行调查后发现,很多传统的创业政策未发挥实效的原因是这些政策没有真正满足创业者的需求。有别于减少创业中的行政负担、建设更多的孵化器、获得更

---

① 该部分内容来源于:梅伟惠.中国高校创新创业教育:政府、高校和社会的角色定位与行动策略[J].高等教育研究,2016(8):9-15.

多风险资本等传统政策,该调查认为以下四个政策对创业成功具有更重要的意义:一是提升创新创业意识,包括树立正确的创新创业价值观和态度;二是在不同的教育阶段提升创业技能,这是对创业成功非常重要但却往往被忽视的决定性因素;三是提供系统的融资政策,而不仅仅是使创业者获得风险投资;四是减免税收和提供创业激励,出台鼓励研发成果商业化的政策。[①]《全球创业观察(2015—2016)》对 62 个国家的创业生态系统建设情况进行排名(得分从 1 到 9 表示有效性增加),包括创业融资、政府政策、政府创业项目、中小学阶段创业教育、R&D 转化等 12 个指标。我国在"创业支持政策"(5.78,3/62)、"物理设施"(6.92,16/62)等方面得分较高,而在"中小学阶段创业教育"(2.59,43/62)、"商业与法律基础设施"(4.34,51/62)以及"文化与社会规范"(4.98,23/62)三个方面得分非常低,排序也相对落后。[②] 说明我国当前政策中对中小学创业教育关注不够、商业与法律基础设施偏弱以及社会整体的创业文化难以对大学生创业形成有效支撑。得分低的三个指标恰好是摩立特集团经过对 22 个国家创业者调研后建议各国创业政策应该特别关注的内容。《全球创业观察(2017—2018)》将中国创业生态系统建设情况与亚太其他国家进行比较,使得中国在创业环境建设和创业教育方面的优势和劣势更加清晰。如图 7.4 所示,中国在"内部市场活力"(7.13,1/54)、"物理设施"(7.23,7/54)、"创业融资支持"(5.45,5/54)等创业外部生态建设有明显的改善;但是在"中小学阶段创业教育"(3.22,22/54)、"商业与法律基础设施"(4.43,46/54)等方面还低于亚太国家平均水平。[③] 未来中国需要在宏观层面进一步明确政府、高校与社会的责任,从而更好地应对上述问题。

1.政府:加强战略规划,突出政策的针对性与有效性

过去十多年,我国政府出台了大量创业教育与大学生创业实践有关的政策,显著地提升了我国高校创业教育的总体水平;但是,政策的针对性和有效性还不够突出。可以从以下三个方面加以改善:一是将创业教育视为终身的学习过程,

① Monitor Group. Paths to Prosperity: Promoting Entrepreneurship in the 21st Century[R]. https://icma.org/sites/default/files/303489_Paths%20to%20Prosperity.pdf,2009:4-5.

② Kelley, D., Singer, S., & Herrington, M. Global Entrepreneurship Monitor 2015/16 Global Report[R]. http://www.gemconsortium.org/file/open? fileId=49480,2016:66.

③ GEM. Global Entrepreneurship Monitor Global Report 2017/18[R]. https://www.gemconsortium.org/file/open? fileId=50012,2018:54.

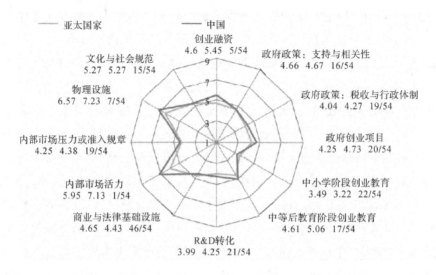

图 7.4　全球创业观察(2017—2018)中国与亚太国家比较情况

注重从中小学阶段开始关注学生创业意识的培养,帮助中小学生树立正确的创新创业价值观与态度。二是为大学生创业提供金融支持,一方面政府可设立创业基金,支持研发成果的商业化并关注早期创业型企业,另一方面通过税收激励政策,鼓励天使投资人和风险投资人对于高成长的初创企业进行投资。例如,美国纽约州立法机构近期通过一项法案,将在纽约州立大学系统、纽约城市大学系统的若干校区以及私立学院建立免税区(tax-free zone),从而在大学周边培育和发展创业型企业。三是进一步将创业政策细化、可操作化,降低创业风险,提升社会文化对创新创业的认同。

2.高校:完善创新创业教育组织模式,改进创新创业教育内容与方式

高校需要进一步发挥能动性,推进创业教育的多样化发展。在我国高校创新创业教育发展早期,由于创业资源与创业文化稀缺以及校企合作薄弱,政府的重视和支持可以在很大程度上促使高校的理论研究者和实践者关注国际创新创业教育发展动向,提升对创新创业教育促进中国经济转型升级和创新型国家建设重要性的认识,也可以为创新创业教育的课程建设、组织发展、实训基地建设和研究提供资源。但是,我们除了要审视政府政策在高校层面的实施外,还应该关注高校、社会是否发挥了积极主动的作用。从高校角度来看,由于高等教育发展有其内在的逻辑,高等教育系统的中心是学科和院校之间形成的交叉矩阵,基层学术组织在高校运行过程中发挥着重要作用。因此,政府政策只有通过高校

的积极折射，才能真正发挥作用，任何被动、盲目地跟风或不结合高校实际情况的创新创业教育，都会影响政策实施的实际效果。高校是创新创业教育的具体实施者，负责校内创新创业教育的制度设计、课程开发、师资培养、创业实训以及与校外利益相关者的合作。未来我国高校需进一步完善创新创业教育组织模式，更新创新创业教育内容，改进创新创业教育方式。

3. 社会：完善融资渠道，打造专业化社会服务机构

社会是高校创新创业教育的有力支撑。社会力量可以影响高校创新创业教育的理念，能够给高校创新创业教育提供充足的资金和人力支持。校友、创业者、投资者等利益相关者可以为创新创业教育提供人力、经费、经验等资源，他们是不可或缺的外部支撑因素。近年来，我国企业与社会组织不断以基地、资金、师资、平台等形式协助高校学生创新创业，取得了一定的成效。具体来说：一是以行业企业为主导，建设包括传统实体孵化园以及互联网等创新型孵化平台在内的创新创业基地，紧密联系市场动态，支持大学生创业项目；二是响应国家政策指导，为大学生提供创业资金担保、贷款和投资，以及跟踪指导服务；三是构建大学生创业平台，与高校、政府等形成中长期合作，为大学生提供创业导师、技能培训、项目实践等资源，促进沟通交流。从总体上来看，我国社会力量参与高校创业教育仍然处于探索阶段，要不断完善其协作体系。

第一，打造专业化社会服务机构。我国的相关孵化机构在短期内快速增长，容易产生集中化、同质化等，无法为不同阶段、不同领域的创业项目提供专业化、细分化的服务。据统计，截至 2015 年，全国科技企业孵化器数量近 3000 家，众创空间 2300 多家，但是有 20.4％的创业企业和团队认为缺乏有效的创新创业辅导，15.6％没有明确的商业模式，14.4％产品定位难，12.6％团队组建不合理，从侧面反映出众创空间在产品和商业模式构建等方面需要进一步提升服务能力。[1] 场地提供是我国孵化器基地的主流服务（占 81.2％），而提供行政、人才、实体设备、财务辅助等专项服务的孵化器仅占约 1/5，创业者希望孵化器能提供更多市场营销、创业计划辅导、人力资源管理等专业化指导。[2] 因此，针对不同阶段和领域的创业项目，打造互相衔接、各有侧重的专业化社会服务体系，可以

---

[1] 韩义雷，李建荣. 中国孵化器真的疯了吗？［N］. 科技日报，2016-01-13.

[2] 2016 中国孵化器发现状专题研究报告［EB/OL］. http://mt.sohu.com/20160430/ n447014152. shtml，2016-04-30.

更具针对性地促进早期创业项目的孵化和成长。

第二,提高社会融资获取性。资金短缺是制约我国大学生创业的主要问题。2015年《中国青年创业现状报告》指出,64.2％的受访者认为缺乏足够的资金是创业过程中的主要困难。[①] 据统计,"2017届大学毕业生自主创业的资金主要依靠父母/亲友投资或借贷(本科51％,高职高专49％)和个人积蓄(本科25％,高职高专23％)。来自政府科研/创业基金或优惠贷款(本科和高职高专均为4％)与银行贷款(本科7％,高职高专9％)的比例均较小。"[②] 上述事实表明,一方面,我国大学生缺乏融资方面的知识与技能,主动寻求社会资金的意识薄弱,导致社会资金支持与大学生创业项目未能良好有效衔接;另一方面,大学生创业项目受条件、手续、成本等诸多限制,社会融资的可获得性较低。因此,社会在提供多元资金支持的同时,要降低大学生社会融资门槛,简化程序,完善制度,并加强宣传教育,主动帮助创业者选择融资渠道。

第三,完善社会合作机制。我国社会力量协同高校推进创新创业教育的模式较为单一,多以资金注入、创业论坛等形式进行,只有极少数能提供全面完善的支持体系。创业教育的复杂性与创业活动的市场性决定了高校具有与企业合作的强烈意愿,但由于企业与高校开展创业教育合作的可预期利润小、见效慢,企业的合作意愿较弱。[③] 要完善社会参与的协作机制,应从校企的双方需求、实施模式、评价体系、保障激励等问题着手,增强企业寻求高校合作的内在动力,探索大学生创业项目与社会支持的对接模式。

(二)中观层面:形成院校两级协同体系

高等教育机构是由各个学科组成的松散耦合组织。"大学工作的中心在基层,抵抗力总是自下而上……大学的转型,总是先从大学基层单位和整个大学的若干人开始,他们志同道合集合在一起,通过有组织的创新,改革大学的机构和方向,经过若干年的努力才能发生。在这些层次的集体的创业行动,才是转型现

---

① 人力资源和社会保障部劳动科学研究所. 中国青年业现状报告[EB/OL]. http://www.chinanews. com/cj/2016/04-12/7831083. shtml,2016-04-12.

② 麦可思研究所.《2018年中国大学生就业报告》发布[EB/OL]. https://edu. qq. com/a/20180611/029867. htm,2018-06-11.

③ 徐小洲,等. 大学生创业困境与制度创新[J]. 中国高教研究,2015(2):45-53.

象的中心。"①因此,创业教育向纵深方向发展需要依托各个专业学院的力量,将专业教育与创业教育相融合,否则只能是边缘化、短期化、权宜式发展。无论从学院开设的创业教育课程,还是学院层面学生接受创业教育的比例(参加学校层面或者其他学院开设的相关课程)的情况看,我国创业教育与专业教育融合的状况有待进一步完善。未来我国高校创业教育运行机制创新的重点应该是形成院校两级协同体系。一方面需要通过教师评价制度和激励制度改革,提升专业教师参与创业教育的积极性与主动性;另一方面在学院层面建设众创空间,为课堂理论教学与实践教学相融合提供空间和设施,为学生的创新创业能力提升营造良好的氛围和情境,从而在日常的学习中培养动手能力和问题解决能力。

(三)微观层面:创业教学与实践相结合

我国高校创业教育早期发展以创业实践为主。随着近年来我国政策对创业教育课程体系建设和重视,高校创业教学能力得到了很大的提升。但是由于专业教师与实践指导教师的协作不充分,学生的专业学习和创业实践"两张皮"现象仍旧非常严重。这就导致两个后果:一是中国高校师生的创业活动,没有成为将高校实验室创新成果进行转化的重要载体;二是创业教育效果不显著,大学生的创业失败率高。2017 年 4 月国务院印发《中长期青年发展规划(2016—2025)》,明确提出要"建立健全教学与实践相融合的高校创新创业教育体系"。可以看出,教学与实践融合,这是一项长期的任务,我国高校需要从以下几个方面进行改革:一是建立创业理论教学和实践教学相衔接的课程体系,帮助学生了解现实世界的真实问题,并有机会测试所提出的服务、产品和商业模式的可行性;二是加强创业体验学习,增强教学过程中情境性、协作性和体验性;三是完善创业教育师资队伍建设,增设"实践型教授",吸引谙熟产业动态、具有丰富创业经验的人员充实创业教育师资队伍。

---

① 伯顿·克拉克.建立创业型大学:组织上转型的途径[M].王承绪,译.北京:人民教育出版社,2003:3.

参考文献

(一)中文文献

[1]埃德加·沙因.组织文化与领导力(第四版)[M].章凯,罗文豪,朱超威,等译.北京:中国人民大学出版社,2014.

[2]伯顿·克拉克.高等教育系统——学术组织的跨国研究[M].王承绪,等译.杭州:杭州大学出版社,1994.

[3]伯顿·克拉克.建立创业型大学:组织上转型的途径[M].王承绪,译.北京:人民教育出版社,2003.

[4]陈彬."创业"中的创业学院[N].中国科学报,2015-08-06.

[5]陈超.试论大学的师管比及其意义——基于美国公立旗舰大学的统计分析[J].教师教育研究,2014(7):99-105.

[6]陈少雄.大学创业教育生态系统培育策略研究——基于广东省高校的调查研究[J].教育发展研究,2014(11):64-69.

[7]大卫·库伯.体验学习:让体验成为学习和发展的源泉[M].王灿明,朱水萍,等译.上海:华东师范大学出版社,2008.

[8]邓永强.从视美乐到易得方舟看学生创业[J].知识经济,2001(5):11-12.

[9]丁宏.奥巴马政府"创业美国"计划的政策评析及其启示[J].世界经济与政治论坛,2012(4):70-79.

[10]丁三青.中国需要真正的创业教育——基于"挑战杯"全国大学生创业计划竞赛的分析[J].高等教育研究,2007(3):87-94.

[11]杜驰,沈红.教育场域中的制度同形与组织绩效[J].清华大学教育研究,2009,30(5):67-70.

[12]杜传忠,许冰.第四次工业革命对就业结构的影响及中国的对策[J].社会科学战线,2018(2):68-74.

[13]龚放.知识生产模式 II 方兴未艾:建设一流大学切勿错失良机[J].江苏高教,2018(9):1-8.

[14]辜胜阻,李睿.大众创业万众创新要激发多元主体活力[J].求是,2015(16):28-30.

[15]顾宝炎.美国大学管理[M].武汉:武汉大学出版社,1989.

[16]顾建民.大学有效治理及其实现机制[J].教育发展研究,2016(19):48-53.

[17]郭毅,殷家山,周裕华.制度理论如何适宜于管理学研究?——制度创业者研究中的迷思及适宜性[J].管理学报,2009(12):1614-1621.

[18]国务院发展研究中心,世界银行.2030 年的中国:建设现代、和谐、有创造力的高收入社会［R］.http://www.drc.gov.cn/zxxw/20130323/1-223-2874407.htm,2013-03-23.

[19]海迪·M.内克,等.如何教创业:基于实践的百森教学法[M].薛红志,等译.北京:机械工业出版社,2015.

[20]亨利·埃兹科维茨.麻省理工学院与创业科学的兴起[M].王孙禺,袁本涛,等译.北京:清华大学出版社,2007.

[21]胡瑞.新工党执政时期英国高校创业教育研究[M].北京:高等教育出版社,2013.

[22]华东师范大学团委.关于大学生创业意识的调查与思考[J].思想·理论·教育,2003(9):19-21.

[23]华国振.高职跨境电子商务创业课程体系构建与实施——以义乌工商职业技术学院为例[J].职业技术教育,2015(8):20-22.

[24]黄军英.创业美国计划将带来什么[J].科技潮,2011(8):42-45.

[25]黄蔚.北京航空航天大学:创业教育到底要教什么[N].中国教育报,2016-10-15.

[26]黄亚生,等.MIT 创新课:麻省理工模式对中国创新创业的启迪[M].北京:中信出版社,2015.

[27]黄兆信,曾纪瑞,曾尔雷.以岗位创业为导向的人才培养体系研究与实践——以温州大学为例[J].教育研究,2013(6):144-149.

[28]黄兆信,王志强.地方高校创业教育转型发展研究[M].杭州:浙江大学出版

社,2013.

[29]黄兆信,等.以岗位创业为导向:高校创业教育转型发展的战略选择[J].教育研究,2012(12):46-52.

[30]黄兆信,等.众创时代高校创业教育新探索[M].北京:中国社会科学出版社,2016.

[31]霍尔登·索普,巴克·戈尔茨坦.创新引擎——21世纪的创业型大学[M].赵中建,卓泽林,李谦,张燕南,译.上海:上海科技教育出版社,2018.

[32]姜峰.创业教育:营造氛围自前行——一家民办高校试验深化创业教育改革路径[N].人民日报,2015-06-03.

[33]杰弗里·蒂蒙斯,小斯蒂芬·斯皮内利.创业学(第六版)[M].周伟民,吕长春,译.北京:人民邮电出版社,2005.

[34]克劳斯·斯瓦布.第四次工业革命:转型的力量[M].李菁,译.北京:中信出版社,2016.

[35]孔悦.创业教育纳入通识课程之后[N].新京报,2012-01-09.

[36]李娜.印度高校创业教育研究[D].浙江大学,2013.

[37]李钟文.硅谷优势:创新与创业精神的栖息地[M].北京:人民出版社,2002.

[38]林伟连,尹金荣,黄任群.创业教育:大学的声音[M].杭州:浙江大学出版社,2018.

[39]刘畅,卢军.在校大学生创业意识和实践都比较缺乏[N].中国青年报,2011-07-18.

[40]刘巍伟.中国创客运动发展的现状、问题与对策[J].浙江社会科学,2017(8):148-155.

[41]刘易斯·科塞.理念人:一项社会学的考学[M].郭方,等译.北京:中央编译出版社,2001.

[42]罗儒国."三创教育"模式的探索与展望——以武汉大学为例[J].黑龙江高教研究,2012(6):20-23.

[43]罗芸.中国重点大学与学科建设[M].北京:中国社会科学出版社,2005.

[44]玛雅·比亚利克,查尔斯·菲德尔.人工智能时代的知识:核心概念与基本内容[J].开放教育研究,2018,24(3):27-37.

[45]麦可思研究院.自主创新持续上升,"重心下沉"趋势初显——2015年中国大学毕业生就业报告[N].光明日报,2015-07-17.

[46]梅伟惠,陈悦.美国高校创业教育发展新纪元:"创业美国计划"的出台、实施与特点[J].高等工程教育研究,2015(4):82-87.

[47]梅伟惠,李涵.美国公立研究型大学建设创业生态系统的策略与特点[J].高等工程教育研究,2017(6):173-177.

[48]梅伟惠.保守大学的创新创业转型:耶鲁大学20年发展路径与特点[J].中国高教研究,2017(6):73-76.

[49]梅伟惠.创业人才培养新视域:全校性创业教育理论与实践[J].教育研究,2012(6):144-149.

[50]梅伟惠.构建自适应知识企业:"新美国大学"理念及其运作[J].高等教育研究,2017(12):104-108.

[51]梅伟惠.美国高校创业教育[M].杭州:浙江教育出版社,2010.

[52]梅伟惠.美国高校创业教育模式研究[J].比较教育研究,2008(5):52-56.

[53]梅伟惠.欧盟高校创业教育政策分析[J].教育发展研究,2010(9):77-81.

[54]梅伟惠.中国高校创新创业教育:政府、高校和社会的角色定位与行动策略[J].高等教育研究,2016(8):9-15.

[55]梅伟惠.中国高校创业教育组织模式:趋同成因与现实消解[J].教育发展研究,2016(13-14):29-34.

[56]美国商务部创新创业办公室.创建创新创业型大学——来自美国商务部的报告[M].赵中建,卓泽林,译.上海:上海科技教育出版社,2016.

[57]闵维方.高等教育运行机制研究[M].北京:人民教育出版社,2002.

[58]倪好.高校社会创业教育的基本内涵与实施模式[J].高等工程教育研究,2015(1):62-66.

[59]朴钟鹤.韩国高校创业教育发展与创新——以五所"创业研究生院"为例[J].比较教育研究,2013(5):63-67.

[60]钱颖一.大学的改革(第一卷·学校篇)[M].北京:中信出版社,2016.

[61]清华大学,复旦大学.2016中国劳动力市场技能缺口研究报告[R].2016.

[62]任之光,张志旻.创业型大学发展范式:阿尔托大学的实践与启示[J].高等教育研究,2012(6):101-106.

[63]桑新民.建构主义的历史、哲学、文化与教育解读[A].高文,徐斌艳,吴刚.建构主义教育研究[C].北京:教育科学出版社,2008.

[64]唐家龙,马虎兆.美国2011年创新战略报告评析及其启示[J].中国科技论

坛,2011(12):138-142,155.

[65]王建华.创新创业:大学转型发展的新范式[J].南京师大学报(社会科学版),2018(5):24-32.

[66]王建华.以创业思维重新理解学科建设[J].清华大学教育研究,2018,39(4):40-48.

[67]王庆环.创业教育,应该是一种怎样的教育[N].光明日报,2017-08-12.

[68]王烨捷.一窝蜂建创业学院 接下来怎么办[N].中国青年报,2016-06-07.

[69]王占仁."广谱式"创新创业教育的导论[M].北京:人民出版社,2012.

[70]王占仁."广谱式"创新创业教育的体系架构与理论价值[J].教育研究,2015(5):56-63.

[71]王占仁.中国创新创业教育史[M].北京:社会科学文献出版社,2016.

[72]王占仁.中国创业教育的演进历程与发展趋势研究[J].华东师范大学学报(教育科学版),2016(2):30-38.

[73]王占仁.中国高校创新创业教育的学科化特性与发展取向研究[J].教育研究,2016(3):56-63.

[74]王志强,杨庆梅.我国创业教育研究的知识图谱——2000—2016年教育学CSSCI期刊的文献计量学分析[J].教育研究,2017(6):58-64.

[75]沃尔特·W.鲍威尔,保罗·J.迪马吉奥.组织分析的新制度主义[M].姚伟,译.上海:上海人民出版社,2008.

[76]吴伟.面向创业时代的研究型大学转型发展研究[M].北京:人民出版社,2014.

[77]吴志功.现代大学组织结构设计[M].北京:北京师范大学出版社,1998.

[78]谢志远,李上献,刘巍伟.侨务资源:大学生创业教育的重要方面[J].教育发展研究,2010(2):74-78.

[79]徐蕾,严毛新.多重制度逻辑视角下中国高校创业教育的演进[J].教育发展研究,2019(3):41-47.

[80]徐小洲,臧玲玲.创业教育与工程教育的融合——美国欧林工学院教育模式探析[J].高等工程教育,2014(1):103-107

[81]徐小洲,梅伟惠.高校创业教育体系建设战略研究[M].杭州:浙江教育出版社,2015.

[82]徐小洲,倪好,吴静超.创业教育国际发展趋势与我国创业教育观念转型[J].中国高教研究,2017(4):92-97.

[83]徐小洲,倪好.社会创业教育:哈佛大学的经验与启示[J].教育研究,2016(1):143-149.

[84]徐小洲.创业概论[M].北京:教育科学出版社,2017.

[85]徐小洲.中国创业教育研究的特征和趋势——基于2009—2018年研究成果的计量可视化分析[J].中国高教研究,2019(3):52-60.

[86]阎凤桥,闵维方.从国家精英大学到世界一流大学:基于制度的视角[J].北京大学教育评论,2017(1):34-48.

[87]杨晓慧等.大学生就业创业教育研究[M].北京:经济科学出版社,2015.

[88]叶勒.企业家精神的兴起对美国经济增长的促进作用[J].外国经济与管理,2000(10):16-20.

[89]易鑫.创新创业教育重在培养有创造力的人才[N].中国教育报,2015-05-27.

[90]臧玲玲.国际视野下的高校创业教育课程研究[M].北京:中国社会科学出版社,2016.

[91]曾骊,张中秋,刘燕楠.高校创新创业教育服务"双创"战略需要协同发展[J].教育研究,2017(1):70-76,105.

[92]张维迎.大学的逻辑(第三版)[M].北京:北京大学出版社,2012.

[93]周雪光.组织社会学十讲[M].北京:社会科学文献出版社,2003.

[94]朱春楠.韩国高校创业教育动因及特色分析[J].外国教育研究2012(8):23-29.

[95]朱家德,王佑美.高校创业学院的发生学研究[J].高等工程教育研究,2017(3):158-161.

[96]朱家德.高校创业学院的组织特征分析——基于首批深化创新创业教育改革示范高校的实证数据[J].中国高教研究,2017(11):49-53.

[97]卓泽林.全校性创业教育:以美国六所高校为样本[J].教育研究,2018(12):142-148.

[98]邹晓东,翁默斯,姚威.我国"革新式"创业型大学的转型路径——一个多案例的制度考察[J].高等工程教育研究,2014(2):100-105.

（二）英文文献

[1]Aoun, J. E. Robot-Proof: Higher Education in the Age of Artificial Intelligence[M]. Cambridge, MA: The MIT Press. 2017.

[2]Baker, T. , & Nelson, R. E. Creating Something from Nothing: Resource Construction through Entrepreneurial Bricolage[J]. Administrative Science Quarterly, 2005, 50(3):329-366.

[3]Beckman, G. D. "Adventuring" Arts Entrepreneurship Curricula in Higher Education: An Examination of Present Efforts, Obstacles, and Best Practices[J]. Journal of Arts Management, Law and Society, 2007,37(2): 87-112.

[4]Brock, D. D, & Steiner, S. D. Social Entrepreneurship Education: Is It Achieving the Desired Aims? [EB/OL] http://ssrn. com/abstract = 1344419, 2009-02-16.

[5]Byers, T. , Seelig, T. , Sheppard, S. , & Weilerstein, P. Entrepreneurship: Its Role in Engineering Education[J]. The Bridge, 2013,43(2):35-40.

[6]Charney, A. H. , & Libecap G. D. The Impact of Entrepreneurship Education: An Evaluation of the Berger Entrepreneurship Program at the University of Arizona,1985—1999[R]. Tucson, Arizona:University of Arizona,2000.

[7]Clark, B. The Higher Education System: Academic Organization in Cross-national Perspective [M]. Berkley, CA: University of California Press. 1983.

[8]Crow, M. , & Dabars, W. Designing the New American University[M]. Baltimore,MD: Johns Hopkins University Press. 2015.

[9]Danish Ministry of Science, Technology and Innovation, Danish Ministry of Culture, Danish Ministry of Education & Danish Ministry of Economic and Business Affairs. Strategy for Education and Training in Entrepreneurship [R]. https://ufm. dk/en/publications/2010/strategy-for-education-and-training-in-entrepreneurship. pdf, 2010.

[10]Dimaggio, P. J. & Powell, W. W. The Iron Cage Revisited: Institutional Iso-

morphism and Collective Rationality in Organizational Fields[J]. American Sociological Review,1983(48):147-160.

[11]Donkels, R. , & Miettinen, A. New Findings and Perspectives in Entrepreneurship[M]. Aldershot: Gower, 1990.

[12]Drucker, P. F. Innovation and Entrepreneurship[M]. New York: Harper & Row, 1985.

[13]Eesley, C. E. , &Miller W. F. Impact: Stanford University's Economic Impact via Innovation and Entrepreneurship[R]. Stanford, CA: Stanford University,2012.

[14]Eisenhardt, K. M. Building Theories from Case Study Research [J]. Academiy of Management Review, 1989, 14(4):532-550.

[15]European Commission. EntreComp: The Entrepreneurship Competence Framework[R]. Brussels: European Commission, 2018.

[16]European Commission. Entrepreneurship Education 2020 Action Plan [R]. Brussels: European Commission, 2013.

[17]European Commission. Entrepreneurship in Higher Education, Especially within Non-business Studies[R]. Brussels: European Commission, 2008.

[18]European Commission. Entrepreneurship Survey of the EU25: Denmark [R]. Brussels: European Commission, 2008.

[19]European Commission. Survey of Entrepreneurship in Higher Education in Europe[R]. Brussels: European Commission, 2008.

[20]Fairlie, R. W. , Reedy, E. J. , Morelix, A. , & Russell, J. Kauffman Index of Startup Activity: National Trends 2016[R]. Rochester, NY: Social Science Research Network. 2016.

[21]Fetters, M. G. , et al, The Development of University-based Entrepreneurship Ecosystems: Global Practices[M]. Northampton, MA: Edward Elgar,2010.

[22]Finkle, T. A. , Kuratko, D. F. , and Goldsby, M. The State of Entrepreneurship Centers in the United States: A Nationwide Survey[J]. Journal of Small Business Management, 2006, 44(2):184-206.

[23]Finkle, T. A. , Menzies, T. V. , Kuratko, D. F. , & Goldsby, M. G.

A Global Examination of Financial Challenges of Entrepreneurship Centers throughout the World[J]. Journal of Small Business and Entrepreneurship,2013,26(1):67-85.

[24]Fligstein, N. , & McAdam, D. A. Theory of Fields[M]. Oxford, UK: Oxford University Press. 2012.

[25]Gartner, W. Is There an Elephant in Entrepreneurship? Blind Assumptions in Theory Development[J]. Entrepreneurship Theory and Practice, 2001, 25(4):27-39.

[26]GEM. Global Entrepreneurship Monitor[R]. http://www. gemconsortium. org/report，2018.

[27]Gibb，A. A. Enterprise Culture and Education: Understanding Enterprise Education and Its Links with Small Business, Entrepreneurship and Wider Educational Goals[J]. International Small Business Journal, 1993, 11(3):11-34.

[28]Gibb，A. , Haskins, G, & Robertson, I. Leading the Entrepreneurial University: Meeting the Entrepreneurial Development Needs of Higher Education Institutions[A]. In Altmann, A. , & Ebersberger, B. Universities in Change[C]. New York: Springer, 2013.

[29]Hannan, M. , & Freeman, J. H. The Population Ecology of Organizations[J]. American Journal of Sociology, 1977, 82:929-964.

[30]Harvard University. Educational Innovation and Social Entrepreneurship in Comparative Perspective [EB/OL]. http://isites. harvard. edu/icb/icb. do? keyword=k97605,2014-12-6.

[31]Heriot, K. C. , Jauregui, A. , Huning, T. & Harris, M. Evaluating the Legitimacy of Entrepreneurship and Small Business as a Field of Study: An Exploratory Study in the USA[J]. Journal of Enterprising Communities: People and Places in the Global Economy, 2014, 8(1):4-19.

[32]Hoskinson, S. , & Kuratko, D. F. Innovative Pathways for University Entrepreneurship in the 21st Century[M]. Bingley, UK: Emerald Group Publishing Limited, 2014.

[33]Hulsey, L. , Rosenberg, L. , & Kim, B. Seeding Entrepreneurship

Across Campus: Early Implementation Experiences of Kauffman Campuses Initiative[R]. Ssrn Electronic Journal,2006,24(6):649-654.

[34]Huy, Q. N. , & Mintzberg, H. The Rhythm of Change[J]. MIT Sloan Management Review, 2003, 44(4):79-84.

[35]International Federation of Robotics. Executive Summary World Robotics 2017 Industrial Robots[R]. https://ifr. org/downloads/press/Executive_ Summary_WR_2017_Industrial_Robots. pdf, 2017.

[36]International Labor Organization. Global Employment Trends for Youth 2013 [R]. Geneva: ILO, 2013.

[37]Isenberg, D. How to Start an Entrepreneurial Revolution[J]. Harvard Business Review, 2010(6): 2-11.

[38]Katz, J. A. et al. Perspectives on the Development of Cross Campus Entrepreneurship Education[J]. Entrepreneurship Research Journal, 2014, 4 (1):13-44.

[39]Katz, J. A. Fully Mature but Not Fully Legitimate: A Different Perspective on the State of Entrepreneurship Education[J]. Journal of Small Business Management, 2008, 46(4):550-566.

[40]Katz, J. A. The Chronology and Intellectual Trajectory of American Entrepreneurship Education 1876－1999[J]. Journal of Business Venturing, 2003,(18):283-300.

[41]Kauffman Foundation. Kauffman Thoughtbook 2004[R]. Kansas City, MO: Ewing Marion Kauffman Foundation, 2004.

[42]KEEN. Framework for Entrepreneurial engineering[EB/OL]. https://keewarehouseprod. blob. core. windows. net/keen-downloads/KEEN_Framework_spread. pdf, 2017-07-26.

[43]Kirst, M. W. , & Stevens, M. L. Remaking College: The Changing Ecology of Higher Education[M]. Stanford,CA: Stanford University Press, 2015.

[44]Kolb, A. , & Kolb, D. Learning Styles and Learning Spaces: Enhancing Experiential Learning in Higher Education[J]. Academy of Management Learning & Education, 2005(4): 193-212.

[45]Kourilsky，M. L. Entrepreneurship Education：Opportunity in Search of Curriculum[R]. http://www. eric. ed. gov/PDFS/ED389347. pdf，1995.

[46]Kuratko, D. F. Entrepreneurship Education：Emerging Trends and Challenges for the 21st Century[EB/OL]. http://www. usasbe. org/pdf/CWP-2003-kuratko. pdf, 2004.

[47]Kuratko，D. F. The Emergence of Entrepreneurship Education：Development，Trends，and Challenges[J]. Entrepreneurship Theory and Practice. 2005，(9)：577-597.

[48]Kuratko, D. F. , & Koskinson, S. The Great Debates in Entrepreneurship[M]. Bingley,UK：Emerald Group Publishing Limited，2017.

[49]Landström,A. , & Stevenson, L. A. Entrepreneurship Policy：Theory and Practice[M]. New York：Kluwer Academic Publishers，2005.

[50]Mars，M. M. , & Rios-Aguila, C. Academic Entrepreneurship(re)Defined：Significance and Implications for the Scholarship of Higher Education[J]. Higher Education，2010(59)：441-460.

[51]Mars，M. M. , Slaughter, S. , & Rhoades, G. The State-Sponsored Student Entrepreneur[J]. The Journal of Higher Education，2008，79(6)：638-670.

[52]Matlay，H. The Impact of Entrepreneurship Education on Entrepreneurial Outcomes[J]. Journal of Small Business and Enterprise Development，2008，15(2)：382-396.

[53]Monitor Group. Paths to Prosperity：Promoting Entrepreneurship in the 21st Century[R]. https:// icma. org/sites/default/files/303489_Paths%20to%20Prosperity. pdf, 2009.

[54]Morgan，G. Images of the organization[M]. London，UK：SAGE，2006.

[55]Morris，M. H. , Kuratko, D. F. , & Cornwall, J. R. Entrepreneurship Programs and The Modern University[M]. Northampton，MA：Edward Elgar，2013.

[56]Morris，M. H. , Kuratko, D. F. , Schindehutte, M. , & Spivack, A. J. Framing the Entrepreneurial Experience[J]. Entrepreneurship Theory and Practice，2011(5)：1-24.

[57]Morris，M. H. , Webb, J. Fu, J. & Singhal, S. A. Competency-Based

Perspective on Entrepreneurship Education: Conceptual and Empirical Insights[J]. Journal of Small Business Management, 2013, 51(3):352 - 369.

[58]Morris, N. M., Kuratko, D. F., & Pryor, C. G. Building Blocks for the Development of University - Wide Entrepreneurship[J]. Entrepreneurship Research Journal, 2014,4(1):45-68.

[59]Nambisan, S. Embracing Entrepreneurship Across Disciplines: Ideas and insights from Engineering, Science, Medicine and Arts[M]. Northampton, MA: Edward Elgar, 2015.

[60]National Academy of Engineering. The Engineer of 2020: Visions of Engineering in the New Century[R]. Washington: National Academies Press, 2004.

[61]National Council for Graduate Entrepreneurship. Report on Enterprise and Entrepreneurship in Higher Education[R]. http://www. ncge. com/uploads/NCGE_Report_2007. pdf, 2007.

[62]National Science Foundation. Engineering Innovation Center Brings Together Tools to Launch Future Entrepreneurs[EB. OL]. http://www. nsf. gov/news/news_summ. jsp? cntn_id=121178,2015-3-10.

[63]NCEE. Enterprise and Entrepreneurship in Higher Education - 2012 National Survey[R]. http://ncee. org. uk/wp - content/uploads/2014/06/NCEE_2012_Mapping_Report. pdf,2012.

[64]Neck, H. M., & Greene, P. G. Entrepreneurship Education: Known Worlds and New Frontiers[J]. Journal of Small Business Mangement, 2011, 49(1):55-70.

[65]OECD. 21st Century Skills and Competences for New Millennium Learning in OECD Countries[R]. Paris: OECD, 2009.

[66]Plaschka, G. R. & Welsch, H. P. Emerging Structures in Entrepreneurship Education: Curricular Designs and Strategies[J]. Entrepreneurship Theory and Practice, 1990, 14(3):55-71.

[67]QAA. Enterprise and Entrepreneurship Education: Guidance for UK Higher Education providers[R]. https://www. qaa. ac. uk/docs/qaas/en-

hancement - and - development/enterprise - and - entrpreneurship - education -
2018. pdf? sfvrsn＝15f1f981_8,2018.

[68]Rae，D. & Wang，C. L. Entrepreneurial Learning: New Perspectives in
Research，Education and Practice[M]. New York: Routledge. 2015.

[69]Rae，D. Entrepreneurship: From Opportunity to Action[M]. New York:
Palgrave Macmillan，2007.

[70]Roberts，J. S. Infusing Entrepreneurship Within Non - Business Disci-
plines: Preparing Artists and Others for Self-Employment and Entrepre-
neurship[J]. Artivate: A Journal of Entrepreneurship in the Arts，2013，1
(2):53-63.

[71]Robinson，P. & Hayes，M. Entrepreneurship Education in America's
Major Universities[J]. Entrepreneurship Theory and Practice，1991，15
(3)，41-52.

[72]Sá，C. M. , & Kretz，A. J. The Entrepreneurship Movement and The
University[M]. New York: Palgrave MacMillan，2015.

[73]Sarasvathy，S. D. Causation and Effectuation: Toward a Theoretical
Shift From Economic Inevitability to Entrepreneurial Contingency [J]. A-
cademy of Management Review，2001，26(2):243-263.

[74]Sarasvathy，S. D. Effectuation: Elements of Entrepreneurial Expertise
[M]. Northampton，MA: Edward Elgar，2008.

[75]Schneider，M. Kauffman Campus Initiative: A Study that Explores the
Phenomenon of Cross-Campus Entrepreneurship[D]. Doctoral Degree Dis-
sertation，University of Pennsylvania，2015.

[76]Schwab，K. The Fourth Industrial Revolution[M]. New York: Crown
Publishing Group，2016.

[77]Schwab，K. The Global Competitiveness Report 2016-2017[R]. http://
www3. weforum. org/docs/GCR2016 - 2017/05FullReport/TheGlobalCom-
petitivenessReport2016-2017_FINAL. pdf，2016.

[78]Schweitzer，T. Not Only the Lonely Become Entrepreneurs [EB/OL].
www. inc. com/news/articles/200701/loners. html，2008-6-15.

[79]Seo，M. , & Creed，W. Institutional Contradiction，Praxis and Institu-

tional Change: A Dialectical Perspective[J]. Academy of Mangement Review, 2002, 27(2):222-247.

[80]Sexton, D. , & Smilor, R. The Art and Science of Entrepreneurship[M]. Cambridge, MA: Ballinger. 1986.

[81]Shinnar, R. , Pruett M. , & Toney, B. Entrepreneurship Education: Attitudes Across Campus[J]. Journal of Education for Business, 2009, 84 (3):151-159.

[82]Smilor, R. W. Entrepreneurship: Reflections on a Subversive Activity [J]. Journal of Business Venturing, 1997, 12(4):341-346.

[83]Solomon, G. An Examination of Entrepreneurship Education in the United States [J]. Journal of Small Business and Enterprise Development, 2007, 14(2):168-182.

[84]Stangler, D. , & Bell-Masterson, J. Measuring an Entrepreneurial Ecosystem[R]. Kansas City, MO: Kauffman Foundation, 2015.

[85]Streeter, D. H. , Kher, R. , & Jaquette, Jr. J. P. University-Wide Trends in Entrepreneurship Education and the Rankings: a Dilemma [J]. Journal of Entrepreneurship Education, 2011(1):75-92.

[86] The George Washington University Center for Entrepreneurial Excellence. The National Survey of Entrepreneurship Education: An Overview of 2012 - 2014 Survey Data [R]. http://www. nationalsurvey. org/files/ 2014KauffmanReport_Clean. pdf, 2014.

[87]The White House. A Strategy for American Innovation: Securing Our Economic Growth and Prosperity[R]. http://obamawhitehouse. archives. gov/sites/default/files/uploads/InnovationStrategy. pdf,2011.

[88]Thorp, H. , & Goldstein, B. Engines of Innovation: The Entrepreneurial University In The Twenty-first Century[M]. Chapel Hill, NC: The University of North Carolina Press, 2010.

[89]Twaalfhoven, B. Entrepreneurship Education and its Funding: A comparison between Europe and the United State[R]. http://www. efer. nl/pdf/ RP-EnrepreneurshipEducation&Funding2000. pdf. 2000.

[90]University of California. Ideas, Inventions and Impact: Technology Com-

mercialization Report 2014[R]. http://oip. ucla. edu/sites/default/files/ IAS_Rpt_FY2014. pdf, 2016-02-10.

[91]Volkmann, C. , & Audretsch, D. Entrepreneurship Education at Universities: Learning from Twenty European Cases[M]. Cham, Switzerland: Springer, 2017.

[92]World Bank. World Development Report 2019: The Changing Nature of Work [R]. Washington: World Bank, 2019.

[93]Worsham, E. L. Reflections and Insights on Teaching Social Entrepreneurship: An Interview with Greg Dees [J]. Academy of Management Learning &-Education, 2012, 11(3):442-452.

[94]Xavier, R. , Ayob, N. , Nor, L. M. , & Yusof, M. Entrepreneurship in Malaysia: The Global Entrepreneurship Monitor(GEM) Malaysian Report 2010[R]. https://www. gemconsortium. org/file/open? fileId=47513, 2010.

附　录

附录 1:2008 年度人才培养模式创新实验区名单(创业教育方向)

序号	学校	项目名称
1	清华大学	清华大学创业教育创新实验区
2	北京交通大学	国际化创业型工程与管理复合型人才培养模式创新实验区
3	北京航空航天大学	北航创业管理培训学院
4	燕山大学	机械工程"学研产互动"与"做中学"创业型人才培养模式创新实验区
5	大连理工大学	立体化创业教育人才培养模式创新实验区
6	黑龙江大学	基于专业教育深化改革的创业教育人才培养模式创新实验区
7	上海交通大学	人才培养模式创新实验区—创新创业大讲堂
8	华东理工大学	基于 CSS0 的全程创业教育新模式
9	上海财经大学	财经人才创业教育创新实验区
10	上海对外贸易学院	本科大学生创业教育基地
11	东南大学	基于知行合一理念的创新创业人才培养实验区
12	江南大学	江南大学创业教育实验区
13	江南大学	生物工程专业高水平创新创业人才培养模式实验区
14	中国药科大学	生物医药创业型人才培养实验区
15	南京航空航天大学	南京航空航天大学创业教育实验区
16	苏州大学	理工结合模式培养化学化工科技创业人才实验基地
17	南京财经大学	南京财经大学创新创业型人才培养模式创新实验区

续表

序号	学校	项目名称
18	宁波大学	"平台·模块·窗口"式大学生自主创业教导模式创新实验区
19	温州大学	创业型人才培养温州模式创新实验区
20	浙江万里学院	基于合作性学习教学改革的创业教育人才培养模式创新实验区
21	江西财经大学	江西财经大学创业型人才"两层次"培养模式创新实验区
22	中国海洋大学	水产养殖学专业创业型人才培养模式创新实验区
23	华中科技大学	CDIO型光电工程创新创业人才培养实验区
24	武汉理工大学	基于职业发展教育的全程化大学生创业教育模式创新实验区
25	中南大学	中南大学创业教育人才培养模式创新实验区
26	湖南大学	大学生创业型人才阶梯嵌入培养模式创新实验区
27	中山大学	中山大学本科生创业教育实验区
28	华南理工大学	电子信息类专业创业型精英人才培养模式创新实验区
29	广西大学	中国-东盟自由贸易区复合型创业人才培养模式改革实验基地
30	西南大学	农学类专业"顶岗实习支农"创业型人才培养模式创新实验区
31	西安电子科技大学	创业教育基地
32	西安电子科技大学	电子信息类大学生创业人才培养模式创新实验区

资料来源:教育部、财政部关于批准 2008 年度人才培养模式创新实验区建设项目的通知 [EB/OL].http://www.moe.gov.cn/srcsite/A08/s7056/200901/t20090120_109574.html,2009-01-20.

附录 2:2016—2018 年教育部"全国创新创业典型经验高校"

	2016 年	2017 年	2018 年
中央部门所属高等学校	(19 所)北京大学、清华大学、中国人民大学、北京交通大学、天津大学、大连理工大学、吉林大学、哈尔滨工业大学、复旦大学、上海交通大学、上海财经大学、南京大学、南京理工大学、中国矿业大学、浙江大学、武汉大学、中南大学、西南交通大学、电子科技大学	(13 所)北京航空航天大学、北京理工大学、哈尔滨工程大学、同济大学、东南大学、江南大学、山东大学、武汉理工大学、湖南大学、暨南大学、四川大学、西南民族大学、西安交通大学	(9 所)北京化工大学、中国农业大学、东北大学、东华大学、南京航空航天大学、合肥工业大学、华中科技大学、华中师范大学、华南理工大学
省属本科院校	(25 所)北京工业大学、河北科技大学、沈阳工业大学、大连东软信息学院、吉林农业大学、黑龙江大学、上海大学、杭州师范大学、温州大学、安徽理工大学、福建农林大学、华东交通大学、青岛理工大学、山东协和学院、黄淮学院、黄河科技学院、湖南科技大学、长沙理工大学、广东工业大学、广西大学、海口经济学院、重庆交通大学、重庆文理学院、云南农业大学、西安外事学院	(30 所)北京服装学院、河北大学、山西大学、内蒙古财经大学、辽宁工程技术大学、吉林建筑大学、上海理工大学、江苏大学、中国计量大学、安徽工业大学、滁州学院、福州外语(课程)外贸学院、江西理工大学、江西财经大学、山东农业大学、鲁东大学、河南大学、许昌学院、武汉生物工程学院、湖南商学院、华南农业大学、华南师范大学、广西医科大学、三亚学院、四川美术学院、四川农业大学、昆明理工大学、西安培华学院、西安邮电大学、宁夏大学	(33 所)北京联合大学、天津商业大学、内蒙古大学、沈阳工程学院、大连艺术学院、吉林动画学院、东北农业大学、扬州大学、浙江理工大学、浙江工商大学、合肥学院、安徽科技学院、三明学院、南昌大学、景德镇陶瓷大学、江西师范大学、山东科技大学、曲阜师范大学、山东英才学院、郑州大学、周口师范学院、南阳理工学院、湖北工业大学、武汉工商学院、湖南农业大学、南华大学、肇庆学院、重庆邮电大学、重庆科技学院、成都理工大学、云南大学滇池学院、西京学院、青海大学
高职高专院校	(6 所)包头轻工职业技术学院、江苏农牧科技职业学院、浙江工贸职业技术学院、山东商业职业技术学院、深圳职业技术学院、黔东南民族职业技术学院	(7 所)北京财贸职业学院、上海工艺美术职业学院、江苏农林职业技术学院、温州职业技术学院、德州职业技术学院、湖南交通职业技术学院、重庆电子工程职业学院	(8 所)河北工业职业技术学院、邢台职业技术学院、南京工业职业技术学院、杭州职业技术学院、东营职业学院、河南职业技术学院、广西职业技术学院、贵州轻工职业技术学院

资料来源:教育部网站。

附录 3：2016 年和 2017 年国务院双创示范基地名单（高校部分）

2016(4 个)	2017(15 个)
清华大学、上海交通大学、南京大学、四川大学	北京大学、河北农业大学、吉林大学、哈尔滨工业大学、复旦大学、上海科技大学、南京理工大学、南京工业职业技术学院、浙江大学、山东大学、武汉大学、华中科技大学、中南大学、华南理工大学、西安电子科技大学

附录 4：访谈提纲

访谈提纲：高校创业教育负责人

本研究旨在了解我国高校创业教育组织模式的变迁与运行过程中存在的主要问题，从而为完善我国高校创业教育发展提供建议。请根据实际情况回答以下问题。感谢您的参与！

受访者单位	
受访者年龄与性别	
受访者职务	
访谈员姓名	

调研问题	记录
1. 请简要阐述贵校在高校创业教育组织上的发展历程，主要的调整有哪些？	
2. 您认为哪些因素影响创业教育组织的调整？	
3. 贵校在创业教育组织与运行方面的现状与问题？ ——创业教育在贵校发展战略中的地位如何？ ——创业教育课程体系与实践体系如何整合运行？ ——创业教育组织机构经费的主要来源？ ——在推进创业教育组织变革过程中，哪些人发挥了关键作用？分别发挥了什么作用？ ——贵校在鼓励学科教师参与创业教育方面采取了什么机制创新？ ——在创业教育运行过程中，碰到的主要问题有哪些？贵校是如何尝试解决的？ ——您认为在创业教育组织与运行过程中，还有哪些值得注意的问题？	
4. 您如何评价当前我国高校建立创业学院的情况？应该如何完善创业学院模式？	
5. 您认为哪些方式可以提升不同学科教师参与创业教育的积极性？	

十分感谢您抽时间接受我们的访谈！

附录 5:调查问卷

中国高校创业教育组织与运行现状调研

本问卷旨在进一步了解我国高校创业教育组织与运行状况,推动创业教育的科学化、制度化和规范化建设。问卷结果仅用于学术研究,请如实填写,谢谢!

再次感谢您的参与!

"高校创业教育组织模式与运行机制创新研究"课题组

2017.8.27

一、基本情况

1.高校类型:＿＿＿＿＿＿＿＿

  A.中央部门所属高校 B.地方本科院校 C.高职高专院校

2.高校所在区域:＿＿＿＿＿＿＿＿

  A.东部   B.中部   C.西部

3.创业教育开始的时间:＿＿＿＿＿＿＿＿

4.是否成立了校领导牵头的创业教育领导小组:＿＿＿＿＿＿＿＿

  A.是   B.否

  如果是,成立时间是＿＿＿＿＿＿＿＿

5.是否设置了独立的创新创业教育机构:＿＿＿＿＿＿＿＿

  A.是   B.否

  如果是,成立的时间是＿＿＿＿＿＿＿;名称是＿＿＿＿＿＿＿

  该机构的性质是＿＿＿＿＿＿＿＿

  A.实体机构   B.协调机构   C.其他＿＿＿＿＿＿＿＿

二、组织与运行(除特别指出,其他均为单选题)

6.贵校创业教育的最核心目标是   (   )

  A.缓解大学生就业压力

  B.提高大学生创办企业的比例

  C.培养大学生创新精神、创业意识和创业能力

  D.促进高校技术成果转化

7.下面关于创业教育领导机构的描述,哪个更加符合贵校的情况   (   )

  A.主要由团委、学工部门或就业指导部门领导

  B.主要由教务部门领导

  C.成立校领导牵头的领导小组,教务处、团委、学工处等多部门联合

D. 成立校领导牵头的领导小组,以及各个学院层面的分领导小组

E. 其他_____(请补充)

8. 下面关于创业教育组织机构的描述,哪个更加符合贵校的情况 （   ）

A. 由独立的创新创业教育机构统筹全校的创业教育

B. 由团委、学工部门或就业指导部门负责统筹,其他部门参与

C. 由教务处统筹,团委、学工或就业指导部门参与

D. 由管理学院/商学院组织

E. 由各个专业学院分别组织

F. 其他_____(请补充)

9. 贵校高校创业教育具体组织落实的人员是 （   ）

A. 独立的创新创业教育机构负责人

B. 团委、学工部门或就业指导部门负责人

C. 教务处负责人

D. 管理学院院长

E. 各个学院院长

F. 其他_____(请补充)

10. 贵校各个专业学院参与创业教育的程度是 （   ）

A. 完全不参与 　　　　　B. 基本不参与

C. 部分参与 　　　　　　D. 全程参与

11. 关于创业教育课程体系的描述,哪个更加符合贵校的情况 （   ）

A. 以侧重创业实践的第二课堂为主

B. 面向所有学生开设了 2 学分的创业教育必修课程

C. 建立了分层分类、与专业相结合的创业教育课程体系

D. 其他_____(请补充)

12. 贵校开设创业教育课程的教师主要是 （   ）

A. 管理学院教师 　　　　B. 学生工作的教师

C. 各个学院的专业教师 　D. 来自校外的兼职教师

E. 其他_____以上都有_____(请补充)

13. 影响贵校创业教育组织演变的最主要因素是 （   ）

A. 政府政策推动 　　　　　　B. 得到校外捐赠

C. 校内开展创业教育实际需要　D. 其他_____(请补充)

14.贵校开展高校创业教育的主要阻力包括　　　　　（　　）（限选 3 项）

　　A.创业教育概念泛化,目标模糊

　　B.领导层重视不够,没有清晰的顶层设计

　　C.各部门职责不明确

　　D.缺乏创业教育师资和课程

　　E.制度支撑乏力

　　F.缺乏相关学科支撑

　　G.缺乏鼓励创新创业的文化氛围

　　H.其他_____（请补充）

15.贵校创业教育经费的来源中,政府财政经费占比多少?　　　　（　　）

　　A.75%～100%　　　B.50%～74%　　　C.25%～49%　　　D.0～24%

16.贵校出台了哪些制度保障创业教育的顺利开展?　　（　　）（根据实际
　　情况可多选）

　　A.学分互认制度　　　　　　　B.休学创业保留学籍制度

　　C.激励教师参与创业教育制度　　D.学校各部门协同机制

　　E.校院两级协同机制　　　　　F.校企合作制度

　　G.其他_____（请补充）

三、开放题

17.请简要描述贵校在创业教育组织机构方面的演变。

18.请问目前贵校在创业教育的组织与运行方面存在的主要问题有哪些?

19.请问贵校采取了何种制度创新来应对这些问题?

20.请问哪些主体在创业教育组织与运行过程中发挥了关键作用? 主要是
哪方面的作用?

再次感谢您的参与!

后　记

　　本书是在国家社科基金青年项目"高校创业教育的组织模式与运行机制创新研究"(项目批准号:14CGL063)最终成果基础上修改完善而成。

　　2014年选择该主题的主要原因是随着"双创战略"的提出,我国高校创业教育逐渐从零星发展迈入制度化发展阶段,将创业教育纳入人才培养全过程成为新的发展目标。"全校性创业教育"(university-wide entrepreneurship educa-tion)、"跨校园创业教育"(cross-campus entrepreneurship education)、"创业教育与专业教育相融合"等理念迅速被国家政策、学者研究以及高校实践所采纳。在此背景下,应该由谁来提供创业教育? 创业教育应该如何组织? 创业教育的顺利运行需要那些体制机制支撑? 国际创业教育发展为此提供了哪些经验? 这些问题都亟待澄清。从2014年立项,到2018年底顺利结题,本课题历时整整四年,尝试对这些问题做出初步的回答。这四年也是国内外高校创业教育组织结构与运行机制深刻变革的时期,甚至目前仍旧处在不断的调整与完善中。因此,本书几易其稿,试图呈现这一特定历史阶段高校创业教育组织变革过程的复杂性、动态性与多样性。感谢浙江大学教育学院的信任,将该书稿纳入学院"全球创新人才培养研究丛书";也借此书稿付梓之际,对多年来关心我成长的前辈、朋友、同事表示由衷地感激。

　　感谢导师徐小洲教授的远见卓识,让我成为国内最早开展创业教育研究的学者之一。从2006年博士论文选题确定为"美国高校创业教育研究",到本课题的顺利结题,我发展的每一步都凝聚着导师的心血。导师从2010年起担任联合国教科文组织浙江大学创业教育讲座教授,自2014年起担任联合国教科文组织中国创业教育联盟主席。两大国际组织平台为我的研究提供了广阔的视野以及与国际知名创业教育学者对话的机会。

联合国教科文组织亚太地区教育局教育创新与技能开发部主任汪利兵教授从国际组织的独特视角理解创业教育,并不遗余力支持区域创业教育研究,增强了我开展创业教育比较研究的信心。东北师范大学、温州大学、温州医科大学、华南师范大学以及国内其他高校优秀创业教育研究团队的研究让我受益匪浅。国内 174 所不同区域、不同类型高校的创业教育负责人接受了本课题的调研,你们无私的帮助才使得书稿的出版成为可能。

2016 年至 2017 年在加州大学洛杉矶分校(UCLA)访学期间,合作导师罗伯特·罗兹(Robert Rhoads)教授对西方高校创业教育组织模式的类型、制度同形和制度创业理论的适用性以及创业教育运行影响因素等问题提出了非常中肯的建议。访学期间参与跨学科研讨会的机会,近距离观察、体验、了解高校创业教育运行的机会,不仅完善了书稿撰写思路,也在很大程度上避免了仅从外文文献获取国外创业教育发展现状的局限,从而尽可能地使研究结论更为客观。

本书既是国家社科基金青年项目(14CGL063)的总结性成果,也是自己关于创新创业人才培养、大学转型研究的阶段性成果。在第四次工业革命背景下,大学处在不断的转型中,社会对人才的能力要求也处在激烈的变化中。在国家政策的驱动和引导下,国内对创新创业教育的研究达到了空前的热度。但不可否认的是,由于缺乏创业学科的支撑以及受到相关体制机制的制约,创业教育实践与研究仍处于相对边缘的地位。创业教育"外热内冷"的现象以及创业教育研究面临的"合法性"质疑,都需要引起创业教育研究者和实践者的高度重视。创业教育不是排他性的,而是应该有机地融合到大学的各项改革中。诚如索普和戈尔斯坦在《创新引擎》(2018)一书中指出,"在所有其他东西都到位的状况下,创业精神就是缺失的那个成分而已。如果创业思维可以被介绍和整合到我们最好的大学校园的对话中,这些机构就可以以真正的创新引擎的身份出现,而这正是社会对它们的期待"。

本书严格地讲是集体性成果。课题组负责人梅伟惠承担了书稿的主要撰写、修改与统稿任务,课题组成员叶映华、倪好、孟莹、刘巍伟、吕盈盈也为书稿的完成做出了重要贡献。全书分工为:绪论(梅伟惠),第一章(梅伟惠、倪好),第二章(梅伟惠、孟莹),第三章(梅伟惠),第四章(倪好、梅伟惠),第五章(梅伟惠、倪好、叶映华),第六章(梅伟惠、刘巍伟),第七章(梅伟惠)。作为课题负责人,本书中出现的问题与不妥之处均由我本人承担。最后感谢浙江大学出版社傅百荣老师的辛劳付出!

　　由于本人才疏学浅,书中定有不少疏漏和不当之处,敬请同行不吝指正! 未来的十年,二十年,必将不忘学术初心,砥砺前行!

梅伟惠

于浙大紫金港校区

2020 年 5 月 6 日

图书在版编目(CIP)数据

高校创业教育的组织模式与运行机制创新研究 / 梅伟惠著.
—杭州:浙江大学出版社,2020.7(2021.6 重印)

ISBN 978-7-308-20373-9

Ⅰ.①高… Ⅱ.①梅… Ⅲ.①高等学校-创业-教育
研究-中国 Ⅳ.①G647.38

中国版本图书馆 CIP 数据核字(2020)第 123362 号

高校创业教育的组织模式与运行机制创新研究
梅伟惠 著

责任编辑	傅百荣	
责任校对	杨利军 张利伟	
封面设计	周 灵	
出版发行	浙江大学出版社	
	(杭州天目山路 148 号 邮政编码 310007)	
	(网址:http://www.zjupress.com)	
排 版	杭州隆盛图文制作有限公司	
印 刷	广东虎彩云印刷有限公司绍兴分公司	
开 本	710mm×1000mm 1/16	
印 张	15	
字 数	261 千	
版 印 次	2020 年 7 月第 1 版 2021 年 6 月第 2 次印刷	
书 号	ISBN 978-7-308-20373-9	
定 价	62.00 元